KB152938

휴전 60년 기념집

휴전과 한국영화

−공간, 기억, 인식−

한양대 현대영화연구소

국학자료원

이 도서의 국립중앙도서관 출판시도서목록(CIP)은 서지정보
유통지원시스템 홈페이지(http://seoji.nl.go.kr)와 국가자료공동목
록시스템(http://www.nl.go.kr/kolisnet)에서 이용하실 수 있습니다.
(CIP제어번호: CIP2014016051)

서문

　이 책은 한양대학교 현대영화연구소의 세 번째 결과물이다. 이번 기획은 휴전 60년을 맞아 휴전을 상징하고 있는 비무장지대가 한국영화 속에서 어떻게, 어떤 의미로 묘사되고 있는지에 대한 관심에서부터 출발하였다. 그러나 비무장지대를 언급하기 위해서는 필연적으로 한국전쟁, 휴전, 전쟁 이후의 한국적 상황으로 거슬러 올라갈 수밖에 없었다. 그 중에서 한국전쟁은 이 모든 문제의 중심에 있었다.

　한국전쟁에 관하여서는 이미 정치학·역사학·사회학 등 많은 분야에서 전쟁의 원인과 전개과정, 전쟁 이후의 상황에 대한 연구들이 다양한 학자들의 관점에서 다루어졌다. 영화에서도 마찬가지로 한국전쟁을 소재로 한 작품들이 많이 제작되었고, 그러한 작품들에 대한 연구도 진행되어 왔다. 이들 연구와 작품을 통해서 나타난 것은 언제 다시 전쟁이 일어날지 모르는 불안한 휴전이라는 상황이 한국사회의 문화의식을 형성하는데 더 많은 영향을 미쳤다는 문제의식이었다. 휴전은 1953년 7월 27일에 협정이 조인되면서 공식화되었지만, 휴전회담은 이미 1951년 7월부터 시작되었다. 따라서 휴전의 기점을 물리적으로 선정하는 것에는 무리가 있다는 판단하에 전쟁 시기를 소재로 하고 있으면서 휴전의 징후를 드러내고 있는 영화들은 이러한 논의의 범위에 포함시켰다.

용어의 사용에 있어서 최근 들어서는 휴전이라는 용어보다는 정전이라는 용어를 사용하는 것이 옳다는 의견이 제시되고 있다. 정전停戰은 "전투 행위를 완전히 멈추는 것"이며 교전 당사국들이 정치적 합의를 이룰 수 없어 전투 행위만 정지하는 것을 뜻한다. 교전 당사국 사이에 이견이 크기 때문에 일반적으로 국제기관이 개입하는 경우 정전이라는 용어를 사용한다. 반면 휴전休戰은 "적대 행위는 일시적으로 정지되나 전쟁은 계속되는 상태"를 의미하며 일반적으로 전쟁의 종료를 선언하는 강화조약 (혹은 평화조약)의 전 단계다. 국제법상 휴전은 여전히 전쟁상태를 의미한다. 엄밀한 의미에서 한국전쟁의 조인과정과 현재 상황은 정전이라는 표현이 더 적절하기는 하나 영화적 의미를 설명하는 데 두 개의 용어가 차이점을 드러내지 않아 더욱 보편적으로 사용되는 용어인 휴전이라는 용어를 사용하기로 하였다. 또한 전쟁 전체를 바라볼 때는 한국전쟁이라는 용어를, 발발 시점 등 시간의 의미를 부여할 때는 6·25라는 표현을 사용하여 같은 전쟁이지만 시각의 차이를 드러냈다.

이 책은 10명의 연구자들이 한국영화 속에서 전쟁, 휴전이 갖는 의미와 그것의 상징인 비무장지대가 한국사회 속에서 어떻게 투영되고 있는지를 개별 관심분야와 연결되는 주제를 골라 총 3부로 구성된 10편의 글을 실었다. 제1부는 '공간'이라는 부제를 통해 휴전 이후, 혹은 한반도 밖에서 전쟁이 일어났던 '공간'을 어떻게 바라보고 있는지에 대해 서술하였다. 먼저 1절에서는 <비무장지대>(박상호, 1965), <공동경비구역, JSA>(박찬욱, 2000), <DMZ>(이규형, 2004), <만남의 광장>(김종진, 2007), <꿈은 이루어진다>(계윤식, 2010) 등 비무장지대를 배경으로 하는 5편의 영화를 통해 비무장지대라는 공간 속에 역사적으로 내면화되어 있는 비극성이 시대를 관통하며 어떻게 드러나고 있으며, 이것이 남한 사람들의 정체성을 형성하는 데 어떤 영향을 미치고 있는지에 대해 논의한다. 2절에서는 인민군 소좌 장일구의 귀순이라는 소재로 1952년 11월 28일 이른 아침에서 늦은 밤까지의 영화적 시간을 담아내며 6·25전쟁을 사뭇 다른 각도에서 바라보고 있는 영화 <남과 북>(김기덕 감독, 1965)의 내러티브를 면밀히 분석한다. 이를 통해 동족임에도 서로 미워하고 가족임에도 만날 수 없는, 포성은 멈추었지만 전쟁 자체가 종결된 것은 아닌, 나아가 전쟁의 시작이 그러하였듯 '나' 또는 '우리'의 의도와 의지가 아닌 '외부' 혹은 '일부' 세력에 의해 일방적으로 정해져 버린 '휴전休戰'에 내재된 본연의 모순과 비극성을 이 영화에서 암시하고 있음을 논의한다. 3절에서는 2차 세계대전 영화를 통해 할리우드가 구축했던 '영웅'으로서의 미국 군인이라는 이미지가 한국전쟁을 통해 어떻게 '희생자' 이미지로 변화했는지, 할리우드가 어떠한 정치적 그리고 산업적 이해관계 속에서 한국전쟁 영화를 제작했는지, 그리고 이는 할리우드 한국전쟁 영화가 목적했던 희생자로서의 미국 군인 이미지의 '회복' 그리고 한국전쟁의 '선전'과 '정당화'와 어떠한 관련을 가지고 있는가를 <철모>(사뮤엘 풀러, 1951)와 <전장의 서커스단>(리차드 브룩스, 1953)을 통해 들여다본다.

2부에서는 '기억'이라는 부제를 통해 전쟁을 통해 생겨난 새로운 계층인 기지촌 여성들과 전쟁미망인들에 대해 다룬다. 또한, 전쟁과 휴전의 기억들이 인간의 내면에서, 혹은 전쟁을 겪지 않은 2세들의 내면에서 어떻게 작동되는가에 대해 논의한다. 1절에서는 1950년대 중반에서부터 2000년대까지 만들어진 8편의 영화를 통해 한때는 미군을 상대하면서 신문물을 가장 먼저 접하고, 한국원조경제의 한축을 담당했던 기지촌 여성들에 대한 시선이 정부의 정치적 입장과 사회문화적인 변화와 함께 점점 달라지는 과정에 대해 역사적 배경과 함께 논의한다. 2절에서는 한국전쟁이 아니면 존재하지 않았을 전쟁미망인들에 관한 영화 속 시선에 관하여 분석한다. 전쟁미망인은 '타의'에 의해서 남편을 잃은 '보호받아야 하는 존재'인 동시에 남편이 없기에 '정절'을 통제할 수 있는 적절한 권력이 존재하지 않으면 언제라도 '타락'할 수 있는 위험한 존재라는 당시 사회의 양가적 시선들이 <미망인>(박남옥, 1955), <동심초>(신상옥, 1959), <동대문 시장 훈이 엄마>(서정민, 1966)라는 세편의 영화를 통해 다른 방식으로 구현되고, 수렴되는 방법에 대해 논의하였다. 3절에서는 휴전을 소재로 한 2000년대 네 편의 영화를 기표로 현재 한국사회에 나타나는 특정한 사회적 징후들을 분석하였다. 이러한 분석을 위해 토템과 터부를 발전시킨 프로이트의 '유사성의 원리'를 필두로, 라캉의 '시니피앙 놀이'를 통한 의미의 그물망을 확대시키며 각종 심리학적 논의들을 활용하였다. 4절에서는 1970년대 주한미군 기지 인근 마을을 배경으로 하여 양공주와 상이군인, 흑인 혼혈아 등 전쟁의 상처를 안고 살아가는 인물들을 주인공으로 한 <수취인 불명>(김기덕, 2001)을 주요 텍스트로 다루었다. '과거'의 전쟁을 '현재'에 기억한다는 것이 특정한 사회적 맥락 속에서 수행되는 특별한 행위로 보고, 전쟁을 직접 체험한 세대와 그렇지 않은 이후 세대 간에 전승되는 기억을 집단기억과 세대이론을 통해 설명하였다.

3부에서는 '인식'이라는 부제를 통해 휴전을 통해 생겨난 개념들인 이산가족, 분단, 간첩 등이 우리 사회 속에서 어떻게 인식되고 변화되었는지에 관해 주목한다. 1절에서는 두 편의 영화 <그해 겨울은 따뜻했네>(배창호, 1984), <길소뜸>(임권택, 1985)을 통해 전쟁으로 인해 해체된 가족들이 휴전을 통해 이전의 구성원으로 복구되지 못하고 살아가다가 1983년 이산가족 찾기를 통해 표면상 복구된 것처럼 보였으나, 그 이면에는 30년 세월만큼이나 차이를 확인하는 일들이 있었다는 것을 설명한다. 특히 가족이 해체되었다는 것 자체만으로도 구성원의 일원으로서 원죄의식 같은 것이 있었는데, 1983년의 가시적 사건을 기점으로 그러한 죄의식은 떨쳐졌으며 이후에는 가족의 해체, 변화 등을 직접적으로 표현할 수 있었던 분기점에 이 두 작품이 있었음을 논의한다. 2절에서는 1990년대 이후 분단을 소재로 다룬 영화들이 코미디라는 장르와 결합하는 시도가 계속되는 점에 주목하였다. 비극적인 소재와 희극이라는 양식이 빚어내는 아이러니를 통해서 전쟁을 체험하지 않은 우리에게 시사하고자 하는 바가 무엇인지 짚어보기 위해 이들 영화들이 웃음을 생성하는 방법과 결말의 특징을 살펴본다. 3절에서는 분단의 표상으로 우리 사회에 내재된 분단 의식을 읽어낼 수 있는 키워드인 간첩을 한국영화 속에서 분석한다. 공포와 위협의 대상이었던 과거 영화 속 간첩과 달리 2000년대 간첩은 희화화되고 일상화된 인물로 대체되었는데, 이러한 현상은 분단이 일상화의 영역으로 받아들여지고 있음을 보여주는 것이다. 한편 코믹할지라도 언제든지 위협의 대상이 될 수 있는 영화 속 간첩의 양면성은 종전終戰이 아닌 정전停戰 상황이라는 분단 현실을 상기시킨다. 이외에도 조작간첩 사건의 영화화는 분단의 이면을 되새겨보게 하는 등 영화 속 다양한 간첩의 모습은 분단을 대하는 우리 사회를 반영한다.

이 책을 구성하고 있는 각각의 글은 한양대학교 현대영화연구소의 이름으로 공부와 학습을 통한 결과물이며 학회지를 통해 이미 발표된 것을 기반으로 하고 있음을 밝혀둔다.

그리고 이 책이 나올 수 있도록 지금까지 좋은 인연으로 도움을 주신 국학자료원 측에게도 깊은 감사의 말을 전한다.

2014년 5월
집필자 일동

목차

| 3부 | 인식

1부

공간

휴전의 상징, 비무장지대를 배경으로 한 다섯 편의 한국영화에서 나타난 역사적 비극성의 재현방식*

정 태 수

1. 비무장지대를 배경으로 한 다섯 편의 영화

한국전쟁은 한국영화에서 가장 빈번하게 다루어져 왔고 지속적으로 제작되어 왔던 주제라 할 수 있다. 그럼에도 불구하고 휴전의 상징인 비무장지대를 직접 배경으로 한 영화는 생각보다 많지 않다. 휴전과 비무장지대가 한국역사에서 가장 비극적인 사건의 상징임에도 불구하고 그것을 직접적 배경으로 묘사한 영화가 많지 않은 이유는 아마도 한국전쟁 이후 남한과 북한이 서로 첨예하게 대립하여 왔기 때문에 휴전선과 비무장지대라는 공간을 정치적, 이데올로기를 초월하여 객관적 시각을 유지하면서 묘사하는 것이 쉽지 않았기 때문일 것이다. 이러한 이유로 한국전쟁, 휴전, 비무장지대와 관련된 내용을 다룬 많은 한국영화들은 주로

---

* 이 글은 필자의 「휴전의 상징, 비무장지대를 배경으로 한 한국영화의 영화적 특징에 관한 연구」(『영화연구』 57호, 한국영화학회, 2013)를 수정, 보완한 내용이다.

반공의식에 근거하게 되었다. 이렇게 만들어진 영화들은 시대적 변화에 따라 각각 전쟁영화, 반공영화, 분단영화[1]로 분류되기도 하면서 정치적, 사회적 환경변화에 따라 수적으로 많아졌다 적어졌다를 반복하여 왔다. 따라서 여기서는 이들 영화들의 분류 기준과 명칭, 작품 숫자의 변화에 큰 의미를 두지 않는다.

여기서는 비무장지대를 직접 묘사하고 있으면서 그 공간이 영화 속에서 어떤 의미로 표현되고 재현되고 있는지를 파악하는 것이 주된 목표라할 수 있다. 그러므로 비무장지대 속에 함축되어 있는 공간을 직접적으로 재현하고 있는 다섯 편의 한국영화가 그 대상이 되었다. 따라서 다음과 같은 범주의 영화들은 논의의 대상에서 배제하였다.

첫째, 휴전과 비무장지대를 직접적인 배경으로 하고 있지 않은 영화들이다. 한국전쟁을 다룬 많은 한국영화가 이에 해당될 것이다. 이들 영화들은 한국전쟁으로 인한 한국민족의 역사적 비극을 주제로 다루고 있으나 전쟁 상황에 따른 공간의 이동과 변화로 비무장지대라는 공간이 존재하지 않는다. 이와 같은 경우는 <돌아오지 않은 해병>(이만희, 1963)이나 <증언>(임권택, 1973) 등을 들 수 있다. 둘째, 분단된 역사적 비극을 소재로 하고 있지만 그 공간 자체가 한국전쟁 이전과 이후를 다루고 있는 영화들이다. 여순麗順 사건을 다루고 있는 <성벽을 뚫고>(한형모, 1949)와 지리산의 빨치산을 다룬 <피아골>(이강천, 1955) 등이 이 범주에 해당된다. 셋째, 휴전선과 비무장지대를 공간적 배경으로 하고 있지만 이데올로기와 체제 우위의 시각이 노골적으로 드러난 영화들이다. 이에 해당되는 영화로는 북방한계선에서 우연히 만난 남한과 북한의 두 소년의 비극적 상황을 묘사한 <가깝고도 먼 길>(임권택, 1978) 등을 들 수 있다. 위에서 언급한 세 가지 범주의 영화들은 반공이데올로기와 체제 우위 경쟁이라는 관점을 통해 한국전쟁, 휴전, 분단을 다루고 있는 대표적인 작품이다. 그렇기 때문에 이들 범주의 영화들은 휴전선과 비무장지대 속에 내재되어 있는 역사적 공간으로서의 객관적 의미를 방해할 수 있는 가능성이 매우 높다고 할 수 있다. 그것은 곧 휴전선과 비무장지대 속에 내재되어 있는 역사적 공간으로서의 다양한 비극성을 객관적으로 파악하기가 쉽지 않다는 것을 의미한다. 넷째, 비무장지대를 직접적 배경으로 하고 있다하더라도 영화의 내용과 형식이 남한과 북한이라는 선명한 구도 속에서 전개되고 있지 않다면 객관화라는 의미의 틀을 적용하기 어렵다고 판단되어 제외하였다. 이와 같은 특징은 <GP 506>(공수창, 2008) 등에서 찾아볼 수 있다.

　이와 같은 범주의 프레임을 적용하여 선별된 대표적인 한국영화들은 1965년 박상호 감독의 <비무장지대>, 2000년 박찬욱 감독의 <공동경비구역 JSA>, 2004년 이규형 감독의 <DMZ>, 2007년 김종진 감독의 <만남의 광장>, 2010년 계윤식 감독의 <꿈은 이루어진다>이다. 이들 다섯 편의 영화에서는 일방적인 체제 우위 주장과 반공이데올로기를 강조하고 있지 않으면서 비무장지대라는 공간을 직접적 배경으로 하고 있고 서로 다른 남한과 북한의 실체가 선명하게 드러나 있는 구조를 취하고 있다. 이와 같은 방식은 비무장지대의 비극성을 묘사하기 위해서 비무장지대를 둘러싸고 벌어졌던 미국과 소련을 비롯한 강대국들 간의 정치적 타협과 영화 속에 전개되고 있는 내용과 사건을 중립화하거나 객관화하는 것이 무엇보다 중요하였기 때문이다. 이것은 역설적으로 비무장지대 성립 그 자체의 역사적 사실을 객관화하고 영화 속의 내용, 사건을 과학화, 중립화할 때 비로소 비무장지대 속에 내재되어 있는 역사적 비극성을 온전히 드러낼 수 있다는 것이다.

2. 내면화되어 있는 역사적 비극성 드러내기

비무장지대는 한국 역사의 비극이 가장 깊게 집약되어 내면화되어 있는 공간이다. 이것은 비무장지대가 그만큼 한국의 다양한 정치적, 역사적 이해관계들이 충돌하고 교차하면서 생겨난 공간이라는 의미이다. 이와 같은 의미의 비무장지대는 그것의 성립과정의 역사를 통해 확인할 수 있다.

비무장지대의 성립은 1950년 6월 25일 한국전쟁이 발발하고 난 후 1951년 7월 8일 휴전회의 개최에 대한 합의로부터 시작되었다. 그 후 1953년 7월 27일 미국 주도하의 연합군(United Nations) 측 대표 윌리엄 해리슨William K. Harrison과 소련 주도하의 공산군 측 대표 남일에 의해 판문점 평화의 천막에서 휴전협정이 조인되고 연합군의 총사령관인 마크 클라크Mark W. Clark와 북한의 김일성과 중공의 펑더화이彭德懷에 의해 확인되면서 성립되었다. 휴전협정으로 인해 남한과 북한 사이에는 군사행동의 경계선인 휴전선과 비무장지대가 생겼다. 그러나 휴전선과 비무장지대 성립에는 한국민족의 비극성이 깊게 내면화될 수 있는 요인들이 이미 존재하고 있었다. 그것은 휴전선과 비무장지대 성립을 위한 휴전회담 진행과 타결 주체에 관한 것으로부터 비롯되었다. "휴전회담 전에 수립된 연합군 측과 공산군 측의 협상전략과 지휘체계, 대표단 구성 등에 있어서 소련, 중국, 북한을 대표한 공산 3국 내에서 북한의 발언권이나 결정권은 지극히 제한적이었으며, 미국이 주도한 연합군 측에서 남한은 더 심하게 배제되었다."[2] 심지어 "휴전회담 대표단에 들어간 한 명의 한국군 대표조차 유엔군사령관이 임명했으며, 한국정부나 이승만 대통령에 대한 보고조차 제한되었다. 이 때문에 한국은 회담진행 상황을 미 대사관을 통해 통보받았을 뿐 회담의 지위체계나 협상대표단 구성, 회담의 진행과정에서 아무런 결정권도 가질 수 없었다."³⁾ 막대한 희생을 치른 전쟁의 직접적인 당사자임에도 불구하고 남한과 북한이 휴전협정회담에서 주도적 위치를 갖지 못했다는 것은 이 전쟁의 성격을 잘 말해주고 있다. 특히 전쟁을 빨리 종결시키려는 미국과 소련의 의지는 한국민족이 원하는 통일에는 큰 의미를 부여하지 않았다.⁴⁾ 이것은 미국의 언론을 통해서도 수차례 확인되고 있는 사실이다. 즉 미국의 언론에서는 끊임없는 휴전을 종용했을 뿐만 아니라 연합국과 미국의 참전목적은 한국의 통일이 아니라 평화와 안전을 회복하고 현상을 유지시키는 일이고 통일문제는 정치적으로 해결되어야 한다고 주장했다.⁵⁾ 이는 미국과 소련이 전쟁이 발발한 후 한반도의 통일에 절대적 의미를 부여하지 않았었고 현상에 대한 재 봉합이었다는 것을 의미한다.

휴전협정으로 인해 발생한 직접적 비극은 방대한 규모의 이산가족 문제였다. 휴전선과 비무장지대를 사이에 두고 발생한 이산가족은 남한과 북한 간의 비극성을 현재까지 지속시키는 요소이다. 한국전쟁과 휴전으로 "남북으로 흩어진 이산가족의 수를 정확히 밝히기란 어렵다. 그러나 사회학자들 사이에서는 남한에서 북한으로 넘어갔거나 납치된 사람의 수는 약 30만 명이고, 북한에서 남한으로 넘어온 사람은 45만 명에서 72만 명 사이인 것으로 추산된다. 이 숫자를 합치면 75만 명에서 1백만 명 사이의 인구가 이동한 셈이다. 그러나 일반적으로 북으로부터 남으로 피난해 온 사람의 수는 약 3백만 명이고, 이산가족의 수는 1천만 명에 이르는 것으로 말해진다."⁶⁾ 그야말로 이것은 한국민족의 공동체 붕괴였다.

민족에 대한 베네딕트 앤더슨Benedict Anderson에 의하면 "민족이란 상상의 공동체로서 공동체 구성원간의 직접적 교류가 없더라도 상상에 의하여 동일 공동체에 속한다는 의식을 공유하는 집단"⁷⁾이라고 한다. 이 개념에 근거해서 보면 1945년 광복이후 1948년 남한과 북한은 각각 서로 다른 이데올로기를 기반으로 독자적인 정부를 구성하였지만 동일 공동체에 속해 있다는 한국민족의 공동체적 의식까지도 소멸된 것은 아니었다. 그러나 한국전쟁과 휴전 성립으로 인해 생긴 비무장지대는 한국민족의 일체성과 동질성을 가로막고 있는 공동체 붕괴이자 재편의 상징적 공간이 되었다. 그러므로 비무장지대는 한국민족의 비극이 가장 깊게 내면화된 공간이라 할 수 있다. 따라서 다섯 편의 한국영화에서는 비무장지대를 통해 이러한 역사와 민족의 비극성으로서의 공간을 드러내는 것이 무엇보다 중요하였다.

이와 같은 의미를 박상호는 자신의 영화 <비무장지대>[8]에서 묘사하고 있다. 그는 이 영화에서 특별한 이데올로기적 입장을 대변하고 있지 않으면서 역사를 통해 비무장지대에 내면화된 민족의 비극성을 묘사하고 있다. 이것은 국군과 인민군의 표식이 있는 군화, 철모, 군복을 입고 있는 주인공 소년의 모습과 엄마를 찾기 위해 비무장지대를 헤매고 있는 소녀와의 만남을 통해 이루어진다. 소년은 비무장지대에서 시냇물에 빠진 소녀를 구하고 난 후 서로를 오빠, 동생으로 부른다.[9] 이러한 호칭은 한국문화에서는 매우 일상적인 것이지만 그 속에는 공동 운명체라는 의미를 내포하고 있다. 따라서 이 장면은 우연히 만난 이들의 관계가 마치 친형제와 같은 혈육의 관계로 변화할 수 있다는 것을 말하고 있다. 동시에 이 장면은 공동 운명체인 이들에게 앞으로 일어날 비극적 운명에 대한 감성적인 토대로 작용하고 있다. 이것은 소년과 소녀가 아무렇게나 버려진 탱크와 기차, 폐허가 된 건물들이 산재해 있는 비무장지대를 정처 없이 헤매다 인위적으로 쳐놓은 군사분계선을 마주치는 장면에서 구체화 된다. 이들은 자신들 앞에 가로놓여져 있는 군사분계선을 자유롭게 넘기도 하고 그것을 사이에 두고 마치 대치하고 있는 남한과 북한 정부를 흉내 내기도 한다. 특히 소년과 소녀는 군사분계선을 사이에 두고 말하지 않고 오랫동안 버티기 놀이를 하던 중, 소녀가 그만 멈추자고 하면서 군사분계선과 휴전선 표지판을 부수고 서로 껴안고 눈물 흘리는 장면은 비무장지대라는 공간이 갖고 있는 비극적 의미를 가장 직접적으로 묘사하고 있다. 이와 같은 감성적 호소는 이들이 비무장지대 곳곳을 돌아다니면서 마주치는 군사분계선 표지판에 의해 그 의미가 더욱 강화된다. 그리고 비무장지대 곳곳에서 터지는 지뢰 폭발 소리가 들릴 때마다 중립국감독위원회와 북한군 사이에 개최되는 회담에 관한 뉴스 릴과 다큐멘터리 필름은 북한 군인의 칼에 찔려 죽게 되는 소년과 혼자 남게 된 소녀의 비극적 결말이 무엇으로부터 기인하고 있는지를 보여주고 있다. 이와 같은 의미는 비무장지대의 위험한 지뢰밭 사이를 걷고 있는 소녀의 모습과 분단된 민족의 염원을 장엄한 내레이션으로 끝을 맺고 있는 마지막 장면에서 더욱 선명하게 표현되고 있다. 이것은 비무장지대라는 공간 속에 역사적으로 내면화되어 있는 비극성을 소년과 소녀를 통해 묘사하고 있는 것이다.

비무장지대라는 공간 속에 비극성이 내면화되어 있는 것은 박찬욱의 영화 <공동경비구역>에서도 이미 전제되어 있다. 이것은 판문점 다리, 총소리, 총구멍, 부엉이, 총구멍을 통과한 한 줄기 빛을 따라 시작되는 타이틀 자막과 함께 사건을 조사하러 파견되어 온 소피 장 소령에게 중립국감독위원회의 보타 소장이 "비무장지대를 긴장과 화해가 반복되는 겨울 숲 같은 곳"이라는 말로 설명하고 있는 장면에서 드러나고 있다. 또한 영화 속의 남한 군인 이수혁 병장과 북한 군인 오경필 중사가 만나게 되는 계기도 비무장지대의 특징을 가장 잘 설명하고 있는 지뢰를 통해 이루어진다. 비무장지대 곳곳에 설치되어 있는 지뢰가 아이러니하게도 이수혁과 오경필을 연결하는 매개체로 설정된 것은 앞으로 벌어질 이들의 운명과 비무장지대에 내면화된 비극성을 가장 잘 설명하고 있다. 특히 지뢰를 밟고 있는 이수혁을 오경필이 구해줌으로써 형제애로 복원되는 순간에 이들 운명의 비극성이 작용하듯이 비무장지대에서 민족의 동질성을 파괴하고 있는 지뢰와 같은 요소는 민족 내부의 서로 다른 이데올로기일 수도 있고, 소피 장 소령으로 상징되는 중립국감독위원회, 즉 외부적 요인일 수도 있다. 전자는 남, 북한 군인들이 북한군 초소에서 같은 민족 동포라는 사실을 서로 확인하면서 즐거운 시간을 보내고 있을 때 이수혁 병장이 북한군 오경필 중사와 정우진 경사에게 "남한으로 안 내려 갈래"라는 말을 전할 때 모두가 일순간 경직되는 장면에서 묘사되고 있다. 즉 같은 민족이라는 인식이 현실의 적대적인 관계를 일시적으로 허물어뜨리는 요인으로 작용하고 있지만 이수혁, 남성식과 오경필, 정우진 사이의 서로 다른 이데올로기는 이러한 것들을 방해하고 있다. 이것은 민족이라는 큰 범위 안에서 언제든지 동질성을 확인할 수 있지만 서로 다른 이데올로기가 개입되었을 때는 그 동질성은 곧바로 긴장과 대결 구도로 변모할 수 있다는 것을 보여주고 있다. 반면 후자는 이 사건을 조사하러 온 소피 장 소령으로 대변되는 중립국감독위원회의 존재이다. 비록 북한군 최상위가 이수혁, 남성식과 오경필, 정우진으로 대표되는 남, 북한 군인들의 관계를 직접적으로 붕괴시키는 요인으로 설정되어 있지만, 중립국감독위원회의 존재는 한국전쟁, 휴전협정, 비무장지대를 아우르는 굴절된 한국 역사의 실체적 모습일 뿐만 아니라 이수혁, 남성식과 오경필, 정우진 사이의 비극적 최후의 결과도 견인하고 있다. 이처럼 서로 다른 이데올로기와 국제정치의 복잡한 이해관계의 시각이 공존하고 있는 비무장지대는 작은 충격에도 언제든지 터질 준비가 되어 있는 지뢰와 같은 공간이다. 그렇기 때문에 그곳에는 필연적으로 한국민족의 비극성이 내면화되어 있는 곳이라 할 수 있다.

비무장지대라는 공간에서 내면화된 비극성은 이규형의 영화 <DMZ>

에서 비무장지대를 사이에 두고 빈번히 일어나는 남, 북한 군인들 간의 총격전과 희생자, 군인들의 지뢰 설치 등을 통해 묘사되고 있고, 김종진의 영화 <만남의 광장>에서는 휴전선과 비무장지대의 역사적 아이러니함을 휴전선 근처에 살고 있는 집성촌 사람들이 철책선을 세우고 있는 미군과 소련군을 도와주는 장면과 지뢰를 밟고 있다고 착각한 선생님 장근의 모습을 통해 보여주고 있다. 특히 <만남의 광장>에서 집성촌 사람들은 미군과 소련군이 세우고 있는 것이 무엇인지도 모르고 친절하게 도와주지만 그것이 자신들의 자유스러운 왕래를 가로막고 갈라놓게 된 휴전선이라는 것을 알게 된 후 그들의 행위로 성립된 공간은 휴머니즘적 비극성의 의미로 전환된다. 이러한 공간의 의미를 대변하고 있는 것이 집성촌 사람들이 마을의 대소사를 의논하기 위해 서로 땅굴을 파서 만든 만남의 장소에서 달수가 영탄에게 한 대사에서 확인된다. 여기서 달수는 영탄에게 "핏줄이라는 것이 뭔지 휴전선 그어놓고 부모형제 친지들 생이별 시켜놨더니만 누가 무슨 약속도 안 했는데, 남쪽 사람은 남쪽 사람들대로 북쪽 사람은 북쪽 사람들대로 땅굴을 파고 쭉 올라온 게 이 동굴로 그냥 온겨"라고 한다. 또한 땅굴이 남한 군인과 북한 군인에 의해 발각되면서 출구가 막히게 되자 북쪽지역에 있던 영탄과 선미가 무너진 땅굴을 울부짖으며 맨손으로 파내는 모습을 통해서도 휴전선과 비무장지대가 갖는 공간의 비극성을 묘사하고 있다고 할 수 있다. 이와 같은 장면들은 '만남의 장소'의 의미를 직접적으로 설명하고 있을 뿐만 아니라 영화 시작과 함께 보여주었던 미군과 소련군에 의해 설치된 휴전선이 그들의 비극성을 견인하고 있다는 것을 말하고 있다.

그러나 계윤식의 영화 <꿈은 이루어진다>에서는 비무장지대에 내면화된 비극성이 위에서 언급한 영화들과는 다르게 묘사되고 있다. 이 영화에서는 비무장지대가 미군과 소련군에 의해 설치되었다는 역사적 사실 등이 직접적으로 거론되지 않고 있다. 즉 비무장지대를 사이에 두고 남, 북한 군인들 간의 끊임없는 긴장감이 언제든지 비극적 상황을 촉발할 수 있다는 것을 말하고 있지만 그것이 미국과 소련의 정치적 타협의 산물이거나 적대적인 대결구도로 인한 긴장감은 직접적으로 묘사되지 않고 있다. 오히려 이 영화에서는 비무장지대를 사이에 두고 남한과 북한과의 적대적인 긴장감을 조성하기보다는 축구를 좋아하는 북한군 분대장의 월남으로 끝을 맺고 있다.

일반적으로 "영화 속에서의 공간재현은 지배적인 기억을 강화할 수도 있고, 또는 그에 대한 대항기억을 생산해 낼 수 있다. 후자적인 관점에서 본다면, 영화적인 공간은 역사서술에서 밀려나고, 억압되고 망각된 과거를 되돌리는 고착된 의미의 집단기억에 대한 대항적인 실천이다."[10] 이러한 의미에 근거한다면 이들 다섯 편의 한국영화에서는 한국역사의 비극성을 휴전선과 비무장지대라는 공간을 통해 소환하고 있는 것이다. 이를 통해 드러난 것은 한국역사의 비극성이고 그것은 바로 한국전쟁, 휴전으로 이어지는 한국역사의 타율성 속에 내재되어 있다. 타율적인 한국역사는 휴전과 분단을 성립시켰고 그로 인해 한국민족은 역사적, 혈연적 공동체 붕괴를 맞이하였다. 휴전협정으로 생긴 비무장지대는 한국민족의 공동체 붕괴이자 재편의 상징적 공간이다. 이것을 이들 영화에서는 소년의 죽음과 지뢰밭 사이로 걷고 있는 어린 소녀, 지뢰를 밟고 있는 이수혁 병장, 지뢰를 매설하고 있는 군인, 지뢰를 밟고 있다고 착각하고 움직이지 못하고 있는 선생님 장근의 모습으로 투영시키고 있다. 이것은 비무장지대라는 공간이 미세한 작은 충격에도 언제 터질지 모르는 지뢰와 같은 곳이라는 의미이다. 그렇기 때문에 비무장지대는 한국민족의 동질성과 일체성의 역사를 단절시키고 있으면서 언제든지 파국으로 몰고 갈 수 있는 우려와 비극성이 깊이 내면화되어 있는 공간이다. 이와 같은 의미를 이들 다섯 편의 영화에서는 미국과 소련을 비롯한 강대국들의 정치적 타협의 역사적 사실을 드러냄으로써 비무장지대라는 공간 속에 깊게 내면화 되어 있는 역사적 비극성을 묘사하고 있는 것이다.

3. 사건을 객관화하기

휴전과 비무장지대를 배경으로 한 다섯 편의 한국영화에서 나타난 또다른 특징은 역사적 사건에 대한 객관화이다. 이것은 휴전과 비무장지대를 다룬 이들 다섯 편의 한국영화의 수법에서 중요한 의미를 갖는다. 왜냐하면 영화에서의 객관화는 어떤 사건과 대상에 대한 일방성과 주관성에서 벗어나 사실과 진실에 대한 설득력을 담보하고 있기 때문이다. 특히 한국전쟁 이후 설치된 휴전선과 비무장지대는 남, 북한 간의 서로 다른 이데올로기적, 정치적 시각이 첨예하게 대립되어 왔던 곳이기 때문에 어느 한쪽의 일방적이고 편향적 시각으로 빠질 수 있는 가능성이 매우 큰 곳이라 할 수 있다. 그렇기 때문에 영화에서 휴전선과 비무장지대를 묘사할 때는 그것이 역사적 사건의 결과라는 사실을 최대한 유지시키면서 객관성을 확보하는 것이 무엇보다 중요하다. 그랬을 때 영화감독들은 자신이 전하고자 하는 이야기에 대해 설득력을 가질 수 있고 한반도에서 일어났던 역사적 사건을 환기시킴으로써 그것에 대한 본질적인 의미에 접근할 수 있다고 믿는다. 이를 위해 이들이 비무장지대를 배경으로 하고 있는 다섯 편의 한국영화에서 취한 수법은 뉴스 릴, 다큐멘터리 필름의 사용과 화면위에 디지털 자막을 통해 마치 사건을 실제 일어났던 것처럼 실시간으로 적시하는 것이다.

뉴스 영화가 객관성을 유지하고 있다는 것은 벨라 발라즈Béla Balázs의 뉴스 영화에 대한 언급에서 확인되고 있다. 그는 "뉴스 영화가 객관적이고 진정한 사진 기록, 시대에 대한 일종의 회화적 일기처럼 보이기 때문에 거짓과 왜곡 보도를 하는 신문보다 더 노골적으로 거짓말을 한다"[11]고 하였다. 이것은 뉴스 영화가 현실에 대한 기록적 기능을 토대로 하고 있기 때문에 객관성을 가지고 있으며 그것으로 인해 현실을 왜곡할 수 있다는 것이다. 다시 말하자면 영화에서의 현실 왜곡 가능성은 뉴스영화의 기록적 기능에 의한 객관성에 기인하고 있다는 의미이다. 따라서 현실에 대한 기록적 기능은 객관성으로 수렴되고 있다. 이와 같은 의미는 현실 기록을 특징으로 하고 있는 다큐멘터리 필름에도 적용될 수 있다. 이러한 특징은 다섯 편의 영화에서 화면 위에 사건에 대한 장소, 시간 적시를 통해 그것이 마치 실제 일어났었던 것처럼 현실성을 강화하는 요소로 작용하고 있다. 이와 같은 형식들은 극영화라는 틀 속에서 비무장지대가 지니고 있는 다음과 같은 두 가지 특징과 조우하면서 객관화에 이르게 된다.

첫 번째는 남한과 북한, 어느 한쪽의 일방적이고 편향적인 이데올로기적 시각을 초월하였을 때 역사적 사실에 대한 객관성의 정당성이 확보된다는 측면이다. 두 번째는 1953년 7월 27일 한반도에 휴전협정과 그것의 상징인 비무장지대의 성립이 한국민족의 의지와 무관하게 강대국들 간의 정치적 타협의 산물이라는 역사적 사실에 기인하고 있다. 이 두 가지 이유로 휴전선과 비무장지대를 다룬 다섯 편의 한국영화들은 뉴스 릴과 다큐멘터리 필름을 통해 역사적 사실을 객관화 할 수 있는 근거를 마련할 수 있었다. 이와 같은 특징은 이들 영화에서 나타나는 중요한 현상이다.

비무장지대에서 실제 촬영한 박상호의 <비무장지대>에서는 연합군 측과 공산군 측과의 휴전회담, 협정에 이르기까지의 전 과정을 폭격으로 인한 폭발장면, 한국 군인들과 북한 인민군들, 도심에서의 탱크, 인민재판, 참전한 연합군들, 부서진 철교, 휴전협정장면, 한반도 지도, 38도 휴전선 등을 기록한 뉴스 릴과 다큐멘터리 필름을 통해 묘사하고 있다. 이러한 뉴스 릴과 다큐멘터리 필름은 한반도에서 발생한 전쟁과 휴전에 이르는 역사의 전 과정을 함축적으로 묘사하고 있을 뿐만 아니라 그것의 실재적 사실성에 대한 객관성을 견인하고 있다. 그리고 이것은 영화 <비무장지대>의 주인공인 어린 소년과 소녀의 비극이 무엇으로부터 발생되었는지를 설명하는 근본적인 요인으로 작용하고 있다. 즉 휴전선과 비무장지대를 배경으로 소년과 소녀가 만나서 벌이는 천진난만한 놀이와 소년의 죽음, 비무장지대의 지뢰밭 사이를 혼자 걷고 있는 소녀의 비극적 결말이 뉴스 릴과 다큐멘터리 필름에서 제시된 역사적 사실에 기반하고 있다는 것을 의미한다. 이것은 객관적인 역사적 사실을 담보하고 있는 뉴스 릴과 다큐멘터리 필름을 통해 영화에서 전개될 내용의 비극적 효과를 극대화하고 있다.

뉴스 릴과 다큐멘터리 필름을 통한 사건의 객관화는 2000년 박찬욱의 <공동경비구역>에서도 나타나고 있다. 이 영화에서는 중립국감독위원회 소속 보타 소장이 소피 장 소령에게 그녀의 아버지가 인민군 장교였다는 이유로 북한군 초소에서 발생한 총격사건을 더 이상 조사할 수 없게 되었다는 사실을 통보하기 위해 한국전쟁기 거제도 포로수용소 사건을 들어 비무장지대를 설명하면서 사용되고 있다. 여기서 보타 소장은 흑백사진과 다큐멘터리 필름을 통해 "거제 포로수용소 사건은 철저한 공산주의자와 강제로 끌려온 반공산주의자들 간의 피의 보복이 이루어진 내전 속의 내전이라고 하면서, 진실이 감춰지고 평화가 유지되는 곳, 그곳의 상징이 바로 공동경비구역"이라고 말한다. 이것은 영화 속에서 "거제도 포로수용소를 다큐멘터리 필름으로 재현함으로써 공동경비구역의 역사적 기원을 시사하는 것이기도 한다."[12] 이러한 의미의 공동경비구역을 영화에서는 거제도 포로수용소 사건에 관한 다큐멘터리 필름을 통해 그것의 실체를 설명하고 있는 것이다.

　이와 같은 방식은 이규형의 <DMZ>에서도 찾아볼 수 있다. 이 영화에서는 1979년 10월 26일에서부터 12월 12일까지 비무장지대에서 벌어졌던 남, 북한 간의 긴장관계를 한국사회의 변화와 연결시키기 위해 박정희 대통령의 서거와 사진, 장례식 장면들을 찍은 자료 필름이 사용되고 있다. 반면 김종진의 <만남의 광장>에서는 영화 도입 부분에서 박상호의 <비무장지대>에서처럼 폭격장면과 같은 전쟁에 관한 뉴스 릴과 다큐멘터리 필름을 보여주면서 곧바로 미군과 소련군에 의한 휴전선 설치 장면으로 이어지고 있다. 이것은 뉴스 릴과 다큐멘터리 필름을 통해 휴전선 설치와 남, 북한 분단의 직접적 원인과 책임을 전쟁이라는 역사적 사실과 미국, 소련에 의한 것으로 연결시키고 있는 것이다. 또한 계윤식의 <꿈은 이루어진다>에서도 2002년 월드컵 대회 때 대한민국 국민들의 집단응원 모습을 촬영한 자료 필름이 사용되고 있다. 이것은 비무장지대에서 벌어진 남, 북한 군인들의 축구시합을 통해 우리 민족, 우리 핏줄이라는 민족의 동질성을 확인하고 견인하는 요소로 작용하고 있다.

　이처럼 비무장지대를 공간적 배경으로 다루고 있는 다섯 편의 한국영화에서는 시대적 흐름과 주제에 따라 뉴스 릴과 다큐멘터리 필름을 중요한 자료로 사용하고 있다는 것을 알 수 있다. 뉴스 릴과 다큐멘터리 필름이 이들 영화에서 핵심적 요소로 사용되고 있는 가장 큰 이유는 사건의 실재성을 기록한 시기를 사실적으로 설명하기 위한 것뿐만 아니라, 그것이 갖는 역사적 사실성을 통해 영화에서 제시된 내용에 대한 객관성과 당위성을 확보하기 위한 것이다. 이것은 이데올로기적 일방성에서 벗어난 역사적 사실의 객관성을 유지하는 것이 비무장지대를 다루고 있는 이들 다섯 편의 한국영화에서 무엇보다 중요한 선결과제이며, 그것은 뉴스 릴과 다큐멘터리 필름을 통해 구체화되고 있다.

비무장지대를 배경으로 하고 있는 다섯 편의 한국영화들이 사건의 객관화를 유지하기 위한 또 다른 중요한 수단으로 사용하고 있는 것은 영화에서 전개되고 있는 내용이 실제 존재했던 사실처럼, 혹은 실제 일어났던 사건처럼 묘사하기 위해 장소와 시간의 일체성을 강조하는 것이다. 이를 위해 사용한 수법은 화면 위에 디지털 자막으로 사건 발생에 대한 구체적인 시간을 적시하는 것이다. 그럼으로써 영화에서 제기된 사건의 내용은 보는 사람들로 하여금 긴장감과 과학적인 정확성, 사실성에 대한 이미지를 구축할 수 있도록 하여 객관성을 유지할 수 있다는 믿음을 제공하고 있다.

이와 같은 특징은 박찬욱의 <공동경비구역>에서 두드러지게 나타나고 있다. 이 영화에서는 화면 위에 특정한 시간 적시를 통해 사건이 실제 일어났던 것처럼 묘사되고 있다. 이 영화의 화면에는 구체적인 시간이 총 12개의 디지털 자막으로 월, 시간, 분 단위로 다음과 같이 제시된다. 1) 10월 28일 02시 16분, 총소리와 함께 총구멍. 2) 10월 31일 10시 47분, 소피 장 소령 공항입국. 3) 11월 4일 15시 50분, 소피 장 소령이 이수혁 심문함. 남성식 투신자살함. 4) 2월 17일 17시 35분, 밤하늘의 달빛. 5) 4월 11일 03시 17분, 북한군 초소에서 이수혁, 남성식, 오경필, 정우진 생일파티 하고 있음. 6) 9월 16일 03시 20분, 이수혁이 남성식을 북한군 초소로 데려감. 7) 10월 9일 00시 14분, 비상 사이렌 소리. 8) 10월 17일 20시 07분, 이수혁과 남성식이 철책선 너머 폭발 섬광을 바라봄. 9) 10월 28일 02시 24분, 북한군 초소에서 이수혁, 남성식, 오경필, 정우진 송별회. 북한군 최상위 들이닥침. 10) 11월 5일 14시 00분, 판문점에서 소피 장 소령이 진술서를 확인하기 위해 이수혁과 오경필 대질심문 하면서 모형물로 사건 정황을 설명함. 11) 10월 28일 02시 31분, 북한군 초소에 최상위 들이닥치고 총격전 벌어짐. 12) 11월 7일 20시 13분, 이수혁 자살함.

이것은 이 영화가 뉴스 릴, 다큐멘터리 필름과 함께 영화의 객관성을 구축하기 위한 수단으로 영화에서 전개되고 있는 사건의 발생을 시간대 별로 나타내주는 자막이다. 화면 위에 디지털 자막으로 제시된 시간 단위는 사건이 일어난 실제성뿐만 아니라 영화의 내용에 대한 구체성, 정확성, 과학성을 나타내주고 있는 것처럼 보인다. 이것은 영화에서 전개되고 있는 내용을 보는 사람들에게 과학적이고 객관적인 것으로 인식하게 하여 소피 장 소령이 북한군 초소에서 발생한 사건을 풀어가기 위한 하나의 실마리와 결과로 작용하게 할 뿐만 아니라 그 내용에 대해서도 신뢰를 획득하도록 하게 한다. 이로 인해 비무장지대의 돌아오지 않은 다리를 사이에 두고 북한군 초소에서 벌어진 총격사건은 실제 일어났던 사건처럼 인식하게 만든다. 이처럼 화면에 시간대별로 적시된 사건 기록에 대한 자막은 영화에서 전개된 사건의 내용이 실제성, 사실성, 과학성을 유지하도록 하여 그것이 객관화를 획득하도록 하는 데 중요한 역할을 하고 있다.

화면에서 특정한 시간을 적시하면서 그것의 객관성을 확보하고자 한 시도는 이규형의 <DMZ>에서도 나타난다. 영화는 감독이 비무장지대에서 실제 경험했던 사건에 기반하고 있다는 사실을 강조하기 위해 특정한 사건의 시기와 시간을 구체적으로 제시한다. 즉 영화에서는 1979년 10월 26일부터 12월 12일까지의 시간으로 규정하고, 그 시기 동안 비무장지대에서 실제 일어났던 것을 영화화한 것처럼 묘사하고 있다. 그러나 이 영화에서는 특정한 사건 설명을 위한 시기규정이 주는 객관화가 감독의 주관적 경험과 충돌하고 있다. 즉 영화 시작과 함께 자막으로 특정한 범위의 시간을 제시한 것은 이 영화의 실제성을 담보하는 요소일 수 있지만, 그것이 감독의 경험에 의존하고 있기 때문에 오히려 객관성에서 벗어나 주관성으로 변모시키는 것이다. 이것은 화면에서 제시되고 있는 구체적인 시간이 보편적인 객관화에 이르는 데는 일정한 한계를 지니게 된다.

그러나 계윤식의 <꿈은 이루어진다>에서는 화면 위에 커다란 인공 위성의 모형이 등장하고 그 위에 '비무장지대'라는 공간을 적시한 후, 디지털 자막으로 북한 통신감청 부대가 위치하고 있는 북한 측 43GP를 보여주고 곧바로 군사분계선을 따라 남한 측의 301GP를 보여주면서 시작된다. 그리고 영화 중간에는 북한 통신감청 부대 5677부대라는 구체적인 사실도 자막을 통해 보여준다. 이처럼 이 영화에서는 매우 구체적인 공간과 이야기의 주체가 되는 것들을 디지털 자막으로 적시하고 있다. 이것은 영화에서 앞으로 전개될 내용이 실제 존재하고 있고 그에 준하는 상황에 근거하고 있다는 것처럼 보이도록 하기 위한 것이다. 이로 인해 영화에서 전개되고 있는 내용이 실제 일어났던 것처럼, 사건에 대한 사실성과 객관성을 확보하도록 하게 한다.

이처럼 비무장지대를 배경으로 한 다섯 편의 한국영화에서는 영화에서 전개되고 있는 사건과 내용의 객관화를 위해 뉴스 릴과 같은 다큐멘터리 필름을 사용하였을 뿐만 아니라 그것이 과학적이고 객관적인 의미를 갖도록, 마치 실제 일어났던 것처럼 하기 위해 화면 위에 사건에 대한 장소, 시간의 정확성을 위해 시간대별로 기록한 자막이 동원되고 있다. 이러한 수법들은 영화에서 전개된 내용이 사실과 객관에 최대한도로 근거하고 있다는 것을 보여주고 있다. 이를 통해 영화에서 겨냥하고 있는 궁극적인 목표와 효과는 휴전과 비무장지대가 냉전시기 강대국들 간의 정치적 타협과 무관한 것이 아니라는 역사적 사실이다. 이것을 증명하기 위해 영화에서는 뉴스 릴, 다큐멘터리 필름과 같은 객관적 자료와 디지털 자막을 사용하여 정확하고 과학적이며 구체적인 사실성을 화면 위에 적시하는 것이다. 이를 통해 획득된 객관화는 영화에서 전개될 내용에 대한 중요한 근거이자 토대로 작용하고 있다. 따라서 휴전과 비무장지대가 갖는 비극성은 뉴스 릴, 다큐멘터리 필름과 사건을 실시간으로 화면위에 적시한 디지털 자막으로 역사적 사건의 객관화를 통해 이루어지고있다.

4. 역사적 책임에 대한 시선의 변화

비무장지대를 배경으로 하고 있는 다섯 편의 한국영화에서 간과할 수없는 특징은 역사적 책임에 대한 시선의 변화를 들 수 있다. 이것은 비무장지대를 다룬 다섯 편의 영화감독들이 휴전협정, 비무장지대를 시기의흐름에 따라 어떻게 변화하였고 바라보고 있는가에 대한 것이기도 하다.이와 같은 시선의 변화는 이들 영화들이 오랜 시간에 걸쳐 만들어졌기 때문에 발생한 자연스러운 현상이라 할 수 있다. 그리고 이에 대한 본격적인 변화는 분단영화의 재생성의 시기와 변화의 시기[13]로 일컬어진 1990년대 기존의 반공 이데올로기적 성향과 차별화된 영화들-<남부군>(정지영, 1990), <은마는 오지 않는다>(장길수, 1991), <그 섬에 가고싶다>(박광수, 1993), <태백산맥>(임권택, 1994)[14]-이 등장하기 시작하면서부터라 할 수 있다. 이들 영화에서는 남, 북한의 관계를 이데올로기, 체제 우위 경쟁의 시각에서 이데올로기의 비극성, 체제 우위 경쟁의무익함이라는 인식을 통해 질곡의 한국역사로 유도하였다. 이와 같은 경향은 한국영화감독들에게 휴전선과 비무장지대 묘사에 있어 새로운 시선을 갖도록 견인하였다. 이것은 비무장지대를 다룬 다섯 편의 한국영화에서 나타나고 있는 다양한 형태의 감성적 호소, 팽팽한 긴장감, 휴머니즘을 토대로 한 비극성, 웃음과 슬픔이 교차하는 희망 등을 통해서 알 수있다. 이는 곧 다양한 자료와 방식에 기반하여 비무장지대를 바라 본 영화감독들의 시선의 변화로 이어지고 있다는 것을 의미한다.

박상호의 <비무장지대>에서는 이미 언급한 것처럼 뉴스 릴과 다큐멘터리 필름을 휴전협정과 비무장지대 성립의 굴절된 역사를 객관적으로 주장할 수 있는 논리적 근거로 삼고 있다. 이것을 토대로 영화는 소년의 죽음과 비무장지대를 떠돌고 있는 소녀를 통해 슬픔과 비극의 한국역사를 묘사하고 있다. 뉴스 릴과 다큐멘터리 필름은 객관적인 역사적 사실로서 비무장지대의 공간적 의미를 증명하고 있는 것이고 소년과 소녀는 그로부터 발생한 피해자인 것이다. 그렇기 때문에 영화에서 묘사된 이들의 비극의 근원은 역사적 사실을 기록한 뉴스 릴과 다큐멘터리 필름으로 환원된다. 따라서 어린 소년과 소녀의 비극은 뉴스 릴과 다큐멘터리 필름에 나타난 강대국들 간의 정치적 타협과 이해관계로 초래되었다는 것을 확인하고 있다. 이것을 다시 환원하면 소년과 소녀의 비극은 곧 한국민족의 비극이고, 그것은 강대국들 간의 정치적 타협과 이해관계의 결과가 휴전협정과 비무장지대인 것이다. 이것은 휴전과 비무장지대 성립의 원인이 한국민족의 의지와 무관하게 강대국들 간의 정치적 타협에 이루어졌다는 것을 강조하고 있을 뿐만 아니라 타율적으로 이루어진 굴절되고 부당한 한국역사를 말하고 있는 것이기도 하다. 그 결과 한국민족은 강대국들 간에 벌어진 역사의 희생자이자 피해자로서 인식되고 휴전과 비무장지대는 그것의 상징으로 존재하게 된다. 이것은 한국민족이 비무장지대를 어떻게 바라보고 있는지를 보여주고 있다. 그것은 바로 부당한 역사의 '피해자로서의 시선'이다. 이와 같은 피해자로서의 시선을 박상호는 뉴스 릴과 다큐멘터리 필름에 의한 객관화와 소년과 소녀의 비극적 운명을 통해 바라보고 있는 것이다.

휴전선과 비무장지대의 성립을 타율적, 외부적 요인으로 전가시키면서 나타난 피해자로서의 시선은 박찬욱의 <공동경비구역>에서도 나타나고 있다. 이 영화에서도 감독은 휴전과 비무장지대를 둘러싸고 있는 다양한 요소들에 의해 남, 북한을 피해자로서 바라보는 시선을 견지하고 있다. 그 중에서도 비무장지대를 관장하는 중립국감독위원회 소속 보타 소장과 소피 장 소령은 <공동경비구역>에서 피해자로서의 시선을 유지하게 하는 상징적 존재이다. 영화에서 이들은 비무장지대에서 남, 북한 간의 충돌을 완화하고 해결하는 역할로 한정되어 있지만, 북한군 초소에서 발생한 비극적인 총격 사건과 직, 간접적으로 결부되어 있다. 이것은 북한군 초소에서 발생한 남, 북한 군인들의 비극적 상황이 중립국 감독위원회로 상징화되는 국제정치적 산물과 불가분의 관계에 있다는 의미로 해석될 수 있다. 따라서 영화 <공동경비구역>에서의 중립국감독위원회는 단순히 비무장지대의 풍경을 설명하기 위한 것이 아니라, 이들의 비극의 원인과 결과가 어디로부터 비롯되었는지를 암시하는 요소인 것이다. 그리고 남한 군인들과 북한 군인들의 비극적 결말은 그러한 역사적 결과의 피해자인 셈이다. 그러므로 이 영화에서도 역사적 피해자로서의 시선은 그대로 유지되고 있다. 그럼에도 불구하고 영화 <공동경비구역>에서는 박상호의 <비무장지대>에서 나타난 것처럼 직접적인 피해자로서의 시선에서 점차 벗어나고 있다고 할 수 있다. 이것은 이 영화가 사건의 발생, 과정, 결과에 집중하고 있기 때문에 그것의 원인이 되었던 역사적 사실이 느슨하게 결합되어 있는 것처럼 묘사되고 있기 때문이다. 즉 <공동경비구역>에서는 휴전과 비무장지대에서 벌어진 사건에 초점이 맞추어져 있기 때문에 그것을 견인한 대외적 요소들과 시각은 최소화된 중립국감독위원회라는 기구로 설명되고 있을 뿐이다. 이것은 박상호의 영화에서처럼 휴전선과 비무장지대 성립의 직접적 원인을 상당한 분량의 역사적 자료 필름을 통해 인간적 정서에 호소하는 방식에서 벗어나 사건이 일어날 수밖에 없는 필연성과 항상성으로 전환되고 있다는 것을 말하고 있다. 이와 같은 수법은 비무장지대를 외부적, 타율적 관점에 전적으로 의존했던 피해자로서의 시선에서 점차 '사건 중심의 시선'으로 변하고 있다는 의미이다.

비무장지대의 역사적 관계에 대한 시선은 이규형의 <DMZ>에서는 다르게 묘사되고 있다. 왜냐하면 이 영화는 감독이 비무장지대에서 근무했던 경험을 토대로 하고 있다는 것을 전제로 하고 있기 때문이다. 따라서 비무장지대에 대한 중립국감독위원회와 같은 외부적 시선과 상황은 거의 드러나지 않고 있다. 오히려 이 영화에서 감독은 비무장지대의 긴장관계를 남한 내부의 정치적 사건과 결부시키고 있다. 이것은 비무장지대에서 벌어진 사건들을 외부적이고 타율적 관점을 개입시키기보다는 내부적으로 존재하고 있는 내부적 공간에 대한 상황과 현상을 토대로 전개되고 있다는 의미이다. 이로써 감독은 비무장지대라는 공간을 어떠한 외부적 관점과 시선을 배제한 채 남한 내부의 정치적 상황과 변화에 따라 얼마든지 변화 가능한 것이라는 인식을 심어주고 있다.

반면 김종진의 <만남의 광장>에서는 남, 북한 분단의 비극성을 휴전선을 설치하고 있는 미군과 소련군 그리고 이를 도운 한국인들로 묘사하고 있다. 이것은 휴전선과 비무장지대 설치가 미군과 소련군에 의해 직접적으로 설치되었다는 것과 한국인들의 책임도 동시에 제기하고 있는 것이다. 이와 같은 시각은 1945년 분단고착화의 책임을 미국과 소련의 공동책임과 함께 우리 민족에게도 일정부분 있다고 주장한 한국역사연구자들의 견해와 일맥상통한 것으로[15] 해석할 수 있다. 이와 같은 견해는 휴전선과 비무장지대를 배경으로 한 다섯 편의 한국영화에서 일반적으로 나타났던 객관적 자료를 통해 남, 북 분단의 책임을 미군과 소련군을 비롯한 외부적 요인의 탓, 즉 피해자로서의 시선으로 돌리는 방식에서 벗어나 한국의 책임도 동시에 있다는 '공동 책임의 시선'으로 변화하고 있다고 여겨질 수 있다.

비무장지대에 대한 시선은 계윤식의 <꿈은 이루어진다>에서는 다르게 표현되고 있다. 이 영화에서 감독은 비무장지대가 갖는 긴장감을 남, 북한 간의 감청 부대를 통해 묘사하고 있다. 그러나 비무장지대가 주는 긴장관계는 2002년 남한에서 열린 월드컵 대회를 계기로 축구를 좋아하는 북한의 분대장과 남한 군인들 사이에 조성된 다양한 우호적 장면들에 의해 해소되고 있다. 비무장지대에서 근무하고 있는 남, 북한 군인들은 함께 모여서 축구시합도 하고 한국대표팀의 축구경기를 보면서 응원하기도 한다. 이러한 장면은 비무장지대가 남, 북한의 대결과 긴장의 상징적 공간에서 벗어나 민족이라는 이름으로 통합될 수 있는 공간으로의 가능성을 보여주고 있다. 특히 남한 군인들과의 잦은 교신과 만남을 눈치챈 북한의 상급 부대 조사관이 감청 부대 분대장을 의심하면서 취조하자 그의 분대원들은 지체 없이 분대장을 남한으로 탈출시키려는 계획을 세우고 도와주는 장면으로 뒷받침된다. 이것은 우리 민족의 가치 앞에 서로 다른 이데올로기는 더 이상 문제가 되지 않는다는 사실을 확인시켜주고 있다. 이와 같은 장면은 타율적 시각에 의존해 휴전과 비무장지대의 비극성을 강조하는 형태에서 벗어나 점차 우리 민족 내부가 해결해야 할 '내부적 문제의 시선'으로 변해가고 있음을 보여주고 있다. 그리고 이러한 시선의 변화 기저에는 꿈같은 현실이 가능하다는 희망이 내재되어 있는 것이다.

이처럼 비무장지대를 배경으로 한 다섯 편의 한국영화들에서 간과할 수 없는 특징은 타율, 외부, 객관에서 자율, 내부, 주관으로 그 시선이 점차 변해가고 있다는 사실이다. 이것은 휴전, 비무장지대라는 것을 영화화 하면서 우리가 의도적으로 휴머니즘과 이데올로기 대립의 희생자였다는 결론으로 모호한 입장에 빠지게 함으로써 일종의 죄의식의 전이처럼 오히려 역사를 추상화해 버리는 역효과를 내고 있는 이전의 한국영화와는 다른 방식을 취하고 있다.[16] 이것은 한국민족의 비극의 상징이라 할 수 있는 휴전선과 비무장지대의 성립을 미국과 소련으로 대표되는 외부 세력과 그것의 결과인 중립국감독위원회의 모습으로 타자화시키고 점차 그들을 배제한 남한과 북한 간의 내부적 문제로 시선이 전환되어가고 있음을 보여주고 있는 것이다.

◆ ◆ ◆

1953년 7월 27일 한국전쟁으로 인해 성립된 휴전선과 비무장지대는 한국민족에게는 역사적 비원의 상징적 공간이다. 그것은 같은 민족이면서도 함께 할 수 없다는 인간 역사의 가장 기본적인 것들이 한국전쟁과 휴전협정으로 박탈되었기 때문이다. 특히 미국과 소련을 비롯한 강대국들 간의 정치적, 이념적 이해관계가 휴전협정, 휴전선, 비무장지대 성립으로 이어졌다는 역사적 사실은 비무장지대의 비극성을 더욱 강화시키는 요인으로 작용하였다. 그렇기 때문에 비무장지대는 외부의 타율적 역사가 지배하는 현장이자 한국민족의 의지, 바람, 염원의 역사가 정면으로 충돌하고 상호작용한 공간이다. 그러므로 남한과 북한 사이에 가로 놓여져 있는 비무장지대라는 공간은 영화의 배경 설정 그 자체만으로도 한국민족의 비극이 가장 상징적으로 집결되어 있는 곳이라 할 수 있다.

이러한 이유로 한국의 많은 영화감독들은 남한과 북한 사이의 서로 다른 이데올로기와 한국전쟁, 그리고 그것의 산물인 휴전협정과 비무장지대와 관련된 것들을 영화화하였다. 그러나 이들 대부분은 한국전쟁과 분단의 아픔과 슬픔을 각자 처해진 역사적 환경 속에서 이데올로기적 시각과 체제경쟁의 측면에서 다루었다. 이러한 관점에 근거해 만들어진 영화들은 비무장지대를 역사적 비극의 상징으로 묘사하는 데 한계를 가질 수밖에 없었다.

이와 달리 한국영화에서 휴전과 비무장지대 속에 내재되어 있는 비극성의 극대화는 아이러니하게도 휴전선을 둘러싸고 벌어졌던 역사적 사건의 객관화를 통해 이루어지고 있다. 이것은 남한과 북한 사이의 이데올로기적 대결구도나 체제 우위 경쟁의 시각에서 벗어나 비무장지대라는 공간 속에 존재했던 역사적 사건 그 자체를 객관적으로 바라보는 데서 출발하고 있다. 이와 같은 특징은 한국전쟁, 휴전, 비무장지대를 다룬 한국영화에서 특별한 현상으로 다음과 같은 다섯 편의 영화－1965년 박상호 감독의 <비무장지대>, 2000년 박찬욱 감독의 <공동경비구역>, 2004년 이규형 감독의 <DMZ>, 2007년 김종진 감독의 <만남의 광장>, 2010년 계윤식 감독의 <꿈은 이루어진다>－에서 찾아 볼 수 있다.

이들 다섯 편의 영화에서는 한국전쟁, 휴전협정 등에 관한 역사적 사건을 다룬 뉴스 릴, 다큐멘터리 필름과 영화에서 전개되고 있는 사건의 정확성을 위해 화면 위에 시간과 위치가 구체적으로 적시되었다. 이러한 특징은 한반도를 둘러싸고 벌어진 국제정치적 환경에서부터 급박한 역사 변동 상황에 이르기까지 휴전과 비무장지대 속에 내재되어 있는 비극적인 한국 역사를 객관적으로 묘사할 수 있는 효과적 수법으로 작용하였다. 이것은 이들 영화에서 사용되고 있는 자료와 수법들이 객관화된 시각을 유지하게 함으로써 객관적 설득력을 확보하여 비무장지대의 비극성을 더욱 입체적으로 드러내고 있다는 것을 의미한다. 따라서 위에서 언급한 다섯 편의 한국영화에서 나타난 특징은 사실적이고 구체적인 자료필름과 정확하고 과학적인 수법과 같은 객관성을 토대로 비무장지대라는 공간의 역사적 실체와 비극성을 묘사하고 있는 것이다. 이것은 궁극적으로 휴전협정, 비무장지대가 "어떻게 민족적 트라우마가 존재하는 역사적 공간으로 형성되고 지속되어왔는지, 고통스러운 과거의 공간이 현재 어떤 의미로 존재할 수 있는지, 그리고 이러한 공간에서의 우리의 정체성은 어떻게 구축되는지에 대한 질문"[17]이자 탐구라 할 수 있다.

주

1) 전쟁영화, 반공영화, 분단영화에 대한 개념논의는 김의수의 「한국분단영화에 관한 연구」(서강대학교 대학원 석사학위논문, 1998), 김보경의 「한국분단영화에 나타난 분단의 의미변화 연구」(한양대학교 대학원 석사학위논문, 2007), 정영권의 「한국 반공영화의 제도화 연구」(동국대학교 박사학위논문, 2010)를 참고할 것.

2) 김보영, 「한국전쟁 휴전협정과 전쟁의 유산」, 『역사와 현실』 Vol.80, 2011, 349쪽.

3) 위의 논문, 351쪽.

4) 1951년 미국의 존슨 상원의원이 한국전 발발 1주년에 38도선에서 휴전을 성립시키는 결의안이 나오면서 휴전에 대한 회의가 진행되었다. 대한민국 정부는 6월 27일 무서운 새 전쟁의 서곡이 될 수 있는 어떠한 휴전안도 수락할 수 없다고 강력 반대하였다. 6월 30일 대한민국 정부는 휴전에 대한 반대를 뜻하는 5개항의 입장을 밝혔다. ① 중공군은 한반도에서 철퇴할 것, ② 북한군은 무장해제할 것, ③ 국제연합국은 제3국의 북한원조를 방지할 것, ④ 한반도 문제에 관

한 국제회의에는 대한민국 대표를 참가시킬 것, ⑤ 대한민국의 주권 및 영토보전에 분쟁을 일으킬 어떠한 결정이나 또는 어떠한 계획에도 반대한다는 것이었다. 그리고 7월 1일 임시수도 부산에서는 정전 반대 국민총궐기대회가 열렸다. 그럼에도 불구하고 휴전회담은 열렸고 1953년 7월 27일 휴전협정이 성립되었다. 김학준, 『한국전쟁과 원인, 과정, 휴전, 영향』, 박영사, 2010, 315쪽 참고.

5) 변동현·박홍수·김영기, 「한국전쟁 말기 휴전협정에 대한 한·미 신문의 사설 비교연구」, 『한국언론정보학보』 통권 14호, 2000, 202쪽.

6) 김학준, 앞의 책, 390쪽.

7) Benedict Anderson, *Immagined Communities: Reflections on the Origin and Spread of Nationalism*, London: Verso, 1983, p.15. 고부웅, 「공동경비구역 JSA에서의 민족 공동체—문화연구로서의 비교문학을 위하여」, 『비교문학』 Vol.29, 2002, 229쪽에서 재인용.

8) 여기서는 2010년 영상자료원에서 제작한 DVD를 근거로 하고 있다. 이 영화는 1965년 12월 9일 아카데미 극장에서 개봉할 당시의 극영화 버전(12롤)이 아닌, 아시아 영화제 출품을 위해 재편집한 문화영화버전(6롤)이다. 따라서 박상호의 영화 <비무장지대>는 극영화 버전과 비(非)극영화 버전이 있다. 이에 대해서는 장우진의 논문 「<비무장지대>의 장르전환과 정책」(『영화연구』 40호, 2009)에 자세히 기술되어 있다.

9) 이와 같은 장면은 박찬욱의 <공동경비구역>에서 남한의 이수혁 병장이 북한의 오경필 중사에게, 북한의 정우진 경사가 남한의 남성식 일병에게 각각 형이라고 호칭하는 데서도 확인된다.

10) 황인성·남승석·조혜랑, 「영화 <공동경비구역>의 공간재현 방식과 그 상징적 의미에 대한 일고찰」, 『언론과 사회』 Vol.20, 2012, 88쪽.

11) 벨라 발라즈, 이형식 역, 『영화의 이론』, 동문선, 2003, 207쪽.

12) 황인성·남승석·조혜랑, 앞의 논문, 107쪽.

13) 김의수, 「한국분단영화에 관한 연구」, 서강대학교 대학원 석사학위논문, 1998, 29쪽.

14) 황인성·남승석·조혜랑, 앞의 논문, 91쪽.

15) 김학준, 앞의 책, 46쪽.

16) 연세대 미디어아트연구소 엮음, 『공동경비구역 JSA(문재철－새로운 방식으로 분단을 상상하기)』, 삼인, 2002, 29쪽.

17) 황인성·남승석·조혜랑, 앞의 논문, 122쪽.

한국영화 <남과 북>(1965)에서의
휴전 표상의 방식과 시대 반영의 양상*

함 충 범

1. 1960년대 한국에서의 6·25전쟁의 기억과 전쟁영화에 의 투영, 그리고 영화 <남과 북>

한국 현대사 자체가 격동과 변화로 점철되어 있다고 할 수 있겠으나, 그 중에서도 1960년대는 4·19혁명(1960)과 5·16군사정변(1961)이라는 역사적인 사건 이후 내각제의 시도와 대통령제로의 환원, 대통령3선 개헌, 경제개발5개년계획 실시, 가정의례준칙과 국민교육헌장의 제정, 한일 수교와 베트남 파병 등 정치, 경제, 생활, 외교 등 사회 모든 분야에서 다발적인 변혁과 변동이 일어나던 시기였다. 특히, 1963년 대통령 선거를 통해 '공식적으로' 권력을 확보한 박정희 정권은, '반공을 국시로 한

---

* 이 글은 필자의 「6·25전쟁 소재 한국영화 <남과 북>(1965) 연구—휴전 표상의 방식과 시대 반영의 양상을 중심으로」(『인문학연구』 46집, 조선대학교 인문학연구원, 2013)를 수정, 보완한 내용이다.

다'는 5·16 당시의 구호를 끊임없이 환기시키며 근대화 프로젝트를 구축하고 강력한 드라이브를 가동하였다.

한편, 휴전 직후부터 국내(생산)의 유일한 영상문화이자 가장 영향력 있는 대중오락으로 자리를 잡아 가던 한국영화는, 1960년대 들어 제작과 흥행 양면에서 최고의 호황을 누리기 시작하였다. 5·16 이후에는 영화법[1] 도입을 계기로 이른바 '기업화 정책'이 추진됨으로써 특수한 정책적 환경하에 놓이게 되었으며, 1950년대 후반부터 이어지던 다양한 소재화와 주제화의 경향도 보다 뚜렷해졌다.

이러한 가운데 '반공영화'[2] 또는 '분단영화'[3]라는 프레임 속에서 하나의 영역을 차지하기도 하는 6·25전쟁을 다룬 작품들이 더욱 본격적으로 카메라에 담겨지고 스크린에 비춰졌다. 한국영화의 장르화 경향 속에 극한의 시퀀스 설정과 스펙터클한 영상 구성이라는 제작 전략에 따른 것으로 볼 수 있겠지만, 그 기저에는 보다 복잡다단한 요인들이 자리하고 있었다는 점도 간과해서는 안 될 것이다. 즉, 여기에는 '반공'으로 대변되는 국가 차원에서의 대북 정책 기조와 제작(편수)쿼터제, 우수영화제도[4] 등 정책 당국에 의한 영화 제도 마련 등의 요인이 작용하였음은 물론이거니와, 이는 동족 간의 전면 전쟁이라는 초유의 사태에 대한 경험과 분단 및 이산으로 점철되는 전쟁으로 인한 비극적 체험의 지속 상황이 배태한 결과로 이해함이 타당하다.

이처럼, 1960년대 한국영화에서 6·25전쟁은 10여 년 전의 사실과 경험에 관한 기록 또는 기억으로서의 단순한 차원을 넘어, 동시기 한국사회를 둘러싼 역사적 환경과 연결되고 '휴전'이라는 현재 상황으로 수렴되며 이른바 '전쟁영화'에 반영되었다.

본고는 그 가운데서도 6·25전쟁을 사뭇 다른 각도에서 담아내고 있는 <남과 북>(김기덕, 1965)에 주목한다. 이 영화는 대부분의 한국영화사연구에서는 1960년대의 의미 있는 문제작 가운데 하나로, 또한 김기덕 감독 관련 연구에서는 그의 대표적인 명작으로 소개되고 있는데, 그럼에도 불구하고 정작 이 영화를 파고든 선행 연구는 거의 없다.

2000년대 이후 발간된 책들을 예로 들면, 호현찬은 "이산의 고통이라는 메시지를 담은 영화 중 깊은 인상을 남긴 영화의 수작으로 꼽"히는 "매우 의미 있는 전쟁 멜로드라마"로,[5] 정중헌은 "애인을 찾아 월남한 인민군 소좌의 집념을"[6] 보여준 작품으로, 김선아는 "반전과 인간주의를 용공으로 등치시키는 것과는 달리 이데올로기에 대한 전면적인 회의를 드러내면서 희생자로서의 한민족을 강조하는 방식"을 취한 작품 중에 하나로,[7] 정종화는 1960년대 '신세대 감독군'에 속해 있던 김기덕이 <맨발의 청춘>(1964), <떠날 때는 말없이>(1964) 등과 함께 "멜로드라마의 틀에 당대 대중의 욕망과 정서를 섬세하게 직조"[8]한 영화로 소개하는 정도이다. 최근에는 김기덕 감독을 새롭게 조명한 단행본이 출간되어 <남과 북>에 관한 보다 상세한 설명과 정밀한 해석이 이루어졌지만, 심지어는 이 안에서도 "신영균은 사랑하는 여인을 다른 남자의 곁으로 떠나보내고, 홀로 절벽 아래로 몸을 던진다"[9]는 등 가장 기본적인 부분에서 사실에 어긋나는 서술이 포함되어 있기도 하다.

특정 시대 한국영화를 연구하는 방식은 영화사적 경향에 대한 통시적 접근, 해당 시기 정책-산업-제작-비평 담론, 감독론, 장르론, 작품론 등 여러 가지가 있을진대, 이 가운데서도 작품론의 경우 영화사적 차원에서 거시적인 흐름을 놓치기 쉽다는 단점에도 불구하고 개별 영화를 가장 구체적이고 심층적으로 파악하는 데 최적의 방법론임에는 분명하다.

이에, 본고는 작품론의 견지에서 영화 <남과 북>을 보다 다각적이고도 정교하게 살펴본다. 특히 6·25전쟁을 소재로 한 작품으로서 이 영화가 전쟁 중 특수 상황의 설정을 통해 휴전이라는, 작품 내에서의 예견된 미래와 제작 당시의 현재를 어떻게 표상—제시하고 있는지에 논의를 집중한다. 아울러 그것이 당대 어떠한 영화적 경향 및 흐름 속에 어떻게 시대를 반영—함의하고 있는지에 대해 탐구함으로써, 단순한 작품론이 가지는 연구 방법의 한계를 극복하려 한다.

이를 위해 영화에서 전쟁과 휴전이 인물, 배경, 사건을 중심으로 하는 서사 구조와 미장센, 카메라, 몽타주 등의 표현 기법을 통해 어떠한 방식으로 묘사되고 있는지를 치밀하게 분석한다. 이와 함께 영화 작품과 시대와의 관계가 어떠하며 영화사적 의의와 한계는 무엇이었는지에 대해 종합적으로 고찰하고자 한다.

2. 인민군 소좌 '장일구'라는 인물에서 그에 대한 남한의 시선, 인식, 태도로의 초점 이동: 6·25전쟁의, 휴전 시기로의 범위 확장

작가 한운사에 의해 쓰인 HLKZ 방송국의 라디오극을 원작으로 하고 서윤성의 각색을 거쳐 김기덕 감독의 연출로 만들어져 1965년 1월 1일 아카데미 극장에서 개봉된 영화 <남과 북>은, 6·25전쟁 시기 남한의 군 부대를 시공간적 배경으로 하면서도 이념적 대립이나 영웅적 인물(들)에 초점을 맞추지 않고 전쟁의 비극과 분단의 아픔을 삼각관계에 놓인 세 남녀를 통해 드러낸다는 점에서 6·25전쟁 소재의 여타 작품과는 구별되는 특징을 지닌다.

<남과 북>은 단 이틀간의 짧은 시간 동안 전장에서 벌어진 일련의 사건을 시간대의 흐름에 따라 펼쳐 보인다. 극 중 시간적 배경은 6·25전쟁이 소강상태에 놓여 있던 1952년 11월 28일 새벽부터 30일 아침까지이

고 공간적 배경은 전선의 최전방 국군 육군 부대이다. 그러면서도 반공 이념을 강조하는 영화들과는 달리 6·25전쟁의 개요, 전황, 책임, 당위 등에 대해 부연하지 않으며 단지 전쟁 상황을 제시하는 정도에서 그친다. 이는 전쟁을 다루면서도 전투 장면을 거의 담고 있지 않는다는 점과 더불어 이 작품의 매우 중요한 특수성을 형성한다. 그리고 이를 통해 과거 전쟁 상황은 자연스레 현재 휴전의 현실로 치환된다.

타이틀 메인 자막의 등장과 함께 한운사 작사, 박춘석 작곡의 '누가 이 사람을 모르시나요'라는 주제곡이 깔리면서 영화는 시작된다. 그리고서 등장하는 첫 장면은 국군 진지. 두 명의 병사가 보초 임무를 수행하고 있다. 한 명의 병사는 소강상태에 빠진 전황을 설명하기라도 하는 듯 하늘을 보거나 담배를 태우는 반면, 다른 병사는 예리한 눈빛으로 전방을 주시한다. 그러다가 인기척을 느끼고 경계 태세를 갖춘다. 그리고 그들 앞에는 북에서 투항한 인민군 소좌 장일구(신영균 분)가 서 있다.

장일구의 신병은 소대 본부로, 다시 중대 본부로 인계된다. 그런데 여기에서 무언가 심상치 않은 분위기가 형성된다. 영화에서 그것은 연속되는 두 신scene에 등장하는 동일한 여인이 찍힌 사진 두 장으로 제시되는데, 하나는 장일구가 지니고 있던 옛 애인의 학창 시절의 독사진이며 다른 하나는 중대장 이해로 대위(최무룡 분)의 책상 위에 놓여 있는 현재 아내와 아들[10]의 사진이다. 그녀는 바로 해방 전 같은 고향의 장일구와 연인 관계에 있다가 전쟁 중에 이 대위와 결혼한 평안북도 영변 출신 고은아(엄앵란 분)였던 것이다. 이러한 사실은 영화 시작 10분여가 지나 이 대위가 장일구를 심문하는 과정에서 신속하게 밝혀진다.

'북괴군'의 소좌가 자신의 아내를 찾기 위해 탈영하여 월남하였다는 사실에, 이 대위는 충격을 받는다. 그리고 자신의 부하이자 소대장 김 소위에게 "난 저 친구를 다룰 자신이 없다"며 사단 사령부로 연락하여 정보

참모에게 넘길 것을 지시한다. 이에, 정보참모 권 중령(남궁원 분)은 김 소위의 연락을 받고 대충의 설명을 들은 뒤 중대 본부로 건너온다. 그리고 중대 본부 밖에서 둘만의 대화를 나누던 이 대위와 장일구 앞에 모습을 드러낸 권 중령은, 자신의 부하인 배 중위로 하여금 이 대위를 격리토록 명령하고 장일구와 직접 대화를 시도한다. 권 중령은 장일구로부터 인민군에 관한 정보를 캐내고자 하나 장일구는 고은아를 만나기 전에는 그렇게 할 수 없다고 잘라 말한다. 이에, 권 중령은 48시간 이내에 그녀를 데려 오겠다고 약속한다.

여기까지가 영화의 발단에 해당하는 부분이라 할 수 있는데, 상술한 바대로 이야기 전개가 매우 빠르게 진행된다. 주요 인물들이 모습을 드러내고 사건의 핵심과 갈등의 요소가 대두된다. 그러면서 다음과 같은 의문들이 영화 전체의 이야기 축을 형성한다. ① 사진으로만 등장한 고은아라는 인물은 누구이며 장일구 및 이 대위와는 각각 어떠한 사연을 안고 있는가. ② 장일구는 고은아와 재회할 수 있을 것인가. ③ 장일구, 고은아, 이 대위의 관계는 어떻게 정리되고 그들의 운명은 어떻게 결정될 것인가. 그리고 또 하나, ④ (권 중령으로 대표되는) 국군은 장일구로부터 군사 정보를 제공받아, 북한군 총공격에 적절하게 대응 가능하게 될 것인가. <남과 북>이 다루는 이야기의 주요 결과이자 사정으로 설정되어 있는 이와 같은 내용은, 물리적 시간(러닝 타임) 속 영화적 시간(스토리 타임)의 흐름과 함께 긴장감과 박진감을 창출하며 작품의 중심축으로서 전반적으로 무게 중심을 잡아주게 된다.

이 가운데 ③은 절정−결말 부분에서 주로 제시되는 반면, ①과 ②는 영화 초반에서부터 의제화된다. 그 이유는 이야기 구조 상 ③의 내용 자체가 기본적으로 ①과 ②의 내용에 따라 귀결되는 종속적 성격을 지니기 때문이다. 한편, 이야기 줄거리의 외형을 형성하며 서브 플롯에 위치한

④의 경우 전개 과정에 있어서는 ①, ②, ③과 긴밀하게 연결되어 있으면서도 그 해결은 클라이맥스 전 단계에서 다소 독자적이고도 급격하게 이루어진다. 이는 ④와 관련된 거대 담론을 해소하여 관객들이 ②와 ③에 집중하게 하려는 영화적 전략에 기인한 결과라 할 수 있다.

먼저 ①의 내용은 장일구 또는 이 대위의 말이나 기억 등을 통해 작품 속 국군 지휘부와 영화를 보는 관객에게 증언된다. 장일구의 발언은 주로 그가 사단에 이송되어 사단장과 참모들 앞에서 귀순 동기를 설명하는 플롯의 전개 부분 초반에, 이 대위의 발언은 장일구와 고은아가 상봉한 후 장일구의 요청으로 삼자대면하는 그가 사람들 앞에서 고은아와의 결혼 비화를 고백하는 절정 부분 후반에 배치되어 있다. 특히 두 장면에서 모두 작품 전체의 순차적 시간 구성을 거스르는 장일구와 이 대위의 회상 신을 삽입하여 그들과 고은아의 인생 여정 및 관계의 내막을 마치 퍼즐 맞추듯이 이해토록 함으로써, 영화는 이야기 구조를 탄탄히 하고 사건 간의 연결을 논리화한다. 그리고 분단-전쟁-분단으로 이어지는 불행한 역사 속에서 민족의 상흔을 강조한다.

권 중령의 약속을 들은 장일구가 사단으로 이송되어 사단장과 참모들을 만나는, 영화적 시간상 11월 28일 아침 장면을 살펴보자. 지프차를 타고 오는 장일구와 권 중령을 사단장과 여러 참모들이 직접 나와 마중한다. 권 중령은 부하인 유 중위로부터 장일구가 만나고자 하는 고은아에 대한 정보를 듣는다. 보고에 따르면, 그녀는 전직 간호부 출신이고 현재 충청북도 청주에 거주하며 슬하에 6세 된 아들이 있는 1928년 11월 28일생(극 중 '오늘'이 바로 고은아의 생일이다) 26세 여성이다.

이어, 권 중령이 합석한 심문 자리에서 사단장의 물음에 장일구가 대답하고 그 과정에서 장일구와 고은아의 과거가 회상 신으로써 소개된다. 같은 고향의 주인집 딸과 하인의 아들로 사랑을 키워온 두 남녀가, 눈 내리던 어느 밤 깊은 산 중 토막에서 밀회한다. 일본군의 징집을 피해 숨어 있던 장일구를 그의 애인 고은아가 찾아 왔던 것이다. 고은아로부터 자신의 어머니가 경찰서로 끌려갔다는 말을 들은 장일구는 입대할 것을 결심한다. 반드시 돌아와 달라는 부탁과 함께 기다리겠다는 약속을 한 후, 고은아는 사랑의 징표로서 자신의 몸을 장일구에게 '선물'한다. 주제곡의 잔잔한 허밍 음과 함께 애잔하면서도 낭만적으로 재현되는 장면을 통해, 장일구가 월남한 이유가 보다 선명하게 알려지며 6살짜리 아이의 출생의 비밀 또한 자연스레 표출된다.

카메라는 참모들을 양 옆에 둔 채 사단장과 마주 앉은 장일구를 응시하고, 그는 화면을 향해 답변한다. 또한 이러한 그의 모습은 줌 인과 줌 아웃을 통해 회상 신의 전과 후를 매듭짓는다. 이로써 서사의 사실성이 담보되고 인물의 진실성이 전달된다. 사단장과 참모들은 진지하게 장일구의 이야기를 들어주나, 결국 사단장 역시 그에게 중요한 군사 기밀을 발설해 줄 것을 요구한다. 그럼에도 장일구는 우선 고은아를 데려다 달라는 고집을 꺾지 않고, 사단장은 그를 일단 조사정보대로 인계한다. 그리고 사단장이 군단 지휘관 회의에 참석하는 사이, 그의 지시에 따라 참모장을 중심으로 하는 참모 회의가 마련된다. 그리고 앞의 ②와 관련한 의문인 장일구와 고은아의 재회 여부를 둘러싼 참모들 간의 설전이 벌어진다. 그 내용을 인용하면 다음과 같다.

> **참모장**: 그럼 권 중령의 의견을 말해보십시오.
> **권 중령**: 규칙에 따라서 군사정보대에서 조사케 한 뒤 군단으로 넘겨버리면 그만입니다만, 웬일인지 이것을 우리가 한 번 해결해봤으면 하는 생각이 듭니다. 말하자면 이것은 전형적인 한국의 비극인데, 어떻게 하면 가장 정당하게 해결해줄 수 있을까, 지금 우리가 가장 치열한 전투 속에 있다면 이런 생각은 처음부터 성립도 안 되는 이야기입니다

마는, 소강상태에 빠져 있는 전선이니까…….

참모장: 인사참모, 어떻게 생각하시오?

인사참모: 어, 전 이 대위 부인을 데려다가 그 자하고 만나게 한다는 데에서 반대입니다. 조건을 들어주지 않으면 정보를 제공할 수 없다는 것은 장사치 같은 야비한 수단입니다. 어, 저쪽을 버리고 이쪽으로 왔다는 것은 이미 하나의 선택이라고 봅니다. 그 자가 지금 거래 중심으로 행동할 때가 아니라고 생각합니다. 어, 전 정보참모의 탁월한 수완으로 그 자한테서 우리에게 필요한 정보는 얼마든지 꺼낼 수 있으리라고 믿습니다.

참모장: 시각을 다투는 사상전투 속에서 일 개인의 요구를 너무 중요시할 필요는 없지 않을까. 작전참모는?

작전참모: 예, 전선이 소강상태에 들어갔다고는 하지만, 언제 공격해 올지 모르는 적을 앞에 두고 여자를 끌어들일 수는 없다고 생각합니다.

인사참모: 어, 이 일은 우리들 각자가 직접 부닥친 일로 생각해야 되리라 믿습니다. 간단히 말해서 이 대위는 국군 장교입니다. 장은 국군을 무수히 죽였을지도 모르는 괴뢰군 소좌였습니다. 우리가 어느 편을 들어야 되느냐, 지극히 간단히 결론이 나옵니다.

권 중령: 제가 한 말씀 드리겠습니다. 시험은 해보겠습니다만, 이 친구 자기의 조건을 들어주지 않으면 간단히 정보를 털어놓지 않을 사람이라고 전 판단했습니다. 어, 우리는 이 자가 제공하는 정보에 의해서 우리 쪽 수천의 생명을 구할 수도 있고, 또 적에게 치명상을 줄 수도 있습니다. 이 대위에겐 미안하지만 어떡합니까. 국가를 위한 이익을 우리는 추구해야 될 것이 아니겠습니까.

위의 대화를 통해 알 수 있는 참모 회의에서 도출되는 문제 해결에 있어 핵심적인 명제 두 가지는, 첫째 인민군 귀순자보다는 아군인 국군 장교의 편을 들어야 한다는 점과, 둘째 개인 한 사람보다는 국가 전체의 이익을 우선시해야 한다는 점이다. 이 가운데 첫 번째는 여러 작전참모들에 의해, 두 번째는 권 중령에 의해 역설된다.

장일구와 고은아를 만나게 해야 함을 유일하게 주장하는 이는 정보참
모인 권 중령이며, 나머지 참모들은 이에 대해 부정적이다. 주목되는 부
분은 권 중령과 참모들 모두 나름의 "정당"한 이유가 있다는 사실이다.
작전참모는 고은아의 안전 확보를 위해, 인사참모는 이 대위의 가정 유
지를 위해 장일구와 고은아의 만남에 반대한다. 이에, 권 중령은 무엇보
다 "국가를 위한 이익" 추구를 주장한다. 이와 관련하여 그는 "소강상태
에 빠져 있는 전선"이며 따라서 "전형적인 한국의 비극"은 언제든 발생
할 수 있다는 점을 전제한다.

이러한 그의 발언은, 당시 영화를 보는 1965년 개봉 당시의 관객으로
하여금 자연스레 자신이 처한 특수 상황을 인식토록 한다. 그러면서 준
전시 태세 속 분단국가의 "일 개인"인 '나'는 언제든지 국가의 안위와 "이
익"을 위해 언제든지 "선택"과 희생의 대상이 될 수 있음을 환기시킨다.
그리고 이로부터 자유로운 이는 없음을, 국군 장교 이 대위와 여성인 고
은아와 그녀의 어린 아이를 통해 환유한다. 이는 위 논쟁의 결론이 내려
지는 과정을 통해 더욱 강조된다. 참모들의 대화 도중 멀리서 포성이 울
리고, 이에 참모장은 권 중령을 따로 불러 "포성의 의미를 알고 싶"다며
비행기를 띄우면서까지 고은아를 급히 데려올 것을 제안한다.

중요한 것은 위의 권 중령의 주장과 참모장의 수용 양상이 1953년 7월
27일 이후 한국사회를 지탱해 오던 전쟁에 대한 집단적 트라우마라는 기
저 위에 구축된, 개인보다는 공동체를 인류적 정의감보다는 국가의 실리
를 우선시하는 시대 논리 및 실상의 단면을 보인다는 점이다. 이에, 영화
에서 과거 전쟁의 소재화는 현실적 자기 반영의 일환으로 이루어진 측면
이 농후하다.

따라서 <남과 북>은 6·25전쟁 시기를 배경으로 하면서도 작품의 내

적 시간상 미래에 해당하는 '휴전' 이후까지 시간대를 확대함으로써, 전쟁을 통해 당대를 비유하는 작품이라 할 수 있다. 그렇기에 작품의 발단 부분에서 전개 부분에 이르는 동안 영화는, 인민군 소좌 '장일구'의 귀순을 주요 사건으로 다루면서도 화면의 프레임 중심에 사건 그 자체보다는 이에 반응하고 대처하는 여러 한국 군인들의 모습을 배치한다.

이러한 점에 작품의 가장 커다란 특징이 자리한다. 전후 한국영화에 6·25전쟁이 주요 소재로서 소환되는 경우는 많았으나, 이효인의 말대로 "대부분의 전쟁영화들은 전쟁의 스펙터클을 강조하면서 이북에 대한 적대감을 바탕으로 한 집단주의를 그린 편이"[11]었던 게 사실이기 때문이다.[12]

물론 그 기저에는 동시기 한국사회, 한국인이 당면한 시대적 상황이 가로놓여 있었다. <남과 북>의 기획과 제작이 진행되던 당시,[13] 한국은 5·16(1961)으로 군정을 수립한 박정희가 선거(1963.10.15)에서 가까스로 승리하여[14] 대통령에 오른 지(1963.12.16) 1년, 휴전이 성립된 지 10년이 지나가는 상태에서 '베트남 파병'이라는 새로운 역사적 선택에 직면하였으며, 이를 계기로 전쟁(참여)은 다시 한 번 민족의 생존과 번영을 위해 피해갈 수 없는 통과의례로 인식되어져야 하였던 것이다.[15] 이러한 때에 6·25전쟁 소재 한국영화에 그것을 둘러싼 시대적 환경이 노출됨은 어찌 보면 당연한 일이었을지 모른다.

3. 장일구, 이 대위, 고은아의 무기력함 ─ 고립감과 다층적 차별화 및 위계화 현상: 권력층의 실책과 외세의 개입 이라는, 분단 상황의 이유 시사

<남과 북>은 정확한 판단력과 재빠른 실행력을 겸비한 권 중령을 통

해 향후 이야기를 이어가며 전체적인 내러티브의 균형을 잡는다. 영화 속에서 그는 사건의 처음과 마지막을 목도하는 관찰자로서, 시대를 공유하는 경험자로서, 그 아픔을 이해하는 공감자로서 스토리 라인의 경계를 넘나든다. 그러면서 군인 집단의 특수 상황과 인간 개인의 보편 정서라는 휴전에 대한 이질적 요소를 자연스레 결합시킨다. 이를 통해 권 중령은 당대 한국인의 대표성을 띠며 분단에 대한 동시기 대중의 인식과 태도의 양면성, 즉 휴전을 바라보는 남쪽의 이념적 시선과 민족적 정서를 대변한다.

장일구 사건의 해결책을 강구하고 추진하는 권 중령의 즉각적이고도 반사적인 모습에는 분단과 휴전, 그리고 북한에 대한 남쪽─남측─남한의 일방적인 관점과 태도가 투영되어 있다. 그렇지만 한편으로 휴전의 상처는 결국 감정의 영역에서 느껴지는 바, 권 중령 또한 분단 시대를 살아가는 일원이기에 자신의 임무에 대한 책임감을 가지고 국가 전체의 선을 위해 행동하는 가운데 때로는 한 명의 인간으로서 고뇌하고 아파한다. 특히 장일구, 이 대위, 고은아가 삼자대면하고 이들 가운데 두 남자가 죽음을 맞이하는 영화 후반부로 갈수록 이러한 그의 상像은 보다 자주 카메라 렌즈 위에 맺혀진다.

그러나 작품의 스토리상, 인민군 투항 관련 사건의 1차적인 당사자는 결국 장일구와 이 대위와 고은아라 할 수 있다. 내러티브 내에서 소강상태에 접어든 전쟁 상황이 실제 현실에서의 휴전 이후 분단 상황으로 확장됨을 감안하면, 보편적 인류애와 민족 감정의 공유 및 공존을 차치하고 사건만을 놓고 보았을 때 그것을 담당하여 조사하고 처리하는 권 중령은 어디까지나 제3자에 머물러 있는 것이다. 이에, 영화는 본격적으로 장일구, 이 대위, 고은아의 상봉 과정을 펼쳐 보인다. 그러면서 작품의 서두 부분에서 제기된 ③ 장일구, 고은아, 이 대위의 관계 및 운명의 정립과

귀결에 관한 의문을 풀어낸다.

참모 회의 신 이후 영화는 이들 3인이 처음으로 자리를 함께하는 순간을 향해 달려간다. 장일구, 고은아, 이 대위를 축으로 하여 각자의 입장과 심정을 전시한다. 그리고 세 명이, 삶의 발자취는 각기 다르면서도 한편으로 같은 운명의 굴레하에 놓여 있다는 점을 강조하기 위한 장치로서 편집 기법을 이용한다. 영화에서 서로 다른 장소에서 동일 혹은 인접 시간대에 벌어지는 일들에 대한 연속 또는 교차 편집의 방식은 매우 유용하게 활용된다. 장일구와 고은아, 그리고 이 대위의 재회 및 삼자대면을 위한 공적인 절차를 유기적으로 결합시킴은 물론, 이들의 만남에 대한 방해 요소와 갈등 요인을 장일구와 고은아와 이 대위를 중심으로 하는 각기 장면들의 병렬, 대칭, 충돌 등을 통해 적절히 부각시킨다.

이와 관련하여, 참모 회의 이후부터 이들의 만남까지의 대략적인 이야기 구조를 도표화시킴으로써 전반적으로 파악해보도록 하자.

[표] 참모회의 이후부터 세 인물의 만남까지의 이야기 구성

시퀀스	신-장소	중심 인물 및 주요 내용(주요 시간, 날씨 변화)
1. 유 중위가 고은아를 데리러 가고, 미군 측과 군단 측이 장일구에게 관심을 보임.	(1) 부대 비행장	④ 권 중령이 유 중위에게 고은아를 데려오도록 지시한다. 잠시 후 유 중위를 태운 비행기가 청주를 향해 가고 권 중령은 그 모습을 확인한다 (11월 28일 아침, 맑음).
	(2) 이 대위 거처	②, ④ 술에 취해 있던 이 대위가 막사에 들어온 권 중령에게 장일구를 만나게 해줄 것을 부탁한다. 이야기를 듣던 권 중령은 참모장의 전화를 받은 뒤 퇴장한다.
	(3) 미군 막사	④ 미군 막사로 찾아간 권 중령이 브라운 대위를 만나 인사를 나눈 후 그와 함께 밖으로 나간다.
	(4) 장일구 거처	①, ④ 장일구가 권 중령과 함께 자신을 찾아온 브라운 대위의 몇 가지 질문에 간단히 대답한다.

		질의-응답이 끝난 뒤 권 중령은 장일구에게 "비행기를 띄웠"다고 귀띔하고, 이에 장일구는 기대의 미소를 짓는다.
	(5) 권 중령 막사	④ 작전 지도를 살펴보던 권 중령에게 군단으로부터 전화가 걸려오고, 권 중령은 군단 관계자에게 장일구 관련 현 상황에 대해 말해준다.
	(6) 군단 관계자 막사	④' 권 중령과 통화 중인 대령 계급의 군단 관계자가, 되도록 빨리 장일구를 신병을 넘겨줄 것을 부탁한다.
2. 유 중위는 청주에 도착하지만 고은아는 서울에 있고, 대포 소리가 잦아지는 가운데 권 중령은 장일구에게 정보 제공을 요구하나 장일구는 계속하여 주장을 굽히지 않음.	(1) 청주 비행장	④' 청주 비행장에 도착한 유 중위가 마중 나온 현지 소위에게 폭풍주의보에 관한 이야기를 들은 후, 그의 지프차를 얻어 타고 시내로 향한다(11월 28일 정오경).
	(2) 청주 시내(병원)	④' 유 중위가 청주 시내에 위치한 병원을 방문하나, 병원 장인 고은아의 부친으로부터 그녀가 현재 서울 모친의 집에 있다고 말을 듣고 다시 서울로 향한다.
	(3) 서울 (집안 → 집 앞)	③ 고은아가 자신의 아들을 데리고 모친의 배웅을 받으며 청주로 내려가기 위해 집을 나선다.
	(4) 참모장 막사	④' 참모장이 정보참모 권 중령에게 전화하여, 장일구를 통해 잦아지는 대포 소리에 대해 알아낼 것을 권고한다.
	(5) 권 중령 막사	①, ④ 잠시 고민하던 권 중령이 장일구에게 포성의 의미에 대해 말해줄 것을 청하지만 장일구는 고은아를 데려오면 '총공격'에 대해 모두 털어놓겠다고 거듭 이야기한다. 권 중령은 자신을 믿지 못하겠다는 장일구를 권총으로 위협하나, 그는 아랑곳하지 않는다. 이에, 권 중령은 장일구를 달랜 후 그에게 고은아가 청주에 있으며 '오늘' 해지기 전까지 그녀를 만날 수 있을 것이라고 말한다.
3. 고은아 모자가 유 중위에게 발견되어	(1) 서울(집 앞)	④' 유 중위가 고은아 모친의 집에서 나와 서울역으로 향한다(11월 28일 14시 20분, 흐림).
	(2) 서울역 (안 → 밖 → 안)	③ 비가 내리는 가운데, 유 중위가 열차를 타기 위해 줄서 있는 고은아 모자(母子)를 발견하고

그들은 함께 전방 부대를 향해 가나 폭우가 쏟아지는 탓에 하룻밤 발이 묶이게 되고, 이 대위는 심적 갈등과 고통을 더욱 강하게 느끼는 한편, 장일구는 계속 버티다가 심경의 변화를 일으켜 권 중령에게 인민군의 총공격에 대한 정보를 제공함.		그들을 지프차에 태운다(11월 28일 14시 30분경, 이때부터 29일 아침까지는 계속 우천).
	(3) 의정부 비행장 안	③ 쏟아지는 비로 인해 고은아 모자와 유 중위, 비행기 조종사가 비행장 안에서 대기하고 있다. 폭풍경보는 해제될 기미를 보이지 않는다(11월 28일 오후).
	(4) 권 중령 막사	④ 권 중령이 유 중위와 통화하고 있다. 그는 유 중위에게, 모두들 기다리고 있으니 폭풍 상관할 것 없이 육군본부에 사정을 이야기하고 지프차로 고은아를 데려오라고 지시한다.
	(5) 어느 부대	④' 유 중위 일행이 탄 지프차가 모 부대 앞에 멈춘다. 그리고 계속되는 폭우에 다리가 끊어져 더 이상 갈 수 없게 된다(11월 28일 밤).
	(6) 장일구 거처	①, ④ 권 중령이 막사에 들어 와, 낮에 군사정보대에서 묵비권을 행사하고 저녁식사도 거른 채 괴로워하고 있는 장일구에게 사나이답게 행동하라며 나무란다. 이에 장일구는 발붙일 곳이 없다며 산등성이로 올라가 죽게 해달라고 간청한다. 이러한 비관에, 권 중령은 고은아가 48시간이 아닌 24시간 안에 나타날 것임을 약속한다.
	(7) 이 대위 거처 (안 → 밖)	④, ② 권 중령이 이 대위를 찾아오나, 배 중위가 졸고 당번 사병이 한 눈을 파는 사이 이 대위는 밖으로 나간 상태이다. 이에, 권 중령은 막사 밖을 거닐던 이 대위를 지프차에 태운다.
	(8) 권 중령 지프차	②, ④ 이 대위가 권 중령에게, "그 친구가 오면 내주겠다는" 약속을 지키겠다며 장일구와 고은아를 만나게 해줄 것을 부탁한다. 이에, 권 중령은 이 대위가 장일구의 과거를 아름답게만 보고 있다고 말한다.
	(9) 이 대위 거처	②, ④ 이 대위와 권 중령이 술을 마시려는 사이, 전화가 걸려와 배 중위가 받는다. 그리고 고은아 일행이 폭풍 때문에 의정부로 돌아갔다는 통화 내용이 들려온다. 권 중령은 이 대위에게 오늘이 고은아의 생일이라고 말하고, 이에 격분한 이 대위는 장일구에게 따질 것이 있다며 그와 만나게

		해달라고 요청한다.
	(10) 권 중령 막사	①, ④ 정보참모 부하인 최 중위의 물음에 답하지 않던 장일구는, 막사로 들어와 술을 권하는 권 중령에게 총 공격에 관한 정보를 제공한다. 그에 따르면, 11월 30일 0시 공격 준비가 완료되고 5시 개시 사격이 시작되며 5시 30분을 기해 공격이 단행될 예정이다.
	(11) 부대 상황실	④ 사단장과 참모들이 인민군의 총공격에 맞설 작전을 구상한다. "이제 두 다리 쭉 뻗고 잘 수가 있겠"다는 사단장의 말에, 권 중령은 아직 장일구와의 약속을 지키는 일이 남았다고 대답한다.
	(12) 고은아 거처	③ 이부자리에 누워 있는 고은아가 아들을 안은 채 근심어린 눈으로 천장을 바라본다.
	(13) 장일구 거처	① 장일구가 나무 탁자에 앉아 엎드려 술병을 잡은 채 괴로워한다.
	(14) 이 대위 거처	② 이 대위가 술병을 옆에 끼고 침상에 엎드려 누운 채 잠들어 있다.
	(15) 의무장교 막사	④ 권 중령이 의무 장교의 "임신 3개월이면 쇼크를 받을 우려가 많"다며 "어렴풋이나마 힌트를" 주는 게 어떻겠느냐는 조언을 듣고 더 연구를 해보겠다고 응답하며 자리를 뜬다.

※ 시퀀스 번호와 신(번호)는 영화상의 장면 배치 순으로, 신의 주요내용은 ① 장일구, ② 고은아, ③ 이 대위, ④ 권 중령(④' 기타 인물) 등 중심 등장인물에 따라 붙인 것임. 단, ①, ②, ③, ④번과 ④'번이 중첩되는 경우 앞의 번호로 표기하였음.

극 중에서 1952년 11월 28일 낮부터 다음날 아침까지 하루 정도 되는 영화적 시간 동안, 장일구와 이 대위, 그리고 고은아는 재회와 삼자대면이라는 작품 속 가장 중추적인 사건에 직면하기 위한 각기 다른 '여정'을 통과한다. 장일구는 군 정보기관의 조사를 받는다. 이 대위는 권 중령에 의해 감금된 상태에서 심리적 갈등을 느낀다. 한편 고은아는 권 중령의 지시로 자신을 데리러 청주를 거쳐 서울까지 찾아온 유 중위 일행에게 발견되어 정확한 영문도 모른 채 전방으로 '이송'된다.

이들 세 인물은 권 중령을 비롯한 국군 지휘부의 판단과 결정에 따라 행동의 조건이 정해진다. 아울러 자신의 생각과 감정, 의지와 결심보다는 이들을 둘러싼 군부와 국가의 통제에 의해 만남의 순간을 맞이한다. 때문에 그 과정에서 각자는 극심한 고립감과 극도의 무력감을 경험한다. 물론 밖으로부터의 통제의 장막이 세 인물에게 똑같이 처져 있는 것은 아니다. 장일구와 이 대위는 '남성 주체'로서 제한적으로나마 의사 표명 또는 자기 표현을 시도하는 반면, 여성인 고은아는 그렇게 하지 못하고 있다.

장일구는 더욱 자주, 또한 크게 들려오는 '포성의 의미'를 캐내기 위한 정보참모인 권 중령과 그의 직속 부하, 군사정보대 등의 심문에, 고은아를 데려다 놓을 것을 재차 요구하며 묵비권을 행사하거나 저녁 끼니를 거르면서까지 버티고 대항한다. 이 대위는 자신을 감시하던 배 중위의 얼굴에 상처를 내고(1-(2)) 부하들이 조는 사이 막사를 벗어나는(3-(7)) 등의 돌발 행위를 시도한다. 이에 반해 고은아의 경우, 자세한 내막을 모르는 상태에서 "평생 소원하시는 걸 이루게 해"준다는 말만 듣고 아들과 함께 지프차에 오른다(3-(2)).

이러한 차이는 '남성 대 여성'이라는 젠더 및 '민간인 대 군인'이라는 권력 관계로부터 기인하는 바, 고은아는 전쟁 상황 속에 여성이자 민간인으로서 이중의 차별적 위치에 놓여 있는 존재로 특화된다.[16]

작품 속 등장인물 간의 위계화 현상은 이들을 '관리'하는 군인들 사이에서도 나타난다. 게다가 그 양상 역시 중층적이기까지 하다. 개별적으로는 '상명하복'이라는 불문율에 의거하여 계급 및 직책에 따라 사람과 사람 간의 질서가 유지된다. 다음으로 조직적인 측면에서, 명령 전달 및 임무 수행의 체계와 방향이 '군단>사단>연대>대대>중대>소대>분대' 등 상위 부대와 하급 부대의 포함 관계를 기축으로 구조화된다.

이러한 설정은 전쟁의 발발과 남북 대립의 근본 원인 및 책임 소재 추궁에 있어 대중적 차원의 알레고리로 기능한다는 점에서 중요성을 지닌다. 즉, 이를 통해 잔인하고 폭력적인 북한 군부의 침략에 부패하고 무능력한 남한 정부가 속수무책으로 당하면서 6·25전쟁의 막대한 피해를 고스란히 힘 없고 죄 없는 국민－인민들이 입었으며 이후에 파생된 민족 분단의 상처 역시 그들의 몫으로 남았다는 사실이 은유적으로 드러나는 것이다.

이와 같은 '집권층/일반인'의 이분법적 구도는 영화에서 '남성/여성', '군인/민간인' 등으로, 그리고 남성 군인 집단 내에서는 '상관/부하', '내부/외부' 등으로 세분화된다. 여기서 개별 인물들은 대립된 이항 중 하나에 속하면서 이에 따라 차등적 정보(력)를 부여받고 있다.

전술한 바대로 여성이자 민간인인 고은아는 사건 관련 정보를 거의 듣지 못한 상태에서 군인 남성 집단의 '부름'에 무조건적으로 '응대'한다. 비슷한 처지에 있는 그녀의 어머니와 민간인 남성인 아버지의 역시 "기쁜 일", "굉장히 반가운 일" 등의 말만 전해 듣는다는 점에서 고은아와 크게 다를 바 없다. 다만 남성이자 내과－소아과 의사인 아버지 '고봉산'[17]의 경우 고은아가 임신 3개월이라는 별도의 사실을 유 중위에게 전함으로써 두 모녀와는 다소 다른 지점에 선다(2－(2)). 한편 유 중위, 배 중위, 최 중위 등 남성, 군인, 부하에 해당되는 사람들은 관련 임무를 수행하면서도 사건에 대한 직접적인 인식과 이해의 정도가 사단장, 참모장, 각 참모 등에 비해 상대적으로 떨어진다.

주목되는 인물은 이 대위와 장일구이다. 이들은 모두 남성이고 군인이며 상관과 부하의 경계에 있는 사건의 당사자라는 공통점을 지니면서도 이 대위의 경우 '내부'의 국군 장교, 장일구의 경우 '외부'의 인민군 소좌라는 정반대의 상황에 놓여 있다. 흥미로운 점은, 이따금씩 돌발 행동을 취하면서도 대체로 상관의 조치에 순응하는 이 대위보다는 권 중령 등 정보 기관의 담당자와 일대일로 맞서는 장일구의 모습에 자존감이 더해 보인다는 사실이다.[18] 여기에도 나름의 이유가 붙여지는데, 그것은 바로 장일구가 (과거의) 적군 장교로서 전투에 관한 시급하고 중요한 정보를 보유하고 있기 때문이다.[19]

영화를 통해 보여지는 미국의 존재성 또한 간과할 수 없다. 제목에서 드러나듯, <남과 북>은 남한과 북한, 국군과 인민군을 대칭의 양 극단에 위치시킨다. 그러면서도 위의 1-(3), 1-(4) 신에서 미군 장교를 직접 등장시키거나 세 인물이 만나는 장소에서 그들의 배경에 (오른쪽에서 왼쪽 방향으로) 태극기-유엔기와 함께 성조기를 두고 있는데, 이러한 내러티브 및 미장센의 구축은 작품 내적인 사실성 및 논리의 확보를 위한 관습적 재현의 차원에서 마련된 것으로 해석 가능하다.

전쟁 발발 직후 신속한 대처를 통해 전황을 바꾸고 유엔 측 대표로서 휴전 협상을 주도하였다는 면에서만 봐도, 6·25전쟁에서의 미국의 역할과 입지는 실로 막대한 것이었다. 그렇기에, 영화에서 인민군 소좌 장일구의 귀순 소식을 접한 미군 측이 그에게 관심을 보이거나 부대 상황실이나 사단장 막사 내에 성조기가 놓여 있는 것은 그리 이상한 일이 아닐수도 있다.

하지만, 6·25전쟁을 다룬 영화라고 해서 모두 미국 또는 미군을 형상화하지는 않았을 터이다. 실제로도 <남과 북>이 제작·개봉된 1960년대의 경우, 당시의 한국영화 중에 그렇지 않은 예가 다수를 이루고 있었다.[20] 그런데 이 작품에서는 화면 속에 미군이 나오고 성조기가 비추인다. 어떠한 연유에서일까.

결과론적으로 접근해보자. 이를 통해 영화는, 한반도에서의 전쟁 경험 및 분단 상황이 앞서 언급한 권력층의 다툼과 더불어 미국 등 강대국의 개입으로 인해 말미암은 것임을 시사한다. 이는 영상과 소리의 형식을 띤 채 상징적이고 구체적으로 프레임과 스피커를 통과하며 관객에게 전달된다.

영상의 경우, 세 인물의 만남의 장소에 태극기, 유엔기와 함께 성조기가 자리함으로써 16개의 공식적인 참전국 중에서도 미국의 위상이 매우 특별하였음을 강조한다.[21] 특히 장일구와 권 중령과 브라운 대위가 만나는 장면에서는, 해방 이후에도 잔존해 있던 식민지적 무의식과 열강 위주의 소통 구조가 이들 사이에서 사용되는 언어의 종류를 통해 표면화된다. 즉, 여기에서 3인의 대화는 영어(권 중령-브라운 대위)와 일본어(장일구-브라운 대위)를 매개로 이루어지는데, 그러면서 대화의 중심이 부지불식간에 미군 장교인 브라운 대위로 모아지고 권 중령과 장일구의 소통의 장은 자연스레 축소된다.

이렇게, 작품 전체의 러닝 타임 가운데 타임 라인 36분~74분을 차지하는 물리적 시간에 배치되어 있는 1952년 11월 28일 이른 아침에서 늦은 밤까지의 영화적 시간(스토리 타임) 동안 장일구 귀순 사건 당사자인 장일구와 고은아, 그리고 이 대위의 만남을 위한 선행 과정은, 한국의 군인 집단에 의해, 군인들 안에서도 지휘관급 계급에 의해, 이들뿐 아니라 상부 기관 및 미군 측에 의해, 여기에 기후 상태에 따른 날씨 변화 등에 의해 정해진다. 그러면서 국적과 성별과 계급을 막론하고 누구든지 한 인간의 (불행한) 운명이 이중, 삼중, 다중으로 외부에 의해 좌우될 수 있다는, 전쟁과 분단의 불합리성 및 비극성이 표출된다. 구슬픈 배경 음악과 함께 이어지는 근심어린 고은아의 표정(3-(12)), 괴로워하는 장일구의 모습(3-(13)), 지쳐 잠든 이 대위의 얼굴(3-(14))의 연속 커트 부분이 가장 대표적인 장면이라 할 만하다.

실제로 분단과 전쟁의 원인 및 휴전의 과정은 상당히 복잡다단하였으며 그 지리멸렬함 속에 많은 이들이 다양한 삶의 과정을 통과하게 되었을 것이다. 그리고 이는 '전쟁과 분단의 상흔'으로 포괄, 압축된다. 영화는 각 인물의 입장에서 이러한 개별 경험과 입장을 연결하려 한다. 그러면서 전쟁에 참여한 국군, 인민군, 귀순자, 포로, 민간인, 미망인, 고아, 이산가족 등의 처지를 '민족'이라는 공통분모로 묶어 그 비극성을 발산한다. 또한 그것이 1960년대 현재에도 지속되고 있음을 은유적 장치를 통해 끊임없이 드러낸다.

영화에서 표출되는 이러한 민족의 비극이 작품을 둘러싼 시대 반영의 결과물이었음은 당연하다. <남과 북>이 제작된 해인 1964년 시점에서 베트남 파병 이외에 "박정희 정권이 직면한 가장 중요한 일은 한일 국교 정상화 문제였다."[22] 그런데 베트남 파병 건과는 달리, 한일회담에 있어서는 전 국민의 반대 투쟁의 열기가 대단하였다. 그러나 1964년 6월 3일 대학생들의 격렬한 시위에 계엄령이 선포되면서 절정에 다다른 반대 운동에도 불구하고, 이듬해 2월 20일 서울에서 한일기본조약이 가조인되었다.[23]

한일 회담 및 협정 과정에서 미국의 입김이 거세게 작용하였다는 사실이 '공공연한 비밀'이었음을 상기해본다면, 이 작품이 제작–상영되던 당시 한국인들이 재차 통감한 민족적 설움과 울분이 필연적으로 영화에 스며들었을 것임은 충분히 짐작 가능하다. 6·25전쟁은 물론 휴전의 과정 자체가 그러하였거니와,[24] 이후 10년 이상의 세월이 지난 1964~1965년 현재에도 변함없이 유효하던 한반도를 에워싼 강대국의 냉전 논리, 그렇기에 이러한 문제의식이 동시기 만들어진 일부 6·25전쟁 소재 한국영화에도 공유되고 있었음은 우연이 아니다.[25]

이러한 예처럼 영화 <남과 북>은 세 남녀의 얽히고설킨 인연과 운명의 틀 속에 전쟁이 배태한 민족 전체의 상흔과 비극을 적절하게 녹여냈다는 점에서 해당 시기를 대표하는 작품의 반열에 올라 있다. 이 영화가 "무려 15만 명에 가까운 관객을 동원했을 뿐만 아니라 제1회 대일영화상 작품상, 제3회 청룡상 남우주연상(최무룡)과 각본상(한운사), 제12회 아시아영화제 비극상을 받고 제26회 베니스국제영화제와 제9회 샌프란시스코영화제에 출품되는 성과를 올"[26]리며 김기덕의 연출작 중에서도 '1960년대 중반 이후 완숙해지는 장르영화들'[27]을 견인하게 된 원동력은 바로 이러한 지점에서 생성되었다고 볼 수 있다.

4. 만남의 성사를 통해 파생되는 무질서와 배가되는 진통: 내러티브와 리얼리티의 균열 및 휴전의 모순성과 비극성의 암시

러닝 타임 74분 지점에서 영화적 시간상 3일째인 1952년 11월 30일의 날이 밝아 있다. 얼마 전까지만 해도 폭우를 쏟아 붓던 무심한 하늘은 언제 그랬냐는 듯 환한 햇살을 내비친다. 화면에는 두 대의 지프, 즉 고은아 모자를 태운 차와 권 중령 일행이 탄 차가 교차적으로 등장한다. 고은아 일행을 마중하러 포천 쪽으로 향하던 권 중령은 상대 지프차를 발견하고 멈춰 기다린다. 그리고는 차분하고 자상하게 고은아를 맞이한다.

권 중령은 그녀에게 잠시 쉬었다 가자고 제안한 뒤, 이 대위가 평안도 영변 출신의 인민군 장교를 잡았는데 그가 어떤 여자를 찾으러 전선을 넘어 왔다는 사실을 넌지시 알려준다. 고은아는 자신 또한 영변 출신이라며 그의 나이, 모습, 이름, 계급 등에 대해 묻는다. 이에 권 중령은 그가 28~29세의 부리부리한 인상을 가진 인물이라는 점까지만 설명하고 "혹 소꿉동무라도 너무 놀라시면 안 됩니다"라고 말해 둔다.

두 대의 지프차가 차례로 부대 앞 초소에 도착한다. '비상사태' 발령에 따라 일단 권 중령이 들어간다. 상황실 입구에서 참모장을 만난 권 중령은 고은아를 데려 왔다고 보고한 후 힌트는 주었지만 결과에 대해서는 자신이 없다고 설명한다. 권 중령은 참모장으로부터 장일구와 이 대위가 옆방에 와 있다는 말과 비상사태가 풀리거든 곧 데리고 오라는 지시를 듣고, 기원이를 배 중위에게 맡겨 둔 채 고은아를 자신의 지프차에 태워 부대 본부이자 사단장 막사로 보이는 곳 앞에 정차한다. 권 중령이 잠시 숨을 고르며 고은아에게 '사실'에 대해 이야기하려고 하는 순간, 참모장과 마주친다. 그리고 이들은 나란히 막사 안으로 들어선다.

막사 안 회의실에는 여러 참모들과 담당 헌병이 서 있는데, 권 중령, 고은아, 참모장은 이들을 지나 차례로 사단장 집무실로 입장한다. 고은아는 권 중령의 안내에 따라 사단장과 인사를 나눈다. 이때, 사단장과 마주 앉아 있던 장일구는 몸을 돌려 고은아를 확인하고 그녀의 이름을 부르는데, 이에 고은아는 몹시 놀란 표정으로 그를 바라본다. 이로써 장일구와 고은아의 '해후'가 현실화된다.

다가서는 장일구와 물러서는 고은아. 결국 고은아는 세워져 있던 의자에 털썩 주저앉는다. 장일구는 사단장에게 감사함을 전하고 사단장, 참모장, 권 중령은 조용히 자리를 비워준다. 반가움과 감격스러움에 소란스레 흥분하는 장일구와 예상치 못한 상황에 멍해 있다가 흐느끼다가 어찌할 바를 몰라 하는 고은아의 모습이 대조된다. 고은아는 고개를 돌린 채 장일구에게 그의 어머니 안부를 묻는다. 장일구 역시 그녀의 부모와 아들의 생사를 확인한다. 그리고는 계속해서 그녀와의 재회를 위해 어떻게 살아 왔는지에 대한 이야기를 쏟아낸다. 그녀의 인생 여정에 대해서도 물어본다. 결국 고은아는 고개를 숙이고 결혼하였다며 그에게 용서를 구한다. 이어지는 대화를 통해 장일구는 고은아의 현재 남편이 바로 이해로 대위라는 사실을 알게 되고, 뒤돌아 쭈그려 앉은 채로 심히 괴로워한다.

영화는 바로 이 장면에서 분기점을 세운다. 이 부분을 기점으로 주요 등장인물과 관객 간의 플롯상의 정보의 양과 행위의 방향에 대한 균형이 한 쪽으로 기울기 시작하는 것이다. 즉, 이때까지 장일구는 고은아가 (이 대위와) 결혼한 상태라는 사실을, 고은아는 장일구가 귀순하여 자신을 기다리고 있었다는 사실을 눈치채지 못하고 있었다. 그렇기에 관객은 두 인물의 재회 시점까지 그들의 행방을 어느 정도 예측할 수 있었다. 그러나 장일구와 고은아에게 주요 정보가 공개된 이상, 이제부터 이야기 전개의 흐름 가운데 예측불허로부터 유발되는 호기심과 불안감이 가중될 터이다.

이러한 상황 속에 이 대위가 '투입'되면서 극적 분위기는 최고조로 무르익는다. 정신을 가다듬은 장일구가 사단장 앞에 무릎을 꿇으며 이 대위를 데려다줄 것을 간청한다. 사단장은, 고은아의 만류에도 불구하고 장일구의 부탁을 들어준다. 이에 따라 참모장이 이 대위의 의사를 확인하고 그를 데려온다. 그럼으로써 드디어 삼자대면이 성사되는데, 이후 세 사람의 만남은 새로운 국면을 맞게 된다.

참모장과 함께 사단장 집무실에 들어온 이 대위를 확인한 장일구는, 그동안의 사정을 미처 몰랐다며 자신의 '미련한' 행동에 대해 사과한 뒤 고은아와 이 대위의 오른손을 이어준다. 애꿎은 운명을 탓하며 돌아선 장일구에게, 이 대위는 영천전투에서 부상을 입은 자신을 대구병원에게 지극정성으로 보살펴 준 고은아에게 몇 번이고 청혼하였으나 고은아가 장일구를 기다리며 그와의 약속을 지키기 위해 거절하였으며 나중에 장일구가 나타나면 두 남녀의 뜻에 따르겠다는 말로 그녀를 설득하였다는 사실을 회상을 통해 모두 털어놓는다.

그리고는 "약속은 약속대로 지켜야 할 것"이라며 고은아에게 자신과 장일구 중 하나를 선택하라고 종용한다. 이에 자리를 피해 있던 사단장, 참모장, 권 중령이 들어오고, 이 대위는 이들에게 '필사적이고 강렬'한 장일구의 사랑으로 인한 '한량없는 패배감'과 '죄의식' 때문에 자신이 물러서겠다고 피력한다. 장일구는 이 대위를 막아서며 고은아를 향해 좋은 사람을 골랐으니 자신은 하나도 걱정하지 말고 "둘이서 팔짱 끼고 날래 가보라"고 말한다. 결국, 쉴 새 없이 흐느껴 울던 고은아가 쓰러지고 그녀는 들것에 실려 나간다. 이어 이 대위 역시 퇴장한다. 장일구는 참모장으로부터 담배 한 개비를 받아 핀다. 그의 뒤편에는 담배를 무는 사단장과, 그에게 불을 붙여준 후 자신 또한 담배를 피우는 권 중령의 모습이 배치된다.

　영화의 클라이맥스라고 할 만한 이러한 부분은 33분여의 긴 시간 동안 사단장 집무실이라는 한정된 공간에서 장일구, 고은아, 이 대위 등 주로 세 인물이 갈등 구조를 형성해 나간다. 다소 밋밋할지 모를 장면에서 영화는, 다가서려는 인물 대 피하려는 인물의 관계와 주요 인물의 감정 또는 심리 상태, 그리고 이들의 입장과 결심 등에 따라 배우의 위치 및 동선, 화면의 구도와 카메라 움직임을 달리하며 매 순간을 섬세하게 포착한다. 이때까지 공개되지 않고 있던 장일구의 인생 역경과 고은아-이 대위의 만남에서 결혼까지의 과정에 대해서는 장일구의 대사와 이 대위 회상 신을 통해 구체적으로 제시한다. 특히 트래킹과 줌을 이용하여 주요 인물들의 표정과 동작을 가급적 근접하게 담음으로써 개별 쇼트의 호흡을 길게 유지하면서도 다양한 크기와 각도의 화면 구성을 활용하여 이들에 대한 시선 및 감정 이입의 정도를 조절한다. 고은아의 울음-흐느낌의 소리를 지속시키는 한편 배경 음악을 적절하게 삽입, 사운드 요소 또한 어우러지도록 함은 물론이다. 한편으로 사단장, 참모장, 권 중령 및 기타

참모들의 모습을 각자의 입장과 역할에 따라 디테일하게 묘사함으로써 제3자의 객관적 시점을 제시하고 역사적 시각을 담보한다.

주목되는 점은, 이 부분에서 주요 인물들을 상대하고 이들 간의 만남을 주선하며 군사 정보의 확보와 이산 인연의 상봉이라는 공사公私를 조율주도하는 이가 기존의 권 중령에서 참모장으로 바뀌어 간다는 사실이다. 참모장은 권 중령이 고은아 일행을 마중하러 간 사이 장일구를 사단장 집무실에, 이 대위를 자신의 막사에 대기시켜 놓는 한편, 장일구와 고은아가 재회한 후에는 이 대위를 데려오고 기원이를 자신의 막사에서 기다리게 하는 등 신속하게 '일'을 처리한다. 반면, 권 중령은 고은아를 마중한 장소와 사단장 막사 앞에서 장일구에 대한 '힌트'를 주면서도 정확한 사실을 말하는 데 있어서는 다소 우유부단한 모습을 보인다. 또한 장일구와 고은아의 만남이 성사된 후에는 옆방에서 창가에 기대어 눈물까지 흘리며 같이 괴로워한다. 아이를 데려오자는 참모장의 말에는 '대장부' 답지 않게 행동한다.

물론, 여기에는 그만한 이유도 있어 보인다. 권 중령의 입장에서, 정보 참모라는 직책에 대한 책임감으로 적군의 공격 작전 계획을 캐내기 위해 장일구와 고은아의 만남을 강행하기는 하였으나, 이러한 과정에서 '전형적인 한국의 비극'을 가장 가까이서 목격하였다는 점이 그것이다. 국군 장교임에 앞서 그 또한 한 사람의 한국인이기에, 장일구-고은아(-이 대위)의 대면을 전후한 시점에서 급격하게 감정에 빠져드는 권 중령의 언행 자체에 특별한 인과적 모순이나 논리적 비약을 찾아내기는 쉽지 않다.

그러나 적어도 그의 모습은 가능한 한 빨리 사건을 마무리하려는 참모장, 사건의 과정을 묵묵히 관조하는 사단장, 만남(주선)에 대한 부정적인 견해와 불편한 심경을 표출하는 여타 참모들의 그것과는 구별된다. 이러한 점에서, 권 중령은 영화가 제작·개봉된 1960년대 중반 군부 엘리트의 이상적 인물로 제시되고 있는 듯하다. 국가의 이익을 추구하면서도 민족적 비극에 마음 아파하는, 냉철한 정의감과 따스한 인간애를 동시에 지니는 존재인 것이다.

문제는 권 중령의 이성과 감성의 양면이 시종일관 균형을 맞추지 못할 뿐 아니라 비중의 차이에 대한 변화의 원인 또한 명확히 제시되어 있지 않다는 점이다. 그렇다고 그 이유를 단순히 권 중령이라는 개인적 차원의 인물형(캐릭터)에만 국한시키기에도 무리가 따른다. 정확한 판단력과 재빠른 실행력을 겸비하면서도 민족의 아픔과 역사적 상흔을 체화하는, 그러면서도 극적 흐름 및 상황에 따라 중심과 주변을 오가며 부유浮游하는 주체. 여기에서 '민족'이나 '역사' 자체가 시대를 통과하며 동일한 운명공동체에 속한 모든 일원에게 공유되는 것들이기 때문이다. 그렇기에, 정도의 차이는 있을지언정 주요 (남성) 등장인물들은 권 중령의 경우와 유사하게 일률성이 결여된 다소 분열적인 모습을 드러낸다.

이 대위는 장일구의 정체를 알아차린 순간부터 자신의 직책을 내려놓고 조사, 심문, 보호, 감시를 '하는' 주체에서 '받는' 존재로 스스로를 위치시킨다. 그러면서도 장일구에 대한 열등감과 적대감, 경의와 원망의 상반된 마음을 끊임없이 교차시킨다. 이는 삼자대면의 자리에서까지 이어진다. 고은아와의 과거를 공개하며 자신이 물러나겠다고 말하면서도, 그녀를 위하거나 감싸거나 (심지어 그녀가 쓰러졌을 때에도) 염려하는 대신 그녀에게 선택을 요구하거나 자신의 분을 못이기는 자기중심적인 모습을 보인다.

장일구의 경우 그 정도가 더하다. 고은아를 데려오기 전까지는 군사정보를 알려줄 수 없다며 완강히 버티던 그는 너무나도 갑작스레 인민군의 총공격에 대한 내용을 털어놓는다(이 때문에 영화의 서두 부분에서 제기된 ④의 의문은 너무나 갑작스럽고도 허무하게 해소되어 버린다).

물론 정보 제공에 대한 이유를 묻는 권 중령에게 "내래…… 내래 정말 당신 같은 사나이한테 반했수다래"라고 말하기는 하나, 여기에서 상식적으로 납득될 만한 인과적 동기는 찾아보기 어려우며 (관객의 입장에서) 이러한 대답은 오히려 궁색한 '변명'으로밖에 들리지 않는다. 고은아와의 재회 장면에서 역시 마찬가지이다. 다른 남자와 결혼하였다는 그녀의 말에 따지거나 분노하지 않는다. 괴로워하면서도 이내 현실을 인정한다. 나아가 상황을 되돌리려고 노력하기보다는 고은아와 이 대위의 행복을 위해 희생을 각오한다. 북에 있는 어머니를 홀로 남겨두고 친구(혹은 동료)들을 배반하면서까지, 또한 죽음을 무릅쓰고 전선을 넘어 온 이치고는 너무나도 쉽고 간단한 심경 변화이자 현실 수긍이다.

중요한 점은 영화에서 이러한 인물형의 내적 분열의 경향이 내러티브와 리얼리티의 균열의 양상으로 연결되고 있다는 사실이다.

특히 마지막 부분에서 비약적이고 비논리적인 생략 혹은 결여의 흔적이 발견된다. 삼자대면이 끝난 후 러닝 타임 106분부터 111분까지, 장일구는 자신의 아들 기원이와 짧은 만남을 갖는다. 그리고는 자신의 거처인 어느 막사로 들어간다. 그런데 다음 장면의 화면이 갑자기 '점프'된 채 등장한다. 장일구의 시점으로 고은아, 기원이, 이 대위의 이미지와 "당신의 책임이 막중하오"라는 이 대위의 음성이 반복된 후, 막사 안에 누워 있는 이 대위의 시체를 마주하는 장일구의 모습이 나타난다. 홍분한 장일구는 권 중령의 만류를 뿌리치며 가로막는 헌병 둘을 뚫고 막사 밖으로 뛰쳐나가 결국 낭떠러지에서 떨어져 생을 마감한다.

이러한 결말에 대해 필름 일부의 소실 또는 검열로 인한 삭제에 따른 것으로 볼 수도 있겠으나,[28] 설사 영상 처리가 정상적으로 이루어졌다 하더라도 이 대위가 전사하고 장일구가 자살한다는 스토리 설정은 지나치게 극단적이라 하지 않을 수 없다.

영화는 이처럼 느닷없이 이 대위와 장일구를 차례로 죽음으로 내몰며 대단원의 막을 내린다. 전쟁 및 분단으로 파생된 비극성의 극대화를 드러내려 하기 위함임은 이해되나, 이야기 흐름상의 비약이 크게 돌출됨으로써 오히려 주제 전달에 장애 요소로 작용되는 모순이 발생하기도 한다.

이 때문일까, 영화는 다시 권 중령을 내세우며 서둘러 사건을 마무리함으로써 이야기 전개의 간극에 대한 봉합을 시도한다. 그는 '어머니(오마니)'를 부르며 숨을 거둔 장일구의 모습을 안타깝게 내려 본 뒤 담담한 목소리로 "귀순병 장일구 소좌는 1952년 11월 30일 오전 10시 30분 사단 의무 중대 앞에서 발광자학 끝에 사망, 이상"이라는 짤막한 보고를 남기고 돌아서려 한다. 그러다 잠시 침통한 표정을 지으며 고개를 숙인다. 카메라는 극도의 앙각(low angle shot)으로 등 뒤에 위치한 앙상한 나뭇가지와 함께 그의 얼굴을 세세히 잡는다. 이어 권 중령은 다시 고개를 돌리는데, 화면은 그의 시점을 따라 북녘의 산야山野를 응시한 채 페이드 아웃되며 점차 사라진다. 이때 배경에는 주제곡의 허밍 음이 코러스의 입을 통해 흘러나오면서 애잔함이 배가된다.

이렇듯 영화는 겉으로 보기에 가장 무난하고 안정적인 방식으로 마감된다. 그러면서 전쟁과 분단의 비극이 응집되고 정리된다. 그리고 그 중심에는 초반부에 등장하여 줄곧 사건 전개의 흐름을 주도하던 권 중령이 위치한다. 영화에서 그는 대한민국 국군 장교로서 장일구, 고은아, 이 대위(특히 권 중령은 이 대위와 같은 부대의 상관이다) 등 주요 인물들의 개인적 사정을 가장 잘 알고 이해하며 사건의 해결 방안을 강구하고 마련하는 한편 그것이 한민족 공동의 일임을 자각하고 인식하는, 그러면서도 자신의 역할과 임무에 충실한 어찌 보면 가장 이상적인 인물의 표준형이라 할 만하다. 그렇기에 영화는 그 마무리를 그에게 맡김으로써 전쟁, 분단, 휴전으로 인해 파생된 혼란과 상처와 고통을 '휴먼'이라는 코드와 함께 전달하려 하는 것이다.

하지만 극 중 권 중령이라는 인물을 보다 세밀하게 들여다본다면, 과연 그가 진실하고 정의로운 사람인가 하는 의문이 생길 수도 있다. 이 대위를 감금하고 장일구를 심문하며 그들을 대하는 권 중령의 태도는 가장 친근하고 편안하면서도 그 이면에는 군사적 목적성이 우선적으로 자리한다. 이를 위해 (정보참모라는 위치에서) 자신이 보유한 정보를 취사선택하여 사건의 당사자들에게 제시한다. 특히 고은아를 마중하는 장면에서는 기원이를 가리켜 이 대위를 닮았다고 말하거나 장일구의 정체에 대해 모르는 척 하는 등 다소 기만적인 모습을 보이기도 한다.[29] 물론 이러한 과정에서 갈등과 고뇌가 드러나곤 하나, 권 중령 관할의 대부분의 결정과 조치는 결과적으로 '국가'로 대변되는 자기 자신을 향하게 된다.

모범적인 인물로 제시되나 그렇지도 않은 듯한, 역으로 개인주의적으로 행동하는 것 같지만 그렇게도 볼 수 없는 권 중령의 이중적 캐릭터를 통해, 영화는 한민족 공동의 문제이자 개인의 문제로서의 휴전의 특성을 드러낸다. 그리고 이는 과거의 역사성과 현재의 지속성을 동시에 지니고 있는 휴전의 또 다른 성격과 결합되어, 커다란 아이러니가 돌출된다.

장일구의 귀순 동기이자 평생 숙원이던 고은아와의 만남이 이 대위와의 삼자대면으로 이어지면서, 애초의 기대와는 달리 무질서의 정도와 진통의 강도가 더욱 거세지는 아이러니. 포성은 멈추었지만 전쟁 자체가 종결된 것은 아닌, 전쟁의 시작이 그러하였듯 '나' 또는 '우리'의 의도와 의지가 아닌 '외부' 혹은 '일부' 세력에 의해 일방적으로 정해져 버린, 그럼으로써 동족임에도 서로 미워하고 가족임에도 만날 수 없는 '휴전休戰'에 내재된 본연의 모순과 비극성 때문이리라.

그렇기에 영화는 휴전에 대한 상흔과 아픔을 강조하는 과정에서 내러티브와 리얼리티의 정확성과 논리성을 제대로 확보하지 못한 채 균열을 드러내고 만다.

먼저, 내러티브상 아무리 계산해도 들어맞지 않는 부분이 있다. 고은아와 기원이의 출생과 나이가 그것이다. 영화에서 고은아의 생년월일과 나이는 권 중령의 부하 유 중위의 조사에 의해 1928년 11월 28일생 26세(26세라는 나이는 장일구의 언급을 통해 이미 알려진 바 있다)로 구체적으로 제시되나, 이는 이치에 어긋난다. 극 중 '오늘'은 1952년 11월 28일이므로 '현재' 시점에서 그녀의 나이는 25세, 또는 만으로 24세이기 때문이다. 장일구와 고은아의 아들 기원이 역시, 이야기의 설정대로 6살이라면 1947년생 또는 1946년 12월생이어야 한다. 그런데 장일구의 과거 회상 신에서 그와 고은아가 같이 밤을 보낸 것은 일제강점기였기에 1945년 8월 15일 이전이다. 또한 이 대위의 회상 장면에서 고은아는 장일구와 헤어지게 된 이유를 '38선'으로 두며 이 대위는 장일구를 가리켜 "10년이 가까워 온 오늘까지 찾아오지 않은 사람"으로 표현한다. 종합하면, 해방 후인 1946~1947년 시점 이전부터 장일구와 고은아는 계속 떨어져 있었고 따라서 기원이의 나이가 1952년 11월 말 현재 6세이기는 어렵다는 결론이 나온다.[30]

다음으로, 리얼리티 관련 부분이다. 가령, 병영, 군인 묘사에 있어 술과 담배가 다소 지나치게 자주, 그리고 큰 비중을 차지하며 나온다. 담배의 경우 처음 장면에서부터 등장하여 말단 사병에서 장성 계급의 사단장에 이르기까지 많은 이들에게 습관처럼 '애용'되고 있다. 군대 규정 상 철저히 금기시 되어 있을 법한 술 또한 마찬가지이다. 특히 권 중령은 장일구와 이 대위의 거처에 술을 두고 그것을 권하거나 마음껏 마시게 함으로써 그들을 회유하거나 위로한다. 물론 담배를 건네거나 나눠 피며 긴장을 풀거나 동질감을 느끼도록 유도하기도 한다. 때문에 영화에서의 술과 담배에 대해 장일구나 이 대위에게 '제공'됨으로써 그들로 하여금 갈등을 해소하고 응어리를 풀게끔 하는 측면에서 이해해 볼만도 하지만, 문제는 그것들이 과도하게 일상화되어 있다는 데 있다. 특히 영화 초반부이 대위의 수통에도, 그리고 사단장과 참모들 앞에서 장일구에게 제공된 수통에도 술이 채워져 있는 설정은 군의 평시 기강 및 문제 해결 방식에 의문을 남기기에 충분하다.

이 밖에도 같은 영변 출신임에도 고은아와 그녀의 부모와는 달리 유독 장일구만 평안도 사투리를 사용하고 있다는 점, 백인 분장을 한 한국인이 미군 장교 역할을 맡고 있다는 점, 김기덕 감독이 직접 고백한 바와 같이 의상과 소품에서의 연속성(continuity)이 파괴되어 있다는 점[31] 등이 존재한다.

그럼에도 불구하고, <남과 북>은 "커다란 정치의 변동 때문에 개인의 생활이 파괴되어야 한다는 비극"에 대한 관념화를 지양하고 "구체적으로 제시해주려는 시도를 했다는 점에서" 당대 신문지상에서도 긍정적인 평가를 받았다.[32] 그도 그럴 것이, 영화가 기획될 무렵인 1964년 10월 9일 올림픽 개최 기간 중에 있던 도쿄(東京)에서 북한의 육상선수 신금단과 남한의 부친 신문준이 이산 14년 만에 10분여의 짧은 만남이 성사된 사건의 '구체성'이 분단의 고통과 통일에 대한 '민심'을 자극하며 전쟁과 휴전의 비극을 환기시킨 적이 있었기 때문이다.[33]

◆ ◆ ◆

지금까지 6·25전쟁을 소재로 한 작품으로서 영화 <남과 북>이 전쟁 중 특수 상황의 설정을 통해 1965년 시점에서 12년간 이어오던 휴전을 어떻게 표상—제시하고 있는지와 그것이 당대 어떠한 영화적 경향 및 흐름 속에 어떻게 시대를 반영-함의하고 있는지에 대해 고찰해보았다.

　<남과 북>은 6·25전쟁을 작품의 주요 소재로 삼는다. 전시를 시간적 배경으로, 전장을 공간적 배경으로 하는 한편 주요 등장인물들이 군인으로 설정되어 있다. 그러므로 이와 비슷한 조건을 지닌 대다수의 영화처럼 이른바 '전쟁영화', '반공영화' 장르에 속하면서도, 여타 작품들의 경우[34]와는 달리 이데올로기를 전면에 내세우거나 전투 장면의 시청각적 스펙터클을 강조하지 않는다. 그 대신 전쟁의 비극과 분단의 아픔을 남녀 간의 삼각관계, 정해진 운명과 외부 상황의 스토리 개입, 다소 과장된 인물 연기, 구슬픈 배경 음악, 카메라와 몽타주를 이용한 시선과 느낌의 조절 등 영화의 멜로드라마적 요소를 통해 보는 이의 눈과 마음을 사로잡으려 한다. 그렇기에 이 작품에서 역시 우연적 사건, 감정의 과잉 등 동시기 한국 멜로영화에서의 이른바 '신파'적 특징들이 심심찮게 발견된다.[35]

　한편으로, <남과 북>의 중요한 특성 가운데 하나는 인민군을 이야기의 중심에 두고 그를 긍정적으로 그렸다는 사실이다. 그런데, 급작스런 이념적 동요보다는 보편적인 감정과 신념을 주인공의 행동 지침의 기준 및 심경 변화의 원인으로 삼았다는 점이 주목된다. 이는 국군 수뇌부와 초면하는 자리에서 '자유'와 '사랑' 중에 무엇을 택하겠냐는 사단장의 질문에 주저 없이 "사랑"이라고 대답하는 장일구의 모습을 통해 직접적으로 표출된다. 그렇다고 영화에서 이데올로기의 문제가 철저히 배제되거나 완전히 소거되는 것은, 물론 아니다. 어쨌거나 영화는 인민군 소좌 장일구의 귀순 행위와 그에 대한 심문 과정을 통과하며 자유의 유무로써 '남'과 '북'을 대비시키고 자유가 허락된 세계에서라야 사랑 또한 실현될 수 있음을 은근히 제시하기 때문이다. 그럼에도, 영화 말미에 위치한 장일구와 기원이의 대화 장면[36] 등을 통해 여전히 이보다는 전쟁의 상처와

분단의 아픔을 더욱 극명하게 드러낸다.

논의를 마무리하는 지점에서, 이 작품에 관한 다음과 같은 김기덕 감독의 서술을 살펴보고자 한다.

> 필자는 우리가 다룰 작품은 남북분단의 비극 속에서 살고 있는 우리 민족 모두가 풀어야 할 명제를 다루는 것이기 때문에 (…) 당시 제작 Team에는 실제의 사건을 당해 부대의 정보참모로 직접 경험했던 이중령(성만 기억하고 있음)이란 분이 작품의 고증과 자문의원으로 위촉되어 함께 일하고 있었는데 이 분의 도움이 매우 크다. (…) 중요한 연출 의도로는 구도나 명암의 콘트라스트를 화면구성상 국토와 민족의 분단상을 암시적으로 묘사할 수 있도록 요구하였다. 매 쇼트마다 38선을 경계로 국토와 민족이 양단된 우리의 현실이 상징적으로 암시될 수 있는 화면구성을 기조로 하기로 하였다. 연기자들의 배치도 화면구도상 종적으로 하여 앞과 뒤의 공간감이 드러나도록 하여 단일민족이 타율적인 이념에 의해 이질화되어 가는 현상이 암시되도록 시도하였다.[37]

이처럼 영화는 기획 및 구상 단계에서부터 실화를 바탕으로 명확한 주제와 철저한 고증과 연출의 의도를 가지고 최대한의 사실성과 구체성을 담보하려 노력한다. 그러나 한편으로 '휴전'[38]이라는 역사적 사건 혹은 사실 또한 언제까지나 고정불변할 수는 없는 것이기에, 그 안에서조차 다소간의 모순과 균열의 흔적이 발견된다. 영화에서의 사실성과 구체성을 강조하던 김기덕 감독이 "드라마의 시대적 배경이 휴전협정이 조인된 1953년 직후이었"다고 기억하고 있었다는 점이 대표적인 사례라 할 수 있다.[39] 작품 속 인물의 이름이 간단한 단어로 지극히 단순하게 지어진 바와 같이,[40] 한민족에게 휴전이란 특별한 경험의 소산에서 일상적 삶의 과정으로 전환되어 왔던 것이다.

그러면서 분단과 아픔이 무뎌지고 전쟁의 상흔이 희석되어 가기도 하였을 것이지만, 한편으로 휴전은 한국(인)에게 민족과 국가가 당면한 과거이자 현재이기도 하였기에 <남과 북>이 제작-개봉된 1960년대 중반 이후 한국영화에서도 그것은 끊임없이 작품의 소재로 채택되어 당대 영화적 현실 및 사회 상황과 관계를 맺으며 시대를 반영해 갔다.

이러한 흐름 속에 라디오 드라마(1962~1963) 원작에서 영화화되었던 <남과 북>은 이후에도 1972년 TBC 텔레비전 방송을 통해 <자유전선> 시리즈로 드라마화되었고, 1984년에는 김기 감독의 영화 <남과 북>으로 리메이크되었으며,[41] 1992년에는 MBC에서 <누가 이 사람을 모르시나요>라는 제목의 2부작 드라마로,[42] 1996년에는 <남과 북 DMZ>라는 이름의 뮤지컬로[43] 당대의 대중들과 계속해서 만남을 이어 갔다. 휴전의 현실이 다양한 영상, 공연 예술-문화 장르에서 소재로 채택되며 멜로-휴먼의 장르적 차용과 서사-표현의 선택적 변형, 그리고 시대 반영의 시도가 동시에 일어나게 되었던 것이다.

여기에 원작자의 각본과 감독의 열정과 영화계의 활황[44] 사실이 더해져 1965년 영화 <남과 북>은 지금도 이들 작품 중에 오리지널 영상물로서의 권위를 가질 만한 것으로 자리한다. 물론, 그 바탕에 베트남 파병 과정에서 노출된 "'반공'과 '냉전체제'에 본질적인 비판이 없는 민족주의"[45]나 박정희 정권의 "선건설 후통일론과 분단안정화정책"[46] 등의 시대적 부산물이 기저에 자리하고 있음은 매우 중요한 부분이다.

휴전협정이 조인된 지 60년이 훌쩍 넘은 2014년 현재, 그 이름이 '정전停戰'으로 바뀌어 불리는 새로운 현상만큼이나 휴전은 여전히 양상을 달리하면서도 국가 담론과 민족 과제의 중심을 차지하며 시대와 함께 호흡한다. 제작-개봉된 지 반세기 정도의 세월이 흘렀음에도 영화 <남과 북>이 회자되고 연구될 만한 가치와 의의를 지니는 이유는 바로 여기에 있다.

주

1) 박정희 정권은 집권 초기부터 이전의 정권들과는 대비되는 명료하고 구체적인 영화정책을 추진하였는데, 이를 단적으로 드러내는 것이 바로 영화법의 제정과 개정을 통해서라 할 수 있다. 1962년 1월 20일 법률 제995호로 최초로 제정된 영화법은 이후 1963년 3월 12일 법률 제1305호로서 1차, 1966년 8월 3일 법률 제1830호로서 2차, 1970년 8월 4일 법률 제2217호로서 3차, 1973년 2월 16일 법률 제2536호로서 4차 개정된다.

2) 대표적인 연구로는 김수현의 「한국분단 영화의 이데올로기의 변천」(서강대학교 석사학위논문, 2005), 김의수의 「한국 분단영화에 관한 연구: 분단영화의 장르적 정의와 진화과정을 중심으로」(서강대학교 석사학위논문, 1999) 등이 있다.

3) 대표적인 연구로는 김차호의 「한국 반공영화 연구: 반공이데올로기의 의미체계와 사회 문화적 기능을 중심으로」(동국대학교 석사학위논문, 2002), 정영권의 「한국 반공영화 담론의 형성과 전쟁영화 장르의 기원 1949~1956」(『현대영화연구』 10호, 2010) 등이 있다.

4) 일례로, 기존의 '문교부 국산영화상'(1958~1959)을 거친 '공보부 우수 국산영화상'(1961)이 '1962년 영화법 제정 이후 대종상'으로 바뀌었 는데, 1966년부터는 대종상에 '우수반공영화상'과 '반공영화각본상' 부문이 신설되었다.

5) 호현찬, 『한국영화 100년』, 문학사상사, 2000, 144~145쪽.

6) 김종원·정중헌, 『우리영화 100년』, 현암사, 2001, 270쪽.

7) 그는 이러한 부류에 속하는 1960~1970년대 작품군에 <남과 북> 을 비롯하여 "<나도 인간의 되련다>(1969, 유현목), <장마>(1969, 유현목), <깃발 없는 기수>(1979, 임권택), <짝코>(1980, 임권택), <길소뜸>(1985, 임권택) 등이" 포함된다고 설명한다. 김선아, 「누 구의 민족영화인가: 한국영화의 정치적 재현의 역사와 장소」, 김미현 외, 『한국 영화사: 개화기에서 개화기까지』, 커뮤니케이션북스, 2006, 303쪽.

8) 정종화, 『한국영화사』, 한국영상자료원, 2007, 154쪽.

9) 주유신·강소원·오영숙, 『김기덕: 60년대 한국 대중·장르영화의 최전 선』, 한국영상자료원, 2011, 134쪽.

10) 아들의 이름은 나중에 이 아이가 이 대위를 만나는 장면과 장일구가 상봉하는 장면을 통해 '기원'으로 밝혀진다.

11) 이효인, 「제1부 1960년대 한국영화」, 이효인 외, 『한국영화사 공부 1960~1979』, 한국영상자료원, 2004, 45쪽.

12) 이에 이효인은 <남과 북>을 "전쟁의 의미, 전쟁의 폐해 등에 대해 보편적인 인간적 시선으로 그렸"던 <돌아오지 않는 해병>(1963), <YMS 504의 수병>(1963), <군번 없는 용사>(1966) 등 이만희 감 독의 작품들과는 "조금 다르게, 전쟁과 애정의 삼각관계를 다루면서 전쟁의 비극 혹은 군인의 순정을 다루고 있"으면서도 "크게 본다면 유 사한 범주에 포함할 수 있"다고 주장한다. 위의 글, 42~45쪽.

13) 이 영화는 "1964년 겨울에 크랭크 인 하여 1965년 초에 완성을 하"였

다. 김기덕, 「나의 대표작/<남과 북>」, ≪영화예술≫ 1992.7, 102~
106쪽을 주유신·강소원·오영숙, 앞의 책, 204쪽에서 재인용.

14) 당시 공화당의 박정희 후보는 민주당의 윤보선 후보보다 불과 156,026
표 많은 4,702,640표를 득표하였다.

15) 1964년 9월 11일 이동 외과병원의 의무요원 130명과 태권도 교관
10명의 출국을 시작으로 한국의 베트남 파병이 시작되었다. 동년 12
월 19일 미국 측의 추가 파병 요청에 따라 1965년 1월 8일 각료회의
에서 2,000명의 비전투 부대 추가 파병이 의결되었으며, 이는 1월 26
일 찬성 106표, 반대 11표, 기권 8표로 국회 본회의를 통과하였다.
그리고 2월 9일 서울운동장에서 대대적인 베트남 파병 환송 국민대
회가 개최되었다. 이로써 한국의 베트남 파병은 본격화되었다. 강준
만, 『한국 현대사 산책: 1960년대편 3권』, 인물과사상사, 2004, 51쪽
참조.

16) 이러한 모습은 나중에 장일구와 고은아가 재회한 뒤 이 대위가 합석
하기까지의 과정에서 보다 극명하게 재연된다. 이 대위를 불러 달라
는 장일구의 요청과 그렇게 하면 안 된다는 고은아의 애원 중에, 사
단장은 장일구의 부탁을 들어준다. 한편 이 대위를 찾아 간 참모장은
그에게 두 남녀와 만나겠냐며 의사를 묻고, 이에 이 대위가 응하면서
삼자대면이 이루어진다.

17) 이 이름은 유 중위가 청주 비행장에서 지프차를 얻어 타는 순간 현지
소위에게 고은아의 주소를 알려주는 장면에서 '고봉산 의원'이라는
말을 통해 소개된다.

18) 국군으로 치면 소령 정도 계급에 해당하는 인민군 소좌(1948년 2월
8일 인민군 창설 시 북한은 군대 계급 체계를 소련의 경우와 비슷하
게 장관급, 좌관급, 위관급, 사관급, 병사급을 각 4단계로 구분하였는
데, 소좌는 좌관급의 가장 하위에 속하는 계급임) 장일구에게, 권 중
령은 반말만이 아닌 높임말도 섞어 쓴다. 그리고 이러한 모습은 권

중령이 자신보다 낮은 계급의 브라운 대위와 동등한 위치에서 대화하는 장면을 통해 미군(미국)이라는 또 다른 외부로 확장·적용되고 있다.

19) 그렇기에 국군 수뇌부는 결국 장일구의 요구 조건을 들어주고 이를 성사시키기 위해 전력을 다하고 있는 것이다.

20) 이와 관련하여, 이순진은 <자유전선>(김홍, 1955), <불사조의 언덕>(전창근, 1955) 등의 1950년대 전쟁영화의 경우와는 달리 "<오인의 해병>(김기덕, 1961)이나 <빨간 마후라>(신상옥, 1964)에서는 유엔군의 존재가 거의 언급되지 않으며 한국군의 희생과 용기가 서사의 중심을 차지한다. <돌아오지 않는 해병>(이만희, 1963)은 특히 한국전쟁에서 유엔군이 했던 역할에 대한 시각의 변화가 거의 급진적인 수준에까지 이르렀음을 보여준다"라고 주장한다. 이순진, 「1950년대 공산주의자의 재현과 냉전의식」, 김소연 외, 『매혹과 혼돈의 시대 50년대의 한국영화』, 소도, 2003, 140쪽.

21) 6·25전쟁에 병력을 파견한 국가는 파병 시기 순으로 미국(1950.6.27), 영국(1950.6.29), 호주(1950.7.1), 캐나다(1950.7.5), 네덜란드(1950.7.16), 프랑스(1950.7.29), 뉴질랜드(1950.7.30), 필리핀(1950.9.20), 남아프리카공화국(1950.9.26), 터키(1950.10.17), 태국(1950.11.7), 그리스(1950.12.4), 벨기에(1951.1.31), 룩셈부르크(1951.1.31), 벨기에(1951.1.31), 에티오피아(1951.5.6), 콜롬비아(1951.5.8) 등 모두 16개국이었고, 의료 지원 국가는 덴마크, 인도, 이탈리아, 노르웨이, 스웨덴 등 5개국이었다. 또한, 19개국에서 물자를 지원하였으며 일본, 자유중국 등 2개 국가가 비공식적으로 지원한 것으로 알려져 있다. 이 가운데 미국은 302,483명의 군인을 파병하여 전사 및 사망 36,940명, 실종 3,737명, 부상 92,134명, 포로 4,439명의 피해를 입는 등 단연 돋보이는 지원을 하였다.

22) 서중석, 『사진과 그림으로 보는 한국 현대사』, 웅진씽크빅, 2006, 225쪽.

23) 동년 6월 22일에는 도쿄에서 기본 조약 및 청구권 등 부속 협정이 정식—조인되었고, 12월 18일 비준서가 교환됨으로써 한일 협정이 공식적으로 발효되기 시작하였다.

24) 김보영에 따르면, 휴전 회담의 추진 및 진행 과정에서 "소련, 중국, 북한을 대표한 공산 3국내에서 북한의 발언권이나 결정권은 지극히 제한적이었으며, 미국이 주도한 연합군 측에서 남한은 더 심하게 배제"된 상태였다. 김보영, 「한국전쟁 휴전협정과 전쟁의 유산」, 『역사와 현실』 80집, 2011, 349쪽.

25) 대표적인 예로 박상호 감독의 <비무장지대>(1965)를 들 수 있다. "한국전쟁의 후유중과 남북 분단의 비극을 알리기 위해 비무장지대로 직접 들어가"(장우진, 「<비무장지대>(1965)의 장르 전환과 정책: 1965~66년 신문기사를 중심으로」, 『영화연구』 40호, 2009, 184쪽) 만들어진 이 영화는 비록 "실효성 있는 민간 제작의 다큐멘터리에 대한 지원 정책의 부재"로 말미암아 "극영화에서 비(非)극영화로 장르"가 전환된 것이기는 하였으나(위의 논문, 206쪽), "금지된 어린이들의 장난과 휴전협상을 위해 와글거리며 떠들어대는 여러나라의 언어들"이 "두동강난 이 민족의 처절한 부르짖음"과 "이곳에서 일찌기 교전한 모든 세계의 사람들에게 보내는 비극의 발언"으로 해석되며(이영일, 『한국영화주조사』, 영화진흥공사, 1988, 449쪽) 지금까지도 한국영화사의 걸작으로 평가되고 있다. 특히, 이영일은 1960년대 6·25전쟁 소재 영화들 가운데 유독 <남과 북>과 <비무장지대>를 '1960년대 전반기의 예술작품'(위의 책, 444쪽)으로 분류하면서 여타 대부분의 '전쟁소재의 액션영화'(위의 책, 435쪽)들과는 경계를 긋는다.

26) 주유신, 「김기덕: 장르의 발견자, 대중문화의 창조자」, 주유신·강소원·오영숙, 앞의 책, 34쪽.

27) 위의 글, 33쪽.

28) 이에 대해, 김기덕은 주유신과의 대화에서 다음과 같이 증언한다. "그런데 아쉬운 건 당시의 검열제도였어요. 어느 부분은 검열에 의해 전부 가위질당해서 있는 그대로 묘사할 수 없었어요. 특히 아쉬운 게 결말 부분인데, 북에서 온 주인공이 북측에 반격을 가하기 위해 다시 북으로 돌아가는 장면이었어요. 원래는 이 대위의 전사 소식을 들은 장일구 소좌가 복수심에 북한군과 싸우기 위해 다시 북으로 간다는 설정이었고, 이런 라스트야말로 우리나라 실정을 있는 그대로 상징하고 함축한 이야기였는데 다 잘렸지요. 그래서 장일구 소좌가 실족사해서 죽는 걸로 바뀌었고, 그건 아직도 천추의 한으로 남아 지워버릴 수가 없습니다." 주유신, 앞의 글, 156쪽. / 한편, 이는 '검열 강화'라는 당대 영화 정책 기조와 밀접한 관련을 맺고 있는데, 1960년대 중반 이후 제작된 한국영화의 검열 등에 의한 미 상영편수/총 제작편수는 1964년 14/147편, 1965년 21/189편, 1966년(영화법 2차 개정) 12/136편, 1967년 52/172편, 1968년 48/212편, 1969년 63/229편으로 전체적으로 증가 추세에 있었다. 박지연, 「제3부 1960, 70년대 한국영화 정책과 산업」, 이효인 외, 앞의 책, 153쪽 <표 3−1> 참조.

29) 이러한 모습은 장일구에 대해서도 마찬가지이다. <표 2−5> 부분에서 고은아의 결혼 여부를 묻는 장일구에게, 권 중령은 고은아가 현재 이 대위와 결혼한 상태라는 사실을 알고 있으면서도 "했을 리가 없다 그러지 않았소?"라고 반문의 형식으로 대답한 바 있다.

30) 이에 대해, 해방 직후 장일구가 일본군 징집에서 풀려나 고향으로 돌아와 고은아와 재회한 뒤 기원이를 만들고 다시 인민군으로 입대한 1946~1947년 시점에서 고은아가 지주 출신인 부모를 따라 기원이를 데리고 월남하여 남한에서 정착하였다는 가정을 하면 이야기가 성립될 수도 있어 보인다. 하지만, 영화는 이에 관한 힌트를 거의 주지 않는다.

31) 1992년 시점에서의 '고백' 내용은 두 가지이다. 하나는 "사단의 참모들이 어깨에서 가슴으로 늘어뜨리는 참모견장의 위치"를 오른쪽 어깨에서 촬영 중간에 재(再)고증을 통해 반대쪽으로 바꾸어 촬영하였다는 점이다(김기덕, 앞의 글, 주유신·강소원·오영숙, 앞의 책, 214~215쪽 재인용). 다른 하나는 장일구가 권 중령에게 군사 정보를 털어놓는 장면에서 "정보참모가 건네어 주는 수통은 분명히 수통피(케이스)에 싸여 있는 것인데 건네어 받은 장일구 소좌의 재촬영된 쇼트에서는 수통피가 없는 알몸의 흰 수통이"었다는 점이다(위의 글, 위의 책, 216쪽 재인용).

32) 「중후한 극적 효과 김기덕 감독 <남과 북>」, ≪대한신문≫ 1965년 1월 6일.

33) 동년 10월 18일 박정희의 춘천 발언, 10월 27일 국회의원 이만섭의 '남북 가족 면회소 설치 결의안' 사건, 11월 황용주 및 리영희 필화 사건 등을 거치며 남한에서 통일 논쟁이 불거지게 되었다. 자세한 내용은 강준만의 『한국 현대사 산책: 1960년대편 2권』(인물과사상사, 2004, 320~330쪽)을 참조 바람. / 한편, 이 사건은 이듬해 김기풍 감독의 <돌아오라 내 딸 금단아>(1965)라는 작품으로 영화화되기도 하였다.

34) 한국에서 영화 산업이 활황기에 접어드는 1960년대 들어 6·25전쟁을 주요 대상으로 다룬 한국영화 역시 여러 경향을 띠며 더욱 활발하게 제작되는데, 주요 작품으로 김기덕 감독의 <5인의 해병>(1961)을 비롯하여 <돌아오지 않는 해병>(이만희 감독, 1963)이나 대표적인 반공−전쟁영화로 분류되는 <낙동강은 살아 있다>(임권택, 1962), <빨간 마후라>(신상옥, 1964) 등 당대 유력 감독의 연출작들이 포진되어 있다.

35) 이에, 당시 신문 기사에는 "그러나 이 처절한 비극은 통속화되어 지나치게 눈물을 강요한다"(「벅찬 소재에 도식적 설정『남과 북』」, ≪동아일보≫ 1965년 1월 12일)라는 내용이나 "심각하면서도 흥행을 위

한 주반(珠盤)을 따져 눈물 바다를 노렸고, 또 이것이 성공했다"(「영화평「멜로드라마」조의「남과 북」(한)」, ≪조선일보≫ 1965년 1월 12일)라는 내용 등의 평이 실리기도 하였다.

36) 장일구: 기원아. 너 몇 살이디?/기원: 여섯 살요./장일구: 여섯 살. 참 똑똑하구나. 참 기원이 손이 곱구나. 이렇게 고운 손 내레 처음 봤다. 이 손 가지고 말이야. 좋은 일 많이 해야 된다./기원: 무슨 일요?/장일구: 일테면 말야. 저 삼팔선 같은 거 주먹심만 세면 한 대 후려쳐 봐요. 부서지고 말테다./기원: 삼팔선이 뭐에요?/장일구: 세상에서 제일 미련한 놈의 새끼들이 만들어놓은 제일 나쁜 것이지./기원: 뭐 그런 게 다 있어./장일구: 응 있어. 그런 게. 그런 게 있어. 그런 게 있어. (강조-인용자)

37) 김기덕, 앞의 글, 주유신·강소원·오영숙, 앞의 책, 210쪽 및 212쪽 재인용.

38) 6·25전쟁 중 휴전에 관한 논의는 1951년 6월 전쟁 발발 1주년 시점에 맞추어 북위 38도선에서 휴전을 성립시키자는 결의안이 미국의 상원의원 존슨에 의해 제기되면서 일어나기 시작하였다. 김학준, 『한국전쟁과 원인, 과정, 휴전, 영향』, 박영사, 2010, 315쪽 참조.

39) 김기덕, 앞의 글, 주유신·강소원·오영숙, 앞의 책, 210쪽 재인용.

40) 김기덕의 회상에 의하면, 극 중 고은아는 "괴로움과 고통을 겪는 것이 마치 자기의 책임인 양 사죄하는 마음으로 여생을 함께 하기를 간곡하게 청하도록 만든 고은 아이"에서, 장일구는 "'항상' 또는 '늘'이란 말"과 "문자 그대로 하나만을 구한다는 뜻"에서, 이해로는 "이해로운 지혜와 이해로 맺어졌다는 뜻에서" 유래된 것이었다. 위의 글, 위의 책, 210~211쪽 재인용. / 이에 따라, 장일구와 고은아의 아들의 이름 또한 민족의 통일과 번영을 '기원(祈願)'한다는 의미로 지어졌음을 추측할 수 있다. 한편, 극 중 미군 장교로 나오는 '브라운'의 경우 영화 제작-개봉 당시의 주한 미국대사의 이름과 일치한다.

41) 「「이산」소재 영화제작붐」, ≪경향신문≫ 1983년 7월 11일. 이 신문 기사에서도 영화 <남과 북> 관련 오류가 발견되는데, 극 중 고은아의 배우 이름을 엄앵란이 아닌 배우 고은아로 표기하고 있다는 점이다. 사실, 배우 '고은아'의 이름은 데뷔 당시 '정혜란'이라는 이름을 사용하던 그녀에게 김기덕 감독이 이 영화의 경험을 계기로 붙여준 이름이라고 한다. 한편, 신문 기사를 통해 1984년작 <남과 북>의 제명이 기획 단계에서는 영화의 주제곡 제목인 <누가 이 사람을 모르시나요>였음을 알 수 있다.

42) 「새단장하고 "안방노크"」, ≪경향신문≫ 1992년 5월 24일. 한편, 이 기사에서도 1984년작 <남과 북>의 감독을 김기 감독이 아닌 김기덕 감독으로 오기하고 있다.

43) 「영화 「남과 북」 뮤지컬로 꾸민다」, ≪동아일보≫ 1996년 6월 6일.

44) 이 영화가 개봉된 1965년 당시 극장 입장 인원수는 121,697,527명으로 전년 대비 16.4% 증가세에 있었던 반면 텔레비전 보급 대수는 31,701명이었고 가구 당 보급률은 0.61%에 불과하였다. 그리고 이러한 영화와 텔레비전 매체의 대중화 정도가 역전되는 것은 1970년대 들어 텔레비전의 보급이 급속히 증가하면서부터이다. 이길성, 「1960, 70년대 상영관의 변화와 관객문화」, 이효인 외, 앞의 책, 216쪽 <표 4-3> 참조. / 한편, 1965년 당시 라디오 보급 대수는 약 125만대에 달하였다.

45) 이종오, 「반제반일민족주의와 6·3운동」, ≪역사비평≫ 창간호, 1988, 66쪽을 강준만, 『한국 현대사 산책: 1960년대편 3권』, 인물과사상사, 2004, 57쪽에서 재인용.

46) 강만길 외, 『한국사 20』, 한길사, 1994, 194쪽.

할리우드가 재현하는 한국전쟁과 미국 군인, 1950~1953*

정 찬 철

1. 상업성 없는 전쟁: 할리우드가 본 한국전쟁, 1950

한국전쟁으로 인해 할리우드가 2차 세계대전 영화를 통해 구축한 영웅으로서의 미국 군인 이미지에 균열이 발생했던 것은 분명하다.[1] 하지만 이 영웅 이미지의 균열이 한국전쟁 기간 동안 제작된 할리우드의 한국전쟁 영화 속 미국 군인의 재현방식을 지배했던 것은 아니다. 반대로 할리우드의 한국전쟁 영화는 다음 세 가지 목적을 위해 제작되었다. 균열된 이미지의 회복, 동아시아 내 미국의 정치적 중요성의 선전, 그리고 미국의 한국전쟁 참전의 정당화. 이 글은 할리우드의 제작사가 어떠한 정치적 그리고 산업적 배경 속에서 한국전쟁 영화를 제작하게 되었는지

---

* 이 글은 필자의 「할리우드가 재현하는 한국전쟁과 미국 군인, 1950~1953」(『동북아연구』 29권, 조선대학교 동북아연구소, 2014년 8월 발간예정)을 수정, 보완한 내용이다.

에 대한 설명에서 출발해, '회복'과 '선전' 그리고 '정당화', 이 세 가지 목적이 할리우드 한국전쟁 영화 속에서 어떻게 시각화 되었는지를 살펴볼 것이다. 이를 위해 <철모(The Steel Helmet)>(사뮤엘 퓰러Samuel Fuller, 1951)와 <전장의 서커스단(Battle Circus)>(리차드 브룩스Richard Books, 1953), 이 두 편의 영화를 구체적으로 분석할 것이다.

한국전쟁 동안 할리우드에서 한국전쟁을 소재로 한 영화는 총 32편(1951년 9편, 1952년 11편, 1953~1954년 12편) 제작되었다.[2] 1951년 2월 첫 번째 한국전쟁 영화인 사무엘 퓰러 감독의 <철모>가 나오기까지 할리우드는 꽤 오랜 시간동안 한국전쟁 참전을 고민했다. 이는 무엇보다도 전쟁 초반 한국전쟁이 그 자체만으로는 할리우드의 제작사들에게 영화소재로서의 충분한 '상업성'을 보여주지 않았음을 말해준다. 물론 한국전쟁 발발 직후 3차 대전으로의 확산 가능성에 대한 이야기가 종종 흘러나왔지만, 중공군의 개입 전까지 할리우드에게 있어서 한국전쟁은 완벽히 가시적인 형태로 "선과 악의 구분이 명확한" 반공산주의 전쟁이 아니었기 때문이었다.[3] 하지만 중공군의 개입 이후 미국의 한국전쟁 참전 여론이 급속히 악화되면서 예상과 달리 한국전쟁은 할리우드 제작사들에게 일시적이긴 했지만 다루지 말아야 하는 소재가 되었다. 이러한 상업적 조건의 결핍 그리고 정치적 조건의 악화로 한국전쟁 영화 제작은 <철모>를 포함한 몇 편을 제외하고 휴전협상이 시작된 이후에 비로소 시작될 수 있었다. 이에 대한 좀 더 구체적인 상황전개는 다음과 같다.[4]

1950년 6월 한국전쟁의 발발은 당시 "번영하는 미국사회 내에서 유일한 불황의 섬"으로 불리었던 할리우드에게 좋은 징조였지만 극영화로 제작할 만큼의 상업성이 보장된 소재는 결코 아니었다. 당시 할리우드는 경제적으로 그리고 정치적으로 비관적인 상황에 부딪혀있었다. 높아진 제작비, 세금 상승, 그리고 외국 시장에서 점점 증가하는 미국 영화 수입

제안 조치. 이러한 불황으로 인해 할리우드의 제작사들은 비용 절감을 위한 대대적인 변화를 겪어야만 했다.[5] 이러한 경제적 악화와 함께 할리우드는 정부의 감시 또한 신경 써야 하는 상황이었다. 1947년 반미활동조사위원회(HUAC, House Un-American Activities Committee)가 할리우드 내 공산주의 사상을 가진 영화인들을 대상으로 벌였던 청문회 이후, 할리우드는 적극적으로 정치적 성향에 대한 자기 검열을 강화하면서 2차 세계대전 동안에 정부와 맺었던 끈끈한 유대관계로 다시 복귀하기 위해 노력해 왔다. 하지만 1950년 다시 미국정치권을 뒤흔든 매카시즘은 반미활동조사위원회가 좀 더 근본적인 차원에서 할리우드의 영화인을 재조사할 필요성이 있다는 주장을 불러일으켰고, 이는 영화제작사 사이에서 불안감을 증폭시켰다.[6]

이러한 불황과 불안 속에서 2차 세계대전 때처럼 할리우드에게 한국전쟁은 하나의 돌파구가 될 수 있었다. 사실 극장 수익에서 본다면 한국전쟁은 사실 할리우드에게 경제적 이득을 가져다주고 있었다. 일반적으로 관람객 수가 줄어드는 6월, 한국전쟁으로 인해 할리우드의 흥행지수는 상승 곡선을 분명하게 보여주었기 때문이다. 이 영향력은 다만 흥행 영역에만 한정되지 않았다. 한국전쟁으로 인해 '상승하는 수요'를 영화배급이 따라가지 못할 우려 속에서 많은 할리우드 제작사들은 서둘러서 제작 중에 있는 영화들을 마무리했다. 결과적으로 작년보다 30편 더 증가한 221편의 영화가 1950년 6월 말 완성되어 개봉을 기다리고 있었던 것은 한국전쟁이 가져온 특수라 할 수 있다.[7]

하지만 이러한 흥행성적의 호조에도 불구하고, 할리우드 제작사들은 한국전쟁 영화를 만드는 데 매우 조심스러웠다. 반미활동조사위원회의 제2차 청문회로 인해 악화될 워싱턴의 정치인과 할리우드의 관계를 미연에 방지할 수 있기 때문에, 한국전쟁을 선전하는 영화를 제작하는 것은 분명 할리우드가 고려할 수 있는 최선의 전략이었을 수 있었다. 하지만 그럼에도 불구하고 할리우드의 제작사들이 서둘러 한국전쟁 영화 제작에 뛰어들지 않았는데, 그 이유는 무엇이었을까?

할리우드의 제작자들이 이러한 판단을 고수한 이유로 역사학자 케이시 스티븐Casey Steven은 다음과 같은 제작사들의 '상업적' 판단과 '정치적' 상황을 든다. 첫 번째, 할리우드는 한국전쟁 발발 후 즉각적으로 한국전쟁에서 미국의 역할과 전쟁에 대한 정보를 파악할 수 없었다. 무엇보다도, 워싱턴 정치가들과의 약화된 유대관계로 한국전쟁에 대한 정보가 미흡했던 할리우드의 제작사는 일본의 식민지였던 한반도에서의 전쟁을 일시적 내전으로만 볼 수밖에 없었고 따라서 당시 한국전쟁 초반 대다수의 미국 군인들이 그랬던 것처럼 낯선 땅 한국에서의 전투를 전쟁이 아닌 일종의 "치안 활동(police action)"으로 간주했다. 말하자면, 단지 '치안 활동'에 불과한 한국의 상황은 할리우드 메이저 제작사들이 한국에 치안 활동으로 건너간 미군을 다루는 영화를 제작하기 위해 이미 국방성과 계획한 2차 세계 대전 영화 제작계획을 다시 조정하거나 변경할 정도 무게를 가지지 않았던 것이다.

1950년 11월 중공군의 개입은 한국전쟁을 명확하게 선과 악의 전쟁으로 만들었고, 대부분의 제작사에게 한국전쟁은 이제는 충분한 '상업적' 요소를 가질 수 있었다. 하지만, 상황은 정반대로 흘렀다. 대다수의 할리우드 제작사들은 앞서 설명했듯이 이미 그해 계획한 영화를 모두 마무리한 상태였기 때문에 한국전쟁 영화 제작은 다음 해로 넘겨야만 했다. 무엇보다도 예상치 못한 중공군의 개입은 전세를 역전시키며 한국전쟁에 대한 미국 내 여론을 더욱 악화시켰다. 언론매체는 더 참혹한 한국전쟁터의 미군의 모습을 담았고, 미국이 전쟁을 잘못 이끌고 있다는 주장이 거세게 제기되었다. "왜 우리가 한국에 여전히 남아 있어야 하는가?"라는 문제가 많은 미국인에게 핵심 사안이 될 정도로 한국전쟁에서 미군의 철수를 주장하는 여론이 커져갔다. 이로 인해 할리우드 제작사에게 한국전쟁은 더욱 다루기 곤란한 소재로 변했다.[8]

이러한 상황에서 할리우드의 제작사는 한국전쟁 영화의 제작에서 상업적 가치를 무시하고 정치권과의 관계회복이라는 목적을 위해 감행해야만 하는 어떠한 필요성도 찾을 수가 없었다. 오히려 대다수의 제작사는 뮤지컬과 같은 현실 문제를 탈피한 장르를 대안으로 보고 있었다. 1951년 1월 총 68편의 영화가 제작 중에 있었는데, 대부분의 영화 속에 "도피주의(escapism)"가 지배적으로 흐르고 있었던 것은 결코 우연한 결과는 아니었다.[9]

2. 희생자로서의 미국 군인, 1951

"단지 적군이라고만 알고 있는 타인을 향해 방아쇠를 당기고만 있었던 이 군인들의 영웅적인 일상에 흐르고 있는 상처와 고통, 그리고 이 끔찍한 혼돈을 보여주고 싶었다."

―데이비드 더글러스 던컨[10]

"우리의 가정, 우리의 조국, 우리가 신봉하는 모든 것이 커다란 위험에 처해있습니다. 나는 우리의 농민들과 산업 노동자들과 기업인들에게 국가 방위에 필요한 생산에 힘찬 박차를 가할 것과, 이러한 목적을 위하여 모든 낭비와 비효율성을 제거하고 모든 사소한 이해관계를 공공선에 종속시킬 것을 권유합니다."

―비상사태를 선포하는 트루먼, 1950년 12월 16일[11]

1951년 1월과 2월 사이에 총 4편의 한국전쟁 영화가 미국 내에서 처음으로 제작 상영된다. <한국 순찰(Korea Patrol)>(맥스 노세크Max Nosseck),

<한국으로부터의 편지(A Yank in Korea(Letter from Korea))> (루 랜더스 Lew Landers), <철모>, 그리고 <왜 한국인가?(Why Korea?)>. 이 작품들은 공통적으로 미국이 원하는 방식의 한국전쟁을 재현하지 않았다는 점에서 할리우드 제작사의 한국전쟁 참여를 미국정부가 더욱 요구하게 만드는 결과를 낳았다. 특히 <철모>는 세룰로이드 필름 위에 지옥과 같은 한국전쟁터, 비열하고 잔혹하고 교활한 북한군과 중공군 그리고 이들로 인해 점점 희생자가 되어가는 미국 군인 이미지를 담아냈다.

군인으로서의 명예, 절대적 승자, 국가를 위해 희생하고 목적을 위해 끝까지 결사 항전하는 미군의 이미지와 효율적이고 평등하며 영웅적인 조직으로서의 미국 군대는 할리우드가 2차 세계 대전 영화를 통해 구축한 미국 군인의 전형이었다. <철모>는 이와는 상반된 방향으로 미국 군인을 재현한다. 군인으로서의 명예를 버린, 이기적인, 전쟁을 두려워하는 모습의 그리고 전쟁에 지친 모습의 미군. 자신의 생존을 위해 싸우는 주인공 잭Zack 병장은 죽은 동료의 군번줄을 챙기기보다는 시체에서 담배를 찾고, 전쟁포로가 된 북한군을 죽이는 등 전쟁터에서 군인이 지켜야 하는 수칙들을 무시한다. 그는 또한 전쟁터에서 만난 다른 부대의 상급자의 명령에도 복종하지 않는다. 물론 그는 매우 노련한 병사이다. 하지만, 그는 2차 세계 대전의 노련한 병사와 달리 경험이 없는 동료 군인들에게 호의적이지 못하다. 영화의 마지막 장면, 절에서의 북한군과의 전면전에서 잭과 살아남은 동료는 승리자가 된다. 하지만 승리한 이들의 발걸음에는 승리의 활력보다는 앞으로 남은 또 다른 전투에 대한 두려움으로 무거움이 가득할 뿐이다. 또한 겁에 질려 총을 쏘지도 못하는 백인 병사 브론테Bronte와 미군 부대 내의 인종차별의 문제제시 등, <철모>는 과거 2차 세계 대전 영화 속에 없었던 인물들과 문제들을 끌어와서 합리적인 조직체로서의 미군을 문제시하고 그리고 실제 전장에서의 군인들

의 모습에 대해서 이야기한다. <철모>가 형상화한 한국전쟁터는 전쟁 규칙이 무시되는 곳이다. 적군은 늘 민간인으로 위장해서 등장하기 때문에 미국 군인들은 자신의 생존을 위해 민간인들을 언제나 잠재적 적으로 간주해야 했다(그림 1).

[그림 1] <철모>의 한 장면. 잭 병장(가운데)과 동료가 피난 중에 있는 민간인이 위장한 북한군이 아닌지를 검문하고 있다.

그렇다면 <철모>가 담아내고 있는 희생자로서의 미국 군인 이미지는 어떻게 만들어 진 것일까? 할리우드의 한국전쟁 영화에 이러한 희생자로서의 미국 군인 이미지들이 등장했던 이유는 무엇일까? 할리우드가 한국전쟁을 재현하기 이전, 미국 내 한국전쟁의 이미지는 종군 사진기자와 뉴스릴 촬영기자들에 의해 형성되고 있었다. 앤드류 휴브너Andrew Huebner의 최근 분석에 따르면, 이들 종군 기자들이 찍은 사진과 뉴스릴 필름 그리고 해설의 목적으로 삽입된 문구는 공통적으로 다음과 같은 미국 군인들의 이미지를 고국으로 보내왔다. "전쟁피로(battle fatigue)", "비애(sorrow)", 그리고 "극기(stoicism)."[12] 이 모습은 분명 군인정신, 책임감, 명예, 희생정신, 단결력으로 가득한 2차 대전의 미국병사의 이미지와 다른 차원에서 희생자라는 이미지를 만들었고, 미국이 한국전을 잘못 이끌고 있다는 방향으로 여론을 형성했다(그림 2). 중공군의 개입으로 전세가 다시 악화되었을 때 언론매체는 전쟁 자체에 대한 사회적 피로감을 시각적으로 더욱 강화시켜나갔고, 한국전쟁터에서 더 많은 수의 미국병사들이 이 사회적 피로감을 부상, 죽음, 그리고 고통과 공포라는 물리적 그리고 정신적 형태의 희생으로 생산해냈다. 미국 여론은 다음 네 가지를 희생자 이미지의 근본적 원인으로 보았고, 이 모든 것을 미국정부의 준비되지 않은 전쟁전략의 책임으로 몰아갔다. 한국전쟁 초반 전쟁경험이 없었던 일본 주둔 미군의 투입, 낙후된 무기, 폭염과 혹독한 추위, 그리고 중공군이 개입하지 않을 것이라는 미국정부의 오판.[13] 데이비드 더글러스 던컨David Douglas Duncan과 같은 종군기자가 보았던 이러한 물리적, 환경적, 그리고 정치적 악조건 속에서 싸워야만 했던 미국 군인은 여전히 전쟁 영웅이었지만 승리자가 아닌 동정의 대상으로서의 희생자가 되었다.

그 무엇보다도 한국전쟁의 미국 군인을 희생자로 만든 것은 육체적 부상보다는 정신적 부상이었다(그림 2). 한국전쟁 초반 무기력과 같은 정신장애를 호소하는 정신적 사상자(psychiatric casualties) 수가 1,000명 중 250명에 달했으며, 이 높은 비율은 그들이 받은 고통의 정도를 가늠케 한다.[14] 그들에게 이렇게 커다란 정신적 충격을 주었던 것은 전쟁터에서 경험한 북한군과 중공군들의 야만적이고 교활한 모습이었으며 이는 심각하게 그들의 명예와 희생정신을 위협했다. 게릴라 작전을 펼치는 데 능숙했던 북한군들은 종종 민간인으로 변장하거나 여인들의 치마 속에 숨어 공격했다. 교활한 북한군의 경험은 미군들을 더욱 비인간적인 선택으로 내몰았다. 생존과 승리를 위해서 그들은 언제나 민간인들을 향해 총을 겨누어야 했고, 조금이라도 의심스러운 점이 있다면 방아쇠를 당겨야만 했다.

[그림 2] 부산으로 후퇴하는 열차 안의
미국 군인. 1950년 7월 29일. 사진 출처:
U. S. Army Korea Historical Image Archieve.
Korean War-HD-SN-99-03113

전쟁포로를 학살하는 북한군의 잔혹한 면은 이들의 야만성을 증폭시켰
고 심지어 쟁포로가 된 북한군을 향해 총을 겨누고 있는 미국 군인의 모
습을 담은 종군기자들의 사진 속에서 미국의 대중들은 승리자가 아닌 북
한군의 전쟁포로가 된 겁에 질린 미군을 읽어낼 정도였다. 다음 두 미군
병사 사이의 대화는 이러한 적군의 모습이 얼마나 모든 문명적인 전쟁규
칙을 깔아뭉갰으며, 미국 군인이 지켜야 했던 명예를 얼마나 심각하게
훼손했는지 보여준다.

> 젊은 조종사가 커피를 쭉 들이키면서 말했다. "아니! 저기 사람들이
> 손을 흔들고 있는데 쏘지 말아야겠지요?" "쏴버려! 군대야" 상대방은
> 가차 없이 말했다. "그렇지만, 아니! 저들은 모두 흰 파자마 같은 것을
> 입고 뿔뿔이 흩어져 있는데요!……" "여자나 애들이 보이나?" "여자요?
> 모르겠는데요, 여자들도 바지를 입잖아요, 그렇지 않나요? 그렇지만
> 애들은 없습니다." "그럼 군대야 쏴버려!"[15]

[그림 3] 동료의 죽음으로 괴로워하는 병사의 모습.
사진출처: U. S. Army Korea Historical Image Archieve.
Korean War-HD-SN-99-03118.

　　<철모> 이후 할리우드의 한국전쟁 영화들이 <철모> 속 그리고 언론이 재현하는 한국전쟁의 균열된 미국 군인을 닮았던 것에는 전략적 이유가 있었다. 할리우드의 목적은 비판적인 언론매체와는 달랐다. 희생자로서의 한국전쟁 속 미국 군인의 모습은 다시 할리우드가 만들었던 제2차 세계대전의 "가장 강하고" 언제나 이들의 결정이 옳다는 이미지로 복원되어야만 했고, 이러한 이미지 개선작업은 할리우드가 담당했다. 다시 말해, 신문 혹은 잡지 속 사진에 담긴 '희생자'로서의 미군 이미지는 회복 혹은 치유라는 목적을 가지고 활동 이미지 속으로 들어갔던 것이다. 희생자로서의 한국전쟁 속 미국 군인의 모습을 다시 할리우드가 만들었던 제2차 세계대전의 "가장 강하고" 언제나 이들의 결정이 옳다는 이미지로 복원하는 것이 그 목적이 있었다. 2차 세계 대전 기간 할리우드의 역할을 연구해온 영화역사학자 토마스 도허티Thomas Doherty의 주장을 빌리자면, 2차 세계 대전 때와 마찬가지로, 한국전쟁 기간 동안 할리우드는 용감한 미국 군인의 재현을 통해 신문과 시사 잡지가 전달하는 한국전쟁의 참혹

한 "뉴스의 충격을 완화시키는" 임무를 수행했다고 볼 수 있다. 월트 위트만Walt Whitman의 본래 표현을 바꾸어 말하자면, 한국에서의 "실제 전쟁은" 결코 할리우드 영화 속으로 들어올 수 없었다.[16)]

3. <전장의 서커스단(Battle Circus)>: 영웅의 귀환, 1952~1953

Tell him [a young Korean boy] not to be afraid.

He gets the Red Cross. No more wars.

He gets good food and to go to school.

-<전장의 서커스단>中 경사 오빌 스텥Orvil Statt의 대사

중공군의 개입과 한국전쟁 철수 여론 형성은 트루먼 대통령으로 하여금 더욱더 미국이 한국전쟁에 참여하는 이유를 강화시키는 계기를 마련했다. 중공군의 한국전 개입은 전쟁이 장기화되는 원인이 되었지만, 트루먼 대통령은 이를 미국이 한국전쟁을 지속해서 주도할 수 있는 명분으로 생각했다. 분명히 중공군의 개입은 한국전쟁이 반공산주의 진영과의 전쟁임을 확실하게 보여주었기 때문이다. 또한, 이는 물론 즉각적이지는 않았지만 할리우드의 메이저 제작사들이 또한 한국전쟁 영화 제작에 뛰어들게 되는 결정적인 계기를 마련했다. 트루먼 대통령은 무엇보다도 뉴스릴과 언론 매체에 의해 악화된 한국전쟁 여론을 강화시켜야 했다. 이를 위해서는 희생자로서의 미국 군인의 모습을 본래의 영웅적 모습으로 다시 되돌려 놓고, 미국의 참전을 정당화하고 그리고 동아시아 속 미국의 정치적 중요성을 선전하는 것이 중요했다. 그리고 이는 할리우드의 역할이었다.[17)]

1951년 7월에서 1953년 7월, 휴전협상 기간 동안 제작된 한국전쟁 영화들은 미군병사 이미지 회복, 모병, 그리고 휴전협상의 조속한 타결이라는 명백한 선전의 목적을 위해 국방부의 지원 속에서 대부분 초대형 프로젝트로 제작되었다. 1951년 작품 <당신을 원합니다(I Want You)>는 모병을 목적으로 제작되었다. 1952년의 <작전 일분 전(One Minute to Zero)>, <후퇴란 없다(Retreat, Hell!)>, <전쟁터(Battle Zone)> 그리고 1953년의 <전장의 서커스단(Battle Circus)> 모두 미군 이미지 회복을 목표로 제작되었다. 1952년 후반 휴전협상이 포로송환문제로 일종의 교착상태에 있었던 시기에 두 편의 영화 <항공모함의 사나이(Men of the Fighting Lady)>(1954)와 <원한의 도곡리 다리(The Bridge at Toko-ri)>(1954)가 제작되었다.[18] 이 두 영화는 한국전쟁의 교착상태를 해결할 수 있는 하나의 전략으로 계획되었던 북한군 영역의 공군 폭격의 필요성을 강조하기 위해 제작되었다.

　　특히 <원한의 도곡리 다리(The Bridge at Toko-ri)>의 경우 일본 내 미군기지를 중심으로 이야기를 전개시킴으로써 미국의 한국전쟁 참여가 동아시아 평화유지와 3차 대전으로의 확산 방지에 얼마나 중요한 결정인가를 보여주려 했다. 이 영화는 미국과 공산진영 간의 전쟁으로의 한국전쟁을 시각화하기 위해 적군인 중공군과 북한군(물론 소련 공산주의자들의 조정을 받고 있다는 판단 아래서)의 야만적이고 군인답지 않은 비열한 모습을 재현하는데 집중한다. 이 때문에 이 영화는 한국이 부재한 한국전쟁 영화가 되었다. 한국군의 모습은 거의 담기지 않고, 마치 이 전쟁이 미국과 공산주의와의 싸움인 것처럼 진행된다. 대신 한국의 상황과 한국병사가 제외된 자리에 일본의 상황과 일본계 미국인 병사가 대신 등장한다. 이는 미국이 한국전쟁의 결과보다는 이 전쟁이 일본지역까지 확장되어 3차 대전으로 발전되는 것을 막아야 한다는 미국의 한국전쟁

전략으로 만들어진 결과였다. 일본계 미국인이 등장함으로써 미국은 좀 더 확실하게 미국 국민들에게 미국이 한국전을 주도적으로 참여해야 하는 이유를 설명할 수 있었다.

할리우드가 제작한 약 30편의 한국전쟁 영화들은 이렇듯 '회복', '정당화', 그리고 '선전'의 작업에 참여했다. 그 중에서 특히 앞에서 언급한 <전장의 서커스단>은 <철모> 그리고 언론이 만들어온 '희생자'이자 용맹하지 못한 미군의 이미지를 회복하기 위해 제작된다. 실제 한국전선에 배치되었던 제8666이동 의무 부대(MASH, Mobile Army Surgical Hospital)의 활약상을 다룬 <전장의 서커스단>은 희생정신, 단결력, 용맹함 그리고 명예로운 미국 의무 부대의 모습을 재창조한다. 부상당한 민간인들을 보호해주고 치료해주는 영화 속 의무 부대의 모습은 <철모>의 민간인을 언제나 잠재적으로 볼 수밖에 없었던 미군 병사들이 잃었던 군인으로서의 명예와 도덕성을 치료하는 데 그 목적이 있었다고 볼 수 있다. 특히 가슴에 파편이 박힌 소년을 치료해주고 "더는 전쟁이 없을 거야. 좋은 음식을 먹게 될 거고, 또 학교도 다닐 수 있게 될 거야"라고 말하는 <전장의 서커스단>의 오빌 경사의 모습은(그림 4) <철모>에서 자신을 구해준 한국인 소년을 '국gook'이라는 경멸적 표현으로 부르고 무시하는 잭을 치료해주는 듯이 보인다. <전장의 서커스단>에서 오빌 경사가 이 소년에게 보여준 무조건적인 헌신은 부성애라는 느낌을 주고 있기 때문에 이 둘의 관계는 정치적, 문화적 그리고 군사적 보호 대상으로서 한국과 보호의 주체로서의 미국의 관계로 읽혀질 수 있기도 하다.

<전장의 서커스단>에서 가장 주목할 부분은 북한군 포로가 수류탄을 들고 수술 중에 있는 의무장교 제드와 동료들을 위협하는 장면이다. 필립 안Philip Ahn이 연기한 이 북한군 포로는 <철모>에서의 냉철하고 교활한 북한군 포로의 모습과 달리 매우 정신적으로 불안한 존재로 묘사

가 된다. <철모>에서 북한군 포로는 미국 흑인 의무병과 일본계 미국인 병사에게 인종차별이 만연한 조국을 위해서 싸우는 것이 과연 합리적인 가라는 질문을 던지며 포로 상태에서도 훈련받은 대로 이데올로기 전술을 펼치고, 잭의 동료 중 한 명을 살해할 정도로 냉철하고 교활한 존재이다. 이와 달리 <전장의 서커스단>은 <철모>의 교활한 북한군 이미지를 정신적으로 연약한 존재로 변화시킨다. 자신을 풀어주지 않으면 수류탄을 던지겠다고 위협하는 <전장의 서커스단>의 북한군 포로는 이미 정신불안에 빠져 있다. 그의 떨리는 손 그리고 힘없는 발걸음은 위협하는 존재의 것이 아니다. 여주인공 루스는 마치 자살을 결심하고 죽음의 문턱에 앉은 불쌍한 인물을 구원하려는 시선과 몸짓으로 침착하게 다가가면서 그를 설득한다. 그는 아무런 저항 없이 결국 수류탄을 그녀에게 건네고 주저앉고 만다.

<전장의 서커스단>이라는 별칭은 마치 서커스단처럼 한 달에 몇 번이고 장소를 이동하며 의무 부대 텐트를 치고 해체하고 이동하는 데 붙여졌다. 이 영화는 제8666 이동 의무 부대 이동과정을 매우 체계적으로 보여준다. 그 과정에서 특히 카메라는 얼마나 효과적으로 텐트를 해체하고 이동 준비를 하는지를 담아내는데, 병사들의 능숙한 손동작과 움직임은 이동의 책임을 담당한 경사 오빌의 구령과 명령 아래 신속 정확하게 진행되고 있음을 강조해서 보여준다. 이러한 지점은 분명 미국 군인이 본래 가지고 있었던 단결력을 다시 증명해 보이는 부분이라고 할 수 있다. <전장의 서커스단>은 루스와 의무장교 제드 사이의 러브스토리를 중심으로 진행되지만, 그 이야기 속에서 펼쳐지는 의무 부대의 활약상은 그동안 손상된 미국 군인의 영웅 이미지를 이렇게 다시 회복시켜준다. 마치 이 둘의 사랑이 영화의 끝에서 다시 이루어지듯.

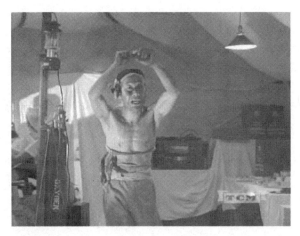

[그림 4] 이동 부대 수술실에서 수류탄을 들고 위협하는 북한군 (필립 안).

[그림 5] <전장의 서커스단>의 한 장면. 어린 소년의 미래를 걱정하는 오빌 경사. 그는 이 소년에게 부성애와 같은 감정을 표출한다.

4. <나이아가라(Niagara)> 그리고 기억 속에서 사라진 미국 군인

한국전쟁 초반 계속 남쪽으로 몰렸던 시기, 어떠한 혈연관계를 찾아보기 힘든 낯선 땅 한국에서 미국 병사들은 종군 사진기자들의 렌즈를 통해 전쟁에 지친, 공포에 찬 그리고 외로움으로 가득한 모습을 고국으로 보내왔다. 민주주의 수호라는 미국적 가치를 지키기 위해 한국전에 참전한 이들은 전투의 승패와는 무관하게 희생자가 되었다. 한국전쟁 시기에 제작된 할리우드의 한국전쟁 영화는 신문과 잡지가 만들어내는 희생자로서의 미군을 다시 영웅으로 변화시키는 역할을 했다. 이 글은 <전장의 서커스단>의 분석을 통해 희생자로서의 미국 군인 이미지가 치료되는 과정을 구체적으로 보여주고자 했다.

한국전쟁 종전 이후에 할리우드가 한국전쟁을 어떻게 재현했는가는 또 다른 연구 주제이기에 여기에 언급하는 것은 적절하지 않겠지만, 그럼에도 불구하고 한 가지 생각을 덧붙이고자 한다. 종전 이후 할리우드의 한국전쟁 영화는 미국이 한국전쟁을 호명하는 방식과 맞닿아 있다. '기억에서 사라진 전쟁(the Forgotten War of Korea).' 1952년 2월 ≪타임(Time)≫지는 1950년 7월부터 매주 보도해왔던 <아시아에서의 전쟁(War in Asia)>란을 중지한다. 그 이후 대부분의 언론매체는 적군의 사망자 수만을 보도하는 데만 부지런히 움직였다. 즉, 더 이상 언론매체 역시 비판적이거나 폭로적이지 않았다. 이렇게 한국전쟁은 갑작스럽게 미국 내에서 수치화 되면서 망각되었다. 한국전쟁 참전 용사의 삶을 다룬 스릴러 영화 <나이아가라(Niagara)>(1953)는 흥미롭게 이 망각을 건드린다. 대략적인 줄거리는 다음과 같다. 주인공 조지George에게 있어 한국전쟁은 삶을 뒤흔드는 트라우마이다. 아내 로즈Rose에게 남성다움을 보여주기 위해 한국전쟁에 참전했지만 그가 얻게 된 것은 오히려 불면증과 우울증과 같은 정신장애. 이러한 이유로 조지는 레터맨 군병원(Letterman Army Hospital)−다른 등장인물의 말에 따르면 이 병원에 있었다는 것은 거의 '미친' 것과 다름없다−에 입원했지만 퇴원 후에도 여전히 나아지지 않은 상태로 살아간다. 그의 정신불안을 더 악화시키는 로즈의 외도는 결국 조지를 자살로 위장해 죽이려는 로즈의 계획으로 이어진다. 가까스로 살아난 조지는 자신을 배신한 아내를 살해하고, 자신의 결백을 주장하다 결국 나이아가라 폭포에 빠져 죽게 된다.

한국전쟁의 휴전 협정이 포로 송환 문제로 교착상태에 빠져 있던 때에 제작 개봉된 <나이아가라>는 이전까지 할리우드가 제작한 한국전쟁 영화와 비교해 보면 매우 예외적이다. 앞에서 언급했던 종군기자들의 사진이 만들어낸 희생자로서의 미국 군인의 모습을 찾아 볼 수도 있지만, 분명히 다른 의미에서의 희생자이다. 즉, 미국 사회 내에서 잊혀져가고 있는 의미에서의 희생자라는 의미가 조지를 통해 표출되고 있다. 하지만 1953년 초반 미국 국내 한국전쟁 여론의 변화에 비추어 본다면 이 영화는 예외적이지 않다. 미국을 위해 싸웠지만 한국전쟁 참전용사들은 전쟁 영웅이 되지 못했다. 휴전협정이 마무리되어 감에 따라, 미국 국민들 사이에서 한국전쟁은 점점 잊혀가고 있었다. 참전 용사들은 조용히 귀국했으며 어떤 누구도 열렬한 환영을 받지 못했다. <나이아가라>는 특이하게도 비판적으로 이러한 집단적 망각을 건드리고 있다. 다음 한국전쟁 종군 기자 빌 몰딘Bill Mauldin의 글은 한국전 참전 미군 용사들이 겪었던 집단적 망각의 정도를 가늠케 한다.

"가장 친한 친구가 죽었던 전쟁터에서 그들은 싸웠다. 이 전투를 다루는 기사가 고향 신문에 실리게 된다면, 그것은 17쪽, 럭스Lux 비누 광고 아래에서나 찾아 볼 수 있을 것이다. 고향으로 돌아왔을 때 승전퍼레이드 같은 것은 없을 것이다. 왜냐하면 그들은 조용히 집으로 그것도 한명씩 순서대로 돌아올 것이기에. 그리고 어떤 의미에서도 승리란 없다. 왜냐하면 (한국전쟁은) 그러한 종류의 전쟁이 아니기 때문이다."[19]

미국의 역사는 한국전쟁을 '잊혀진 전쟁'으로 기억한다. 되돌아보면 미국인들이 잊은 것은 전쟁 그 자체라기보다는 한국이라는 낯선 땅에서 죽은 군인들과 전쟁터에서 얻은 정신 장애를 가지고 살아가는 생존자들의 존재감이었다. "본다는 것은 재현된 것들에서 비롯된다." 재현된 이미지가 우리가 보고 생각하고 판단하는 것에 대해 가지는 권력을 강조한 리처드 다이어Richard Dyer의 이 주장에 비추어 본다면, 할리우드가 재현하는 한국전쟁과 미국 군인의 모습은 분명 지금까지 누군가 한국전쟁을 기억하고자 하는 방식이었고, 기억해왔던 방식이며, 앞으로 누군가 한국전쟁을 기억할 방식일 것이다.[20]

할리우드 한국전쟁 영화 목록(1951~1953) 32편

The Steel Helmet (Samuel Fuller, Deputy Corporation, 1951)

Fixed Bayonets (Samuel Fuller, 20th Century Fox, 1951)

Korea Patrol (Max Nosseck, Jack Schwarz Productions, 1951)

Mask of the Dragon (Samuel Newfield, Spartan Productions, 1951)

Submarine Command (John Farrow, Paramount, 1951)

Tokyo File 212 (Dorrell and Stuart McGowan, Breakston-McGowan Productions, 1951)

A Yank in Korea (Lew Landers, Columbia, 1951)

I Want You (Mark Robson, Samuel-Goldwyn, 1951)

Why Korea? (20th Century Fox, 1951)

Submarine Command (John Farrow, Paramount, 1952)

Torpedo Alley (Lew Landers, Allied Artiest, 1952)

Back at the Front (George Sherman, Universal, 1952)

One Minute to Zero (Tay Garnett, RKO Radio Pictures, 1952)

Retreat, Hell! (Joseph H. Lewis, United States Pictures Productions, 1952)

My Son John (Leo McCarey, Rainbow Productions, 1952)

Glory Alley (Raoul Walsh, MGM, 1952)

Battle Zone (Lesley Selander, Allied Artists, 1952)

Mr. Walkie Talkie (Fred Guiol, Rockingham Productions, Inc, 1952)

Japanese War Bride (King Vidor, Bernhard Productions, 1952)

The Glory Brigate (D. Webb, 20th Century Fox, Robert 1953)

Battle Circus (Ricahrd Brooks, MGM, 1953)

Take the High Ground! (Richard Brooks, MGM, 1953)

Sky Commando (Fred F. Sears, Columbia, 1953)

Sabre Jet (Louis King, Carl Krueger Productions, 1953)

Mission Over Korea (Fred F. Sears, Columbia, 1953)

Cease Fire (Owen Crump, Paramount, 1953)

Combat Squad (Cy Roth, Border Production, 1953)

Flight Nurse (Allan Dwan, Republic, 1953)

Geisha Girl (George P. Breakston, Breakston-Stahl Productions, 1952)

Niagara (Henry Hathaway, 20th Century Fox, 1953)

Men of the Fighting Lady (Andrew Marton, MGM, 1954)

Bridges at Toko-ri (Mark Robson, Paramount, 1954)

(위 1954편 두 편은 휴전협전 이전에 이미 기획 제작과정에 있었기 때문에 한국전쟁 기간에 제작된 할리우드 한국전쟁영화 목록에 포함한다).[1]

---

1) Suid, Lawrence H., Sailing on the Silver Screen: Hollywood and the US Navy (Annapolis, MD: US Naval Institute Press, 1996), 94~113.

주

1) 이 균열된 한국전 참전 미군 이미지를 다룬 글은 다음과 같다. Lawrence H. Suid, *Guts and Glory: The Making of the American Military Image in Film*, Lexington, Kentucky: The University Press of Kentucky, 2002, pp.136~160; Thomas Doherty, *Projections of War: Hollywood, American Cinema, and World War II,* New York: Columbia University Press, 1999; 심경석, 「잊혀질 수 없는 기억: 할리우드의 한국전쟁 재현」, 『안과 밖』 vol.29, 2010, 326~351쪽.

2) 한국전쟁 시기부터 2000년 초반까지 할리우드가 제작한 한국전쟁을 소재로 한 영화 목록은 Robert J. Lantz, Korean War Filmography, Jefferson: McFarland, 2003 참조. 1954년도에 개봉된 두 편의 한국전쟁 영화는 휴전협정 이전에 이미 기획 제작과정에 있었기 때문에 한국전쟁 기간에 제작된 할리우드 한국전쟁영화 목록에 포함했다.

3) 3차 대전으로의 확산 가능성에 대한 이야기는 다음 책을 참조할 것. Lawrence H. Suid, *Guts and Glory: The Making of the American Military Image in Film*, p.137.

4) 할리우드의 한국영화 제작 배경, 과정 그리고 미국병사 재현에 관한 연

구는 다음과 같다. Lawrence H. Suid, *Sailing on the Silver Screen: Hollywood and the US Navy*, Annapolis, MD: US Naval Institute Press, 1996, pp.94~113; Colin Shindler, *Hollywood Goes to War: Films and American Society, 1939~1952*, London: Routledge, 1979, pp.127~139; Steven Casey, *Selling the Korean War: Propaganda, Politics, and Public Opinion*, Oxford: Oxford University Press, 2008, pp.205~232; Hey Seung Chung, *Hollywood Asian: Philip Ahn and the Politics of Cross-Ethnic Performance*, Philadelphia: Temple University Press, 2006, pp.120~168. 할리우드 영화배우 필립 안(도산 안창호의 둘째 아들)의 일생을 다룬 이 책의 5장은 특히 할리우드 전쟁영화 제작에 참여한 필립 안의 역할과 그 의미를 심도 있게 밝히고 있다.

5) Steven Casey, *Selling the Korean War: Propaganda, Politics, and Public Opinion*, p.219.

6) 할리우드의 반공산주의 영화의 제작(1948~1954), 반미활동위원회의 그리고 할리우드 내 공산주의자 블랙리스트에 대해서는 다음 책을 참조. Peter Lev, *The Fifties: Transforming the Screen, 1950~1959*, Berkely: University of California Press, 2003, pp.51~63, 65~86.

7) Colin Shindler, *Hollywood Goes to War: Films and American Society, 1939~1952*, New York: Routledge, 1979, pp.132~133.

8) 1950년 9월 인천상륙 작전 성공 이후, RKO의 영화 제작자 하워드 휴즈Howard Hughes는 한국전쟁터에서 미국공군과 보병의 협력을 그린 전쟁영화의 제작을 구상하고 워싱턴으로 간다. 이때만 해도 할리우드의 한국전쟁 참전이 좀 더 앞당겨 질 수 있었을 것으로 보였다. 하지만, 캐리 그랜트Cary Grant가 등장할 것이라는 소문까지도 나왔음에도 불구하고, 중공군 개입으로 전황이 악화되면서 이 계획은 무산되었다. 이후 할리우드 제작사들이 한국전쟁에 다시 관심을 가지기까지 6개월의 시간이 흘러야 했다. Lawrence H. Suid, *Guts and Glory: The Making of the American Military Image in Film*, p.137 참조.

9) Steven Casey, *Selling the Korean War*, pp.219~221.

10) David Douglas Ducan, *This Is War! Photo-Narrative in Three Parts*, New York: Haper and Brothers, 1951.

11) 브루스 커밍스·존 할리데이, 차성수·양주동 역, 『한국전쟁의 전개과정』, 태암출판사, 1898, 130쪽.

12) Andrew J. Huebner, *The Warrior Images: Soldiers in American Culture From the Second World War to the Vietnam War*, Chapel Hill, The University of North Carolina Press, 2008, pp.101~103.

13) Ibid., p.130.

14) Ben Shepard, *A War of Nerves: Soldiers and Psychiartrists in the Twentieth Century*, Cambridge, MA: Harvard University Press, 2001, p.242. Susan D. Moeller에 따르면 특히 전쟁피로에 시달리는 미국병사는 한국전쟁 초반 6개월 동안에 99%까지 이르렀으며, 1951년 89% 그리고 1952년에는 21%까지 감소한다.

15) 브루스 커밍스·존 할리데이의 앞의 책, 90쪽.

16) Steven Casey, *Selling the Korean War*, pp.219~221.

17) Ibid., pp.222~225.

18) 브루스 커밍스 외, 박의정 옮김, 『한국전쟁과 한미관계 The Korean-American Relationship, 1943~1953』, 청사, 1987. 일본의 하와이 진주만 공격 이후 최초의 대한정책 수립 이후부터 한구전쟁 휴전까지 한미관계의 계괄은 브루스 커밍스의 글 「한미관계의 경과, 1943~1953」, 13~77쪽 참조. 미국의 휴전전략과 포로송환 전략에 대해서는 바톤 J. 번스타인Barton J. Berstein의 글 「휴전에 대한 논쟁: 포론의 본국송환」(306~364쪽)을 참고하기 바란다.

19) Bill Mauldin, *Bill Mauldin in Korea*, New York: Norton, 1952, p.10.

20) Richard Dyer, *The Matter of Images: Essays on Representations*, London: Routledge, 1993, pp.1~5.

2부

기억

한국영화 속의 기지촌 여성*

김 윤 지

1. 잊혀진 공간, 기지촌

몇 해 전, 평택으로의 주한미군 기지 이전 문제로 한국사회는 주한미군과 그들의 기지 그리고 그 주변 주민들의 삶에 귀를 기울인 적이 있었다. 기지 이전을 반대하는 평택 주민들의 필사적인 시위로 촉발된 이 논쟁은 국익과 사적 이익의 갈등이라는 자본주의적인 논제에서부터 주한미군 주둔 자체에 대한 회의적인 시각에 이르기까지 다양한 화젯거리들을 만들어내며 첨예한 대립의 양상을 보였다. 어찌 보면 해묵은 화젯거리이기도 하지만 대립각이 너무나 예리했던 만큼 이 논란에 대해 한국사회는 또 한 번 주목할 수밖에 없었으며, 덕분에 미군 기지와 기지촌 그리

---

* 이 글은 필자의 「도구화된 타자, 기지촌 여성과 한국영화: 한국전쟁 이후 기지촌 여성을 다룬 영화를 중심으로」(『영화교육연구』 15집, 영화교육학회, 2013)를 수정, 보완한 내용이다.

고 그곳에 여전히 사람들이 살고 있다는 사실을 모두가 다시 한 번 주지하게 되었다.

미군의 기지와 그 주위를 둘러싸고 있는 기지촌. 이들은 이 땅에서 어떤 이유에서인지 늘 불편한 존재였다. 특히 그 공간에 살고 있는 사람들에 대해서는 더욱 그러했다. 여러 지식인들이 미군의 주둔 문제에 대해서 소리를 높였지만 그 기지로 인해 삶을 영위하고 있는 사람들의 문제에는 목소리를 죽였다. 전국 18개 도시에 만들어져 있으며 현재까지 30만 명이 넘는 사람들이 삶의 터전을 일구었던 곳이 바로 이 기지촌이란 공간인데도 말이다. 과연 무엇이 그곳과 그들을 이토록 불편한 존재로 만들었을까.

이 이유를 알기 위해선 먼저 기지촌이란 곳이 어떤 곳인가에 대한 이해가 선행되어야 한다. 사전적으로 기지촌은, 미군 기지를 중심으로 형성된 거주지와 상권을 일컫는다. 그러나 그 이면에 숨겨진, 그러나 모두가 알고 있는 보편적인 정의는, 미군과 성매매가 이루어지는 매춘시장을 의미한다. 혹은 그러한 매춘시장이 형성된 공간과 성매매를 업으로 살아가는 사람들의 집단 거주지를 뜻한다. 지리적 차원에서는, 1945년 미군이 이 땅에 주둔하면서부터 만들어진 동두천, 의정부, 오산, 군산, 평택, 부산 등의 미군기지 정문을 마주보는 형태로 건설된 성매매를 생계수단으로 하는 한국인들의 거주지가 바로 기지촌이다.[1] 비록 현재는 기지촌에서 한국 여성들이 사라지고 그 자리를 필리핀 주스걸[2]들이 대신하고 있지만 이 한반도라는 공간에서 기지촌은 아직도 사라지지 않고 있다.

성매매가 불법인 나라에서 한국 남성도 아닌 외국인 군인을 위해 성매매를 하는 여성과 그들에게 기생하는 한국인들이 사는 공간인 기지촌이 결코 한국인에게 편안한 대상일 수는 없을 것이다. 그래서 오랫동안 이곳과 이곳 사람들은 배척의 대상이었으며 더러움의 상징이었다. 우리와는 다른 무엇인가였으며 그러므로 우리가 그들을 보호하고 기억해야 할 이유는 없었다. 그래서 한국사회의 모든 시간이 그들을 미처 알지 못했던 것처럼 역사마저도 그들을 잊어버렸다. 그러나 이 공간은 여전히 이 땅에 존재하며 그곳의 구성원들이 한국사회의 한 부분을 차지하고 있는 이상, 이들을 간단하게 잊어버리고 타자화하는 것으로 기지촌과 기지촌 사람들의 문제를 종결지을 수는 없을 것이다. 그들은 외면함으로 지워버릴 수 있는 과거가 아니기 때문이다.

역사는 기억하는 것으로부터 시작한다. 그래서 지금 이곳 기지촌을 기억하고자 한다. 그러나 이 글에서는 기지촌을 미군기지 주변에 형성된 어떤 물질적인 공간이 아니라 그곳에 사는 사람 특히 여성으로 한정하여 기억하고자 한다. 기지촌이 성매매를 주업으로 하는 공간이니만큼 이 기지촌이라는 공간의 주인공은 여성이며 이들의 삶이 바로 기지촌의 역사가 되어 줄 것이기 때문이다.

그러나 그들을 온전히 비춰줄 거울을 우리는 지금 가지고 있지 않다. 숨겨진 역사의 파편들, 기지촌 여성들을 둘러싼 범죄의 기록들[3] 혹은 이제는 기지촌 할머니가 된 그들의 단편적인 기억들뿐이다.[4] 그래서 그들의 역사를, 그들을 그린 영화를 통해 만나고자 한다. 기지촌이라는 공간이 건설되고 난 이후부터 한국영화에는 기지촌 여성을 소재로 한 영화들이 줄곧 등장해왔다. 섹시한 여성으로서의 그들부터 가엾은 피해자로서의 그들까지. 실로 다양한 모습으로 소재가 되었던 기지촌 여성의 모습을 찾아보고 그 모습을 기지촌의 기록들과 대조해보고자 한다. 이러한 작업은 한국사회가 그들을 기억하는 방식과 잊어버린 방식 그리고 기억하고 싶어 하는 방식이 어떤 것이었는지에 대한 해답을 보여주게 될 것이며, 외면과 왜곡의 시간을 거친 기지촌 여성의 모습을 찾는 과정은 한국사회가 기지촌을 인식하는 기저의식이 어떤 것인지에 대해 생각하게 해 줄 것이다.

2. 그곳, 기지촌

한국의 현대사는 너무나 비극적인 사건들의 연속이라 할 수 있다. 그리고 그 비극적인 역사들 중에서도 한국전쟁은, 무엇과도 비교할 수 없는, 슬픈 사건이다. 수많은 인명의 희생뿐만 아니라 1953년 이 비극적 전쟁이 휴전이라는 미완의 맺음을 지은 채 끝나는 순간, 한국사회는 또 다른 아픔과 마주서야만 했기 때문이다. 북한이라는 절체절명의 주적 등장, 폐허가 되어 버린 전 국토, 독립 후 가까스로 마련해 놓은 경제적 발판의 상실, 해체된 가족 등 한국사회는 그 동안 이뤄왔던 모든 것들을 다 잃어버렸다. 극심한 가난이라는 단어 정도로는 설명할 수 없는 생존의 문제에 거의 전 국민이 대면해 있고 외국의 원조가 아니면 자국의 경제력이라는 것이 존재할 수조차 없는 지경에 이르러 있었다. 이런 극한의 상황 속에서 미군의 한국 주둔은 당연하고도 반가운 일일 수밖에 없었다. 동맹국 미국의 든든한 지원은 북한을 견제할 수 있는 가장 강력한 수단이었으며 미국이 주는 경제 원조는 한국의 생존을 가능하게 했기 때문이었다. 독립 이후 미군이 잠시 주둔하긴 했었지만 1949년 미군이 철수[5]하고 난 후 일어난 한국전쟁은 다시금 한국사회가 미군을 환영하며 맞이하게 만들었다. 그리고 미군이 돌아온 지역엔 기지촌이란 이름의 마을이 만들어지기 시작했다.

한국전쟁 전인 1945년부터 1949년까지는 미군기지촌이 생성되는 시기라고 볼 수 있다. 미군들에게 휴양과 재충전의 기회를 제공하기 위해 미군관료들은 이때 직접 휴양군락을 만들기 시작했다.[6] 그때 당시 남아 있던 일본식 공창의 색을 지우고 미국식 성매매의 형태를 군락에 접목시켜 새로운 형태의 매춘문화를 형성해 나갔으며 이 군락이 훗날 기지촌의 모태가 되었다.

1950년부터 1959년까지는 본격적인 형태의 기지촌이 만들어지고 확산되는 시기라 할 수 있다. 1950년 부산에 미군과 유엔군을 위한 위안소가 설치되었고, 마산에도 역시 5개의 위안소가 만들어졌다. 1951년에는 부산에 위안소 74개와 댄스홀 5개가 설치되었다.[7] 1957년 미군의 외출과 외박이 허용되면서 위안소들은 크게 번창하기 시작했고 정부가 나서 위안소 여성들의 성병 검진을 할 만큼 이 위안소의 등장에는 정부의 입김이 크게 작용하고 있었다.[8] 이렇게 한국전쟁과 함께 이 땅엔 정부가 비밀리에 양성하는 기지촌이 형성되기 시작했으며 한국인을 위해 대신 전쟁을 치러준 군인들에 대한 보답이란 의미로 이곳 기지촌의 성매매는 정당화되었다.

1960년부터 1969년까지는 기지촌 내 자본주의적 매춘시장이 생성되는 시기라 볼 수 있다. 이런 의미에서 1960년대 기지촌은 1950년대의 그것과는 그 의미가 좀 상이하다. 간단하게 정리하자면 1960년대 기지촌의 성매매는 일종의 외화벌이 수단이었다. 제3공화국은 1961년 '관광사업진흥법'을 제정해 이태원과 동두천 등 전국 104곳에 특정 윤락지역, 345개의 유흥장소를 설치했다. 이 법은 "외국인 내한에 대비"한다는 명목으로 만들어졌으나 실상은 기지촌의 법적 근거를 마련하기 위한 것이었다. 1962년부터는 미군의 요구에 맞춰 기지촌 여성의 성병을 관리하기까지 했다. 이에 여성들은 검진증을 늘 가지고 다니면서 자신이 성병에 감염되지 않았음을 증명해야만 했다.[9] 미국의 원조와 함께 미군 기지촌에서 벌어들인 외화가 기지촌의 생계만 아니라 한국경제의 주요 재원[10]이 되면서 한국정부는 이렇게 기지촌 매춘을 정책적으로 지원하게 되었고 이 때문에 1960년대 중반이 되면 기지촌의 매춘시장은 유래 없는 큰 호황을 맞이하게 된다.[11]

1970년부터 1980년대 중반까지는 기지촌에 대한 한국정부의 통제기라 할 수 있다. 1960년대 말부터 미군은 한국에서 서서히 철수를 하고자 하고 있었다. 그러다 1970년 '닉슨 독트린'이 발표되자 1960년대 말 약 6만 2천 명에 달하던 미군이 1971년엔 약 2만여 명이 철수하며 4만 5천여 명으로 줄어들게 된다. 주한미군의 이러한 감군정책은 당시 정부에겐 커다란 위협이 아닐 수 없었다. 주한미군의 존재는 정권을 안정시키는 가장 유효한 장치 중의 하나였기 때문에 당시 정권의 긴장은 극에 달해 있었다. 이런 와중에 1971년 여름, 미군들 간에 인종차별이 원인이 된 흑백 간의 싸움이 기지촌마다 벌어졌다. 미군당국이 이 싸움을 중재하는 과정에서 미군들이 "기지촌 여자들이 더럽다"며 개선을 요구하자 미군측은 한국정부에 기지촌 정화사업을 요구하게 된다. 미군의 감군정책으로 눈치를 보고 있던 정부로서는 이러한 미군의 요구에 즉각적으로 반응하지 않을 수 없었다.[12] 미군당국의 요구는 즉각 받아들여졌고 이에 그 동안 비정기적으로 이루어져 왔던 성병진료가 매주 2번 실시되었고 전국의 기지촌에는 성병진료소가 세워지게 되었다. 한국정부는 결국 기지촌 정화사업을 통해 기지촌 매춘에 깊숙이 개입하게 되었고 직접적으로 관리와 단속을 실시하면서 '성매매는 불법'이라는 정부의 대외적 명분까지 완전히 포기하게 되었다. 이런 위험을 감수하면서도 한국정부는 기지촌 정화사업에 온 힘을 기울였는데, 여기에는 기지촌 매춘이 한-미 간의 동맹을 공고히 하는 매개라 믿는 정부의 신념이 존재하고 있었다. 다시 말해 주한미군이 보여준 기지촌 정화사업은 워싱턴의 의사결정자들에 대해서는 주한미군의 조직 이해를 방어하기 위한 수단이자 워싱턴의 정책과는 상관없이 한국에 미군이 남겠다는 약속의 상징이었으며, 한국정부에게는 미국의 책임 이행을 독려하기 위한 주민과 자원을 이용한 '민간 외교'의 필수불가결한 한 부분이었던 것이다.[13] 그러나 이런 한국정부의 관리와 단속은 결국 기지촌 여성을 공창의 성격을 지닌 일종의 성노예로 전락하게 만들었다.

1980년대 중반부터 현재까지는 기지촌의 매춘산업화 시기이다. 공창의 성격이 짙어진 기지촌의 성매매는 1980년대 자유화 바람을 타고 안정적으로 산업화를 시도하게 된다. 공인된 성산업 기지가 마련된 것이다. 공공연한 성매매 산업의 집결지로 명맥을 유지하던 기지촌에도 1990년대가 되면서 변화의 바람이 일기 시작했다. 1990년대 초반까지 기지촌에서의 한국인 여성의 수는 우위를 차지하고 있었다. 그러나 경기 위축과 미군의 감소가 맞물리면서 기지촌 내 한국인 여성의 수는 급격하게 줄어들게 되었고 그 빈자리를 필리핀 이주 여성들이 채우게 된다.[14] 새로운 성노예 필리핀 주스걸들이 이 땅에 만들어지게 된 것이다. 이로써 한국 땅에는 기지촌만이 남고 한국인 기지촌 여성은 사라지게 되었다.

3. 한국영화 속의 기지촌 여성

한국영화에서 드러나는 기지촌은 실재하는 공간이라기보다는 무언가를 표상하고 상징하는 공간에 가깝다. 그래서 한 영화에서는 기지촌이란 공간이 민족적인 자존심이 훼손되는 장소로 보여지기도 하며 또 한 영화에서는 미군 범죄가 벌어지는 사악한 공간으로 그려지고 또 다른 영화에서는 인간적이고 원초적인 욕망이 꿈틀대는 지점으로 드러나기도 한다. 지금도 누군가에겐 그저 살아가고 있는 공간일 뿐이지만 유독 한국영화에서 이 기지촌이란, 의도된 무엇인가를 드러내는 문제적 지점이다. 그리고 그 기지촌에 살고 있는 여성, 영화에서 그들은 양공주 혹은 양부인으로 불리며 정형화된 이미지들로 등장한다. 화려하게 꾸민 아름다운 여성이거나 어울리지 않은 의복을 걸친 가련한 여인이거나 또는 운명의 굴레를 벗어나지 못하는 비운의 피해자이다. 실재하는 공간은 표상이 되었고 그곳의 주인공은 이미지가 되었다. 영화 속에서조차도 아직 한국사회는 그들을 마주 바라볼 준비가 되어 있지 않는 것처럼 보인다.

1) 가족을 위해 기지촌으로 떠난 여성들

1950년대는 민족 분단이 고착화되는 시기이자 또 이후의 정치·경제를 틀 지운 기본구조가 자리 잡게 되는 중요한 시기이다. 해방 후부터 한국전쟁을 거치면서 형성된 정치·경제적인 양상은 1950년대를 거치면서 구조화되고 각인되었다. 특히 한국의 경제는, 해방과 미군정 그리고 한국전쟁을 거치면서 소수의 한국인과 주둔해 있는 미군들에게 재화의 상당부분이 집중되었고 이 상태는 1950년대를 거치면서 더욱 공고해져갔다.[15] 즉, 1950년대를 거친 한국사회에는 재화를 가진 소수의 한국인과 미군, 그리고 재화를 전혀 갖지 못한 대부분의 한국인이 살고 있다고 봐도 과언이 아니었다. 때문에 전후 가장의 부재를 대신해 가족의 생계를 책임져야 했던 여성들은 이들 세력에 유착할 수밖에 없었고 이러한 사회적 현실이 미군을 상대로 하는 여성들을 만들어내게 되었다.

1961년과 1964년에 개봉한 <오발탄>(유현목, 1961)과 <육체의 고백>(조긍하, 1964)에는 이런 현실을 살아가고 있는 기지촌 여성들이 등장한다. 영화에서 양공주[16]라 불리는 이들은 가난에 쫓겨 미군들에게 몸을 파는 여성들이다. <오발탄>에 등장하는 철호의 여동생 영숙은 명동 거리에서 미군들을 상대하는 양공주로 불법매춘으로 경찰서를 들락거린다.[17] 계리사라는 직업을 가진 번듯한 가장이 있지만 재화를 갖지 못한 이들 가정은 오빠 철호의 소득만으로는 생계를 유지할 수가 없다. 가장인 철호는 썩어가는 치아 하나를 치료할 돈이 없고 아이를 낳다 죽은 아내의 병원비 역시도 없다. 월급을 받아도 일곱 식구의 삶은 빠듯하기만

하다. 이런 현실에 영숙은 밤이면 짙은 화장을 하고 미군을 상대하러 거리로 나선다. 그리고 이렇게 벌어온 돈으로 철호 아내와 아이의 병원비를 댄다. 가장인 철호, 둘째 오빠인 영호가 있지만 결국 철호의 다음 세대를 이어갈 수 있게 만드는 돈은 양공주인 영숙으로부터 나온다.

<육체의 고백>에서는 더욱 직접적으로, 가족을 부양하는 어머니로서의 양공주가 등장한다. 텍사스 바의 양공주인 프레지던트는 그 성품이 매우 정의롭고 인정이 많으며 리더쉽이 있어 양공주들 사이에서 엄마 역할을 한다. 그리고 실제로 그는 세 딸의 어머니이기도 하다. 서울에서 대학을 다니는 세 딸은 어머니가 부산에서 양장점을 운영하여 학비를 댄다고 믿고 있으며 어머니의 경제적 지원 덕분에 서울에서의 유학 생활이 늘 여유롭다. 그러나 어머니는 엘리트 화가였던 아버지가 생계를 책임지지 못하고 죽자 딸들을 키우기 위해 공장에서부터 식모살이, 공사판, 노동일까지 하며 살아온 인물로 그려진다. 그러다 공사장에서 사고를 당해 불구가 된 이후 양공주가 되고 현재 어머니는 미국 해군들에게 몸을 팔며 살아가고 있다. 자신의 더러운 삶에 대해 증오를 쏟아내면서도 어머니는 딸들의 학비를 대기 위해 양공주의 삶을 감내한다.

이 영화에서 양공주인 어머니는 완벽한 가장으로서의 역할을 해내고 있다. 심지어 아주 능력 있는 가장이기도 하다. 1960년부터 1963년까지를 배경으로 하는 이 영화에서 세 딸은 모두 대학을 다니고 있으며 막내딸은 바이올린까지 전공하고 있다.[18] 딸들은 서울에서 갖고 싶고 하고 싶은 모든 것들을 풍족하게 누리며 살고 있다. 결국 딸들의 행복을 위해 더 많은 돈이 필요해진 어머니는 밀수에 손을 대게 되고 그로 인해 옥살이까지 치르게 된다. 그러나 이런 와중에도 어머니의 관심은 오로지 딸들을 향해 있으며 자신의 희생에 대해 억울해하지 않는다. 그리고 영화는 이러한 프레지던트의 어머니로서의 삶에 집중하며 양공주로 살면서 잃

었던 윤리와 도덕성에 대해서 조금도 비난하지 않는다. 결국 그는 자살로 생을 마감하지만 그의 장례는 성대히 치러지며 그 삶의 고귀함과 가치, 자식을 키우기 위해 자신의 모든 것을 내놓은 헌신적인 어머니에 대한 울림만이 영화의 끝에 남는다.

이 두 영화에서 나타나는 양공주들에겐 일련의 공통점이 있다. 영숙과 프레지던트 양자 모두는 양공주가 되기 전 극도의 빈곤 상태에 놓여 있었고 이들에겐 다른 직업을 선택할 수 있는 여지가 주어지지 않았다. 특별한 재능이 없는 영숙이나 절름발이가 된 프레지던트는 한국사회 안에서 안정된 일자리를 가질 수 없는 이들이었고 결국 돈을 벌기 위해선 그들을 받아주는 공간인 기지촌으로 들어올 수밖에 없었다. 그리고 그들은 미군을 상대로 매춘을 하고 있지만 그로 인해 만들어진 재화는 가족들을 위해 사용했다. 그리고 그들이 벌어들인 돈은 가족들의 생계에 필수불가결한 것이었다. 즉 그들의 매춘활동은 가족의 생활을 가능하게 하는 것이었고 따라서 이 행위는 가족들에게 받아들여졌다. 동생의 매춘을 알고 있었지만 철호는 그런 누이이게 아무 말도 하지 않는다. 뿐만 아니라 그 누이가 주는 돈을 받아 아이의 병원으로 달려간다. 프레지던트는 자신의 매춘을 자녀들에게 감추고 싶어 하지만, 결국 들통이 나고 이 사실을 알게 된 딸들은 그를 이해한다. 이미 자살한 후이긴 하지만 딸들과 사위들은 그를 어머니로 받아들이고 그의 희생정신에 존경을 표한다.

영화의 배경이 되는 1950년대와 1960년대는 그 어느 때보다도 순결 이데올로기가 강조되는 시기였다. 그런 시기에 한국 남성도 아닌 외국 남성을 상대로 하는 성매매가 쉽사리 용인되었을 리가 만무하다. 그러나 영화의 그들은 이해받고 받아들여졌다. 그들은 어떤 이유로 용인될 수 있었던 것일까? 해방 이후 5년 만에 한국전쟁을 치르고 한국사회는 피폐해질 대로 피폐해져 있었다. 1950년 시행된 농지개혁의 여파로 지주에게

균분해야 할 수확량은 정해져 있고 전쟁으로 수확량은 감소하였다. 1951년에는 임시 토지수득세법이 시행되어 농민들의 실제 소득은 전체 수확량의 절반에도 채 미치지 못했다. 전쟁 동안 물가는 연평균 100% 이상 올랐고 미국의 곡물원조와 저곡가 정책으로 인해 농촌사회의 지주와 소작농은 대부분 몰락했다. 몰락한 그들은 도시로 이주하여 도시의 잉여인구로 전환되었다. 도시는 인구로 넘쳐나고 일자리는 부족했으며 생계를 유지하는 것이 삶의 목적이 되는 시기가 바로 1950년대였다. 더욱이 배우지 못한 가난한 여성들은 도시의 최하층이 되어 단순, 미숙련 분야에 대거 투입되었는데 이곳의 살인적인 저임금은 여성들을 매춘시장으로 몰아넣기에 충분한 것이었다. 1953년 한국의 GNP가 67달러일 때 양공주화대 5달러는 매우 큰 수입이 아닐 수 없었으며 그들의 이러한 수입은 그들의 가족들을 부양할 수 있도록 만들었다. 때문에 실제적인 가장의 위치에 서야 했던 많은 젊은 여성들이 기지촌으로 유입될 수밖에 없었던 것이다. 살아남기라는 말이 그 어떤 가치보다 앞선 때, 양공주라는 직업의 미천함과 유해를 따지기 전에 양공주가 된 그들에게는 식구들을 부양해야만 했다는 면죄부가 주어지게 된 것이다. 단, 그들이 자신들의 성적 욕망을 스스로 드러내지 않는다는 전제하에서 말이다.

2) 그러나 처벌받아야만 하는 여성

서양 사람의 부인을 뜻하던 양부인이란 단어는 전후, 주한미군들과 살림을 하며 그들을 통해 얻어낸 미국산 물자로 비교적 넉넉한 생활을 하는 여성들을 지칭하는 단어로 그 의미가 변화하게 되었다. 1950년대 전쟁 직후부터 기지촌이 본격적으로 형성되면서 기지촌에는 이런 양부인들이 적지 않게 등장하게 되는데, 이들이 미군의 현지처로 살아가면서 미국문화를 적극 받아들이고 미국상품 밀매를 통하여 부를 축적해가면서, 이 양부인들이 영위하는 삶의 방식은 당시 극도로 빈곤했던 한국 여성들에게 하나의 대안적 삶의 형태가 되어가고 있었다.[19] 때문에 당시 등장한 다수의 문학작품들에서 이 양부인이라는 존재는 매우 비중 있게 거론되고 있다. 오상원의 『난영』(1956)이나 강신재의 『해방촌 가는 길』(1957) 같은 작품에서는 이러한 양부인이 심지어 화제의 중심에 위치하기도 한다. 『난영』에 등장하는 송 선생의 부인, 『해방촌 가는 길』의 기애는 모두 양부인들이며 그들은 그 생활을 통해 각자의 가족을 건사하고 자아를 찾아간다. 현지처 형식의 매춘을 하는 이들 여성들을 향해 소설의 필자들은 비난과 원망을 늘어놓는 대신 그들 삶의 당위성을 찾아주고 "악 속에도 아름다움은 있다"라며 양부인의 삶에 역성을 들어준다. 전쟁으로 남성의 경제능력이 상실된 공간에서 여성들이 가족을 살리기 위해 선택해야만 했던 양부인의 삶에 대해 도덕적 잣대만을 들이대는 것이 얼마나 불합리한가에 대해 소설의 필자들은 이미 동의를 하고 있는 것 같다.

그러나 그에 비해 같은 시기 등장한 신상옥 감독의 영화 <지옥화>(1958)에서는 그 양상이 매우 다르게 나타난다. <지옥화>는 비도덕이 삶의 수단이 되어 버린 전후 한국사회의 모습을 치정멜로드라마라는 영화적 형식을 통해 드러내고 있는 작품이다. 형을 찾기 위해 상경한 남자가 끝내 형을 자신의 눈앞에서 떠나보내게 되는 비극적 이야기인 <지옥화>는, 미군 부대를 약탈하며 살아가는 한 청년과 그와 함께 시골에서 소박하게 살기를 원하는 또 한 청년의 이야기이자 소냐라는 한 여성의 삶을 그린 영화이다.

소냐, 그는 아름답고 부유하며 자신의 감정에 충실한 여성이다. 미군 장교를 상대하여 이미 많은 부를 축적했으며 마치 부유한 집안의 안주인 같은 복식과 생활 방식을 영위하며 살아가고 있다. 자신의 애인에게 거침없는 애정표현을 하고 영어를 자연스럽게 사용하며 수영을 취미로 하고 맥주를 일상적으로 마시는 그는 양부인이라는 첫 장면의 언급이 없었더라면, 부유한 가정의 한 여성으로 보일 정도이다. 게다가 당당한 태도로 시종일관 자신감 있게 자신의 의견과 감정을 피력하는 소녀의 모습은 1950년대라는 시대적 배경을 감안한다면 매우 이질적으로 느껴지기까지 한다. 이런 소녀라는 인물을 묘사하기 위해 영화에서는 다양한 에피소드가 펼쳐지긴 하지만, 그 어떤 내러티브적인 묘사보다도 더 눈에 들어오는 것은, 바로 소녀의 외향이다. 드레스, 숄, 크고 과한 장신구들이 소녀를 묘사하는 가장 이상적인 도구로 활용되고 있는 것이다. 그리고 소녀의 이러한 겉모습은, 그의 의식세계를 유추하게 만드는 장치로 이용된다. 마치 『해방촌 가는 길』[20]의 기애가 어느 순간 검소한 자신을 부끄럽게 여기며 화려함과 자유분방함이 스스로를 아름답게 만든다는 것을 깨닫는 것과 동시에 자신을 억누르던 옛 사고방식에서 벗어나는 것처럼, 소녀의 화려한 옷차림은 소녀의 정신세계가 그 시대를 짓누르던 보편적인 정서와 이미 결별하고 있을 것이라는 점을 명시한다. 즉, 구시대의 가치관을 묵살하고 미국으로 대표되는 서구 문명의 사고를 받아들인 여성으로서 <지옥화>의 소녀가 존재하고 있는 것이다. 이것은 당시 양부인[21]들이 한편으로는 미군과 교제하며 성을 파는 윤락의 경계에 서 있기도 했지만, 또 한편으로는 그 시대의 일탈과 해방의 상징이기도 했던 사실의 영화적 표현이다.

그러나 <지옥화>의 소녀는 처벌된다. 새로운 사랑을 선택했다는 그의 결정은 형제간의 치정에 얽혀 소녀에 대한 처벌로 결론 내려진다. 아니 사랑으로도 표현되지 않는다. 소녀의 선택은 성적 방종으로 코드화되고 소녀는 이 방종의 대가를 치른다. 이것은 이 시기 많은 문학작품과 영화에서 남성의 여성편력이 성장에 필요한 일종의 통과의례와 같은 것으로 상정되는 것과는 매우 대비되는 지점이다.

소냐에 대한 이러한 처벌은 1950년대를 지배했던 당시의 성담론과 연관 지어 생각해봐야 한다. 1950년대 성담론은 합리적인 논리로 여성의 성을 통제하고 여성을 가정에 안착시키고자 하는 것을 목적으로 하고 있었다.[22] 순결을 지키지 못한 여성을 응징하고 여성의 성적 욕망을 그릇된 것으로 만들어 여성의 성을 가정과 가부장에게 존속시키려는 의도를 다분히 띠고 있었던 것이다. 따라서 당시 대중문화 전반에 걸쳐 여성의 육체에 대한 관심이 표면 위로 드러나긴 했지만 그 논리에 따라 자신의 육체적 욕망을 쫓은 여성인물들은 불행한 결말을 맞았다.[23] 게다가 그들은 성윤리 이외의 삶도 비도덕적이어서 처벌받아 마땅한 경우들이 대부분이었다. <지옥화>의 소냐는 이러한 인물형에 해당된다. 형제간의 분란을 유발하고 영식이 죽을 줄 알면서도 그의 도둑질을 밀고하는 소냐의 행위는 소냐를 처벌할 당위성을 강화시키는 장치로 작동하여 성적 방종을 일삼은 소냐의 대한 영화적 응징을 이뤄냈다.

<지옥화>에는 소냐와는 차별화되는 또 다른 양부인 주리가 등장한다. 그리고 소냐와 주리의 영화적 결말을 보면, 소냐의 처벌이 1950년대의 성담론과 매우 잘 합치하고 있다는 점이 더욱 확연하게 드러난다. 주리는 한국전쟁 통에 모든 가족을 잃고 기지촌에 들어와 살고 있지만 그 맘 한편에는 이곳을 떠나서 제대로 살 수도 있다는 희망을 품고 지내는 인물이다. 결혼을 해서 행복한 가정을 꾸리고 싶어 하는 주리는 동식을 짝사랑하다 그가 고향으로 가서 살자고 하자 어떤 조건도 없이 동식을 따라나선다. 순종적인 여성상을 보여주는 주리는 영화 내내 단정한 몸가짐을 보여주며 기지촌에 살고 있는 여성이지만 다른 이들의 말과 행동이 그와는 다르다는 점이 부각되는 인물이다. 이런 주리는 결국 동식의 선택을 받아 시골로 새 삶을 찾아 떠나가게 된다. 시골로 떠나는 주리는 행복

한 웃음을 띠며 버스에 앉아 있다. 이 장면은 죽음으로서 자신의 죄를 갚아야 했던 소냐의 마지막 모습과 대조를 이루며 묘한 울림을 만들어낸다.

그들은 둘 다 기지촌의 양부인들이다. 한국사회가 아무 제재 없이, 아무렇지도 않게 받아들여 주지 않을 그런 존재들이다. 그런데 이 영화에서 한 명의 여성은 죽음을 맞고 다른 한 명의 여성은 새 삶을 찾았다. 이 둘의 근본적인 차이점은 무엇이었을까.

자신을 사랑했던 남자의 손에 무참히 죽어간 소냐는 한국전쟁 이전의 한국사회가 갖고 있던 질서와 모랄을 교란하는 여성이었다. 오직 어머니와 아내로만 규정되어 있던 획일적인 여성상을 거부하고 자신의 욕망대로 움직이는 한 인간이자 여성이길 원했던 존재가 바로 소냐인 것이다. 그리고 소냐의 이러한 자의식은 비록 영화에서 직접적으로 드러나고 있진 않지만 그 당시 미군을 통한 미국문화와의 교류에서 기인한 의식의 변화일 것이다. 그리고 그런 자의식의 변화를 보였던 소냐는 죽음을 맞았다. 그에 비해 "아버지만 살아 계셨어도 좋은 짝을 만났을 텐데"라고 말하는 주리는 한국사회가 지켜오던 전통적 질서를 동경하고 있다. 비록 그의 도덕성은 기지촌에서 부서졌지만 주리는 아내와 어머니의 자리를 동경하고 갈구함으로 동식의 선택을 받아 다시금 행복한 새 날을 기약하게 된다. 아내이자 어머니가 되고자 하는 모성적 욕망은 주리가 사회와의 끈을 놓지 않게 만들어 준 가장 결정적인 단초였던 것이다. 이런 모성적 욕망이 양부인에게 용서의 빌미를 만들어주는 예는 앞서 언급한 『해방촌 가는 길』에서도 찾을 수 있다. 『해방촌 가는 길』의 기애는 현지처에서 벗어났지만 다시 제 발로 다른 미군의 현지처가 된다. 그런 기애지만 소설의 결말은 기애를 동정하고 옹호한다. 다름 아니라 기애는 자신의 아이는 아니지만 동생의 양육을 책임지고 있기 때문이다. 어머니의 정신적 부재로 인해 기애는 중학생 동생의 실질적인 보호자였고 그로 인해 기애의 이런 선택은 비난받지 않고 이해받는다. 즉 모성을 통해 면죄부를 얻은 것이다.

이렇게 한국사회는 여전히 모성과 그 모성을 안착시킬 가부장제를 통해 한국 여성을 바라본다. 그리고 그 시각에서 기지촌 여성을 또한 바라보고 있다. 전쟁 후 한국사회의 혼란은 이루 말할 수 없는 것이었다. 경제적 빈곤에서부터 정치적 혼란, 미국 문화의 급속한 유입까지. 사람들의 의식은 급격하게 변해갔고 사회 전체의 이러한 격동적인 움직임은 사람들 간의 인식의 격차를 너무나 크게 벌려 놓았다. 특히 미국의 문물이 들어오면서 자유민주주의 사상과 한국의 전통적인 이데올로기는 갈등을 빚었고, 당시 한국의 교육계는 민주적인 정치사상과 유교적인 사회사상이라는 결합체를 만들어 냄으로 그 격차를 줄여보고자 하고 있었다. 그러나 이러한 일련의 노력에서 가장 문제가 되는 것은 바로 젊은 여성들의 의식변화였다. 때문에 1950년대 성담론은 미국문화에 의해 해방되어가고 있는 여성들의 인식을 되돌려 놓은 것을 가장 큰 목적으로 하고 있었다. 그래서 한국사회의 여성들은 이전의 방식대로, 아니 조금은 더 완고한 방식으로 아내이자 어머니여야 했던 것이다.[24] 하지만 이런 질서를 무너뜨리며 한국사회와 미군 기지를 오고가는 젊은 여성들이 있었으니 바로 그들이 양부인이었다. 당시 한국 여성들에 비해 소득 수준이 훨씬 높았던 양부인들은 화려한 외향과 부의 축적을 통해 또 다른 젊은 여성들의 일탈을 부추기고 있었고 당연히 이런 여성들에 대한 시선이 고울리 만무했다. 그러므로 영화는 소냐라는 양부인을 죽음이라는 장치로 처벌해야만 바뀌어가는 여성의 인식을 전쟁 이전의 그것대로 복귀시킬 수 있었을 것이다.

휴전으로 인해 존재하게 된 주한미군이라는 존재, 그리고 그들을 둘러싸고 만들어진 기지촌이라는 공간 그리고 그 공간 속의 여성 양부인. 그리고 그들의 욕망. 그것은 이미 생계의 문제를 벗어나 있는 것이었고 마치 신여성의 그것처럼 오로지 욕망으로만 존재하는 그들의 욕구는 전후 복구를 위해 반드시 억압되어야만 하는 것이었다. 그래서 양부인은 처형되었고 그들의 처형엔 죄의 대가라는 굴레가 지어졌다.

3) 죄의 굴레가 되어 버린 기지촌의 어머니들

기지촌 여성으로 표상되는 기지촌이란 공간은 한국인들에게 양가적인 감정을 불러일으키곤 한다. 그곳은 힘들었던 과거를 떠올리게 만드는 어두운 기억의 공간이기도 하지만 한편으로는 알 수 없는 전설이 되어버린 이상하리만치 매혹적인 공간으로 다가오기도 한다. 낯선 음악과 춤 그리고 섹스가 혼재하는, 내국인 사회 안에서는 음성적으로밖에 허락되지 않았던 많이 것들이 법망의 테두리 안에서 허용되던 그런 공간으로써 말이다. 그래서인지 이제 우린 너무나 쉽게 그 공간을 살아온 사람들을 화려하고 유혹적인 존재로 낙인찍어 버린다. 그리고 그곳을 기억하며, 그곳의 그들을 타락했다고 상정한다. 그들이 죄인이 아닐 수도 있다는 가정은 하지 않은 채로 말이다.

<사랑하는 사람아>(장일호)와 <겨울 나그네>(곽지균)의 주요 화자는 기지촌 여성이 아니라 그들의 딸과 아들이다. 각각 1981년 작과 1986년 작인 이 두 작품은 기지촌 출신의 어머니를 둔 자식들의 삶을 이야기하고 있다.

<사랑하는 사람아>에서 서영주는 간호사로 부잣집 아들 강세준과 사랑하는 사이다. 둘은 진심으로 사랑하는 사이로 양가의 축복을 받으며 결혼을 준비하고 있었다. 그러나 영주 어머니가 과거 기지촌 출신이라는 사실이 밝혀지면서 둘의 사이는 급격하게 달라진다. 영주 어머니의 과거

를 안 세준은 방황하고 영주의 과거도 아닌 어머니의 과거를 캐기 위해 기지촌으로 달려간다. 세준의 집에서도 그런 영주를 집안에 들일 수 없다고 강하게 반대하고 세준은 영주에게 어머니의 과거를 밝히며 이별을 요구한다. 그리고 세준에게 어머니의 과거를 듣게 된 영주는 세준의 이별요구를 당연하게 받아들인다. 마치 어머니의 기지촌 생활이 너무나 큰 죄라 변명의 여지도 항변할 가치도 없는 것처럼 말이다. 자신을 키우기 위해 했던 부득이한 선택이었다는 것을 알면서도 영주는 세준에게 단 한마디도 어머니의 입장을 대변하지 않는다. 그리고 영주의 파혼이 자신의 과거 때문임을 알게 된 영주 어머니는 심장마비로 세상을 뜨고 만다. 딸에게 과거를 숨겨왔던 영주의 어머니는 자신의 과거로 인해 딸이 고통받자 그 충격으로 이내 숨을 거둬 버린 것이다.

이 영화에서 기지촌이란 존재는 너무도 어마어마하게 다가온다. 모티브가 되는 사진에는 다만 진한 화장을 한 영주의 어머니와 미군이 함께 찍혀 있을 뿐인데 이 사진으로 인해 인물들의 운명은 완전히 달라지고 만다. 어머니는 죽고 영주는 세준의 아이를 가진 채로 숨어 살아야만 했다. 세준은 사랑하지도 않는 여자와 결혼해 한국 땅을 떠난다. 기지촌이라는 공간은 이렇게 모두의 운명을 뒤바꿀 만큼 강력한 힘을 가지고 있었다. 타락한 땅과 죄를 지은 사람들 그리고 그 죄는 어떤 이유를 댄다 해도 면죄부를 받을 수 없는 것이었다. 어린 딸을 키우기 위한 불가결한 선택이었다고 해도 그 행위는 사회에서 용인되지 못하는 더러운 것이었다.

이와 같은 맥락에 <겨울 나그네> 역시 놓여 있다. 주인공인 민우의 생모는 기지촌 출신의 여성이었다. 이미 유부남이었던 민우의 아버지를 만나 민우를 낳고 자살을 선택한 이 여성에 대해 알게 된 민우는, 매우 괴로워했다. 또 그는 스스로를 더러운 존재라고 여기며 스스로를 파멸시켜 갔다. 분노로 인해 급기야 살인까지 저지르고만 민우는 제 발로 자신의 어머니가 속해 있던 기지촌이라는 공간으로 걸어 들어가고 그곳에서 밀수와 살인이라는 또 다른 죄의 세계로 빠져들게 된다. 엘리트 의대생이었던 민우가 기지촌의 밀수업자가 되는 이 과정에서, 기지촌 여성의 아들이라는 민우의 정체성은 너무나 절대적인 역할을 하고 있다. '피리 부는 소년'으로 불렸던 한 순수한 청년이 밀수업자에 살인자가 되기까지 필요한 동기는 오직 생모의 출신뿐이기 때문이다. 얼굴도 기억할 수 없는 어머니의 출신이 이토록 강력하게 한 인물의 삶을 옭아매는 틀로 작동하고 있을까. 그것은 영화에서 그려지는 기지촌의 또 다른 여성 인물을 통해 힌트를 얻을 수 있다. 민우의 이모이기도 한 이 기지촌 여성은 클럽을 소유하고 있을 만큼 많은 부를 축적해 놓았다. 그러나 이 여성은 끊임없이 돈에 대한 집착을 드러낸다. 자신의 조카를 이용해 밀수를 할 만큼 윤리의식도 가족에 대한 책임도 없는 이 여성에겐 돈만이 유일한 삶의 목적으로 보인다. 냉소적이며 포악한 이 여성의 모습에선 이미 생계형 매춘의 가슴 아픔 같은 정서는 찾아볼 수조차 없다. 대신 돈에 대한 천착에서 비롯된 비뚤어진 인간의 욕망만이 드러난다. 돈 때문에 타락한, 수단과 방법을 가리지 않는 돈벌레인 그를 통해 기지촌이라는 공간의 성격이 드러난다. 그곳은 은영[25]과 같이 오갈 데 없는 가여운 소녀들이 사는 곳이기도 하지만 민우의 이모와 같은 타락한 인간 군상들의 집합소이기도 한 것이다. 그리고 이러한 인물들의 삶이 두드러지면서 그리고 매춘이라는 범법행위가 강조되면서 기지촌이라는 공간은 이름 자체만으로도 더러움을 상징하게 되었으며 기지촌의 여성이란 신분은 죄의 상징이 되었다.

그렇기 때문에 두 영화에서 영주와 민우는 이 기지촌이란 공간에서 어떤 일이 있었는지 따지고 가늠해보기도 전에 그들의 어머니를 타락한 여성으로 확신하고 받아들였다. 어머니의 희생으로 간주하고 그를 용서하든 혹은 그를 증오하든 자녀들이 내린 결정에는 그들의 어머니가 죄인이라는 전제가 깔려 있는 것만은 분명하다.

이런 양상은 사실 앞서 살펴본 <육체의 고백>부터 반복되는 부분이기는 하다. <육체의 고백> 역시 자녀의 양육 때문에 기지촌 생활을 하는 어머니의 이야기이며 그 어머니 역시 기지촌 여성임이 드러났을 때 딸들로부터 외면당했었다. 그러나 <육체의 고백>의 딸들은 이내 어머니의 사랑을 깨닫고 그의 희생정신에 존경을 표하며 딸뿐만 아니라 사위들까지 그 어머니를 받아들인다. 그러나 비슷한 양상을 보이고 있는 <사랑하는 사람아>에서는 그 결과가 사뭇 달라진다. 딸이 어머니를 이해하기는 하지만 <육체의 고백>에서처럼 적극적으로 화해하지도 않으며 사위가 될 인물에게는 전혀 수용되지 못하는 것으로 표현된다. 17년의 시간이 기지촌 여성에 대한 영화적 인식을 이처럼 바꿔 놓은 것이다.

온 국민이 생존의 문제에 매달려 있던 시대의 기지촌과 1980년대의 기지촌을 바라보는 관점은 물론 다를 수밖에 없다. 1980년대는 성매매의 일상화가 시작된 시기라고 평해진다. 불법의 외피를 쓰고 있긴 하지만 티켓 다방, 요정, 안마소 등으로 성매매의 형태가 다각화되고 이 성매매 사업이 일상의 공간으로 밀려들어오면서 한국사회는 성매매에 대해 매우 예민해졌다. 성매매를 통한 재화벌이는 결코 용납할 수 없는 문제였으며 성매매는 타락한 성애를 기반으로 한 부도덕한 사회현상으로 치부되었다. 게다가 1970년대를 거치면서 미군을 상대로 하는 성매매의 당위성이 점점 약화되어 가면서 이 타락한 성애라는 이데올로기는 기지촌의 매춘을 해석하는 시선에까지 영향을 미치게 되었다. 1950, 1960년대 기지촌의 매춘은 정부가 나서서 그 당위성을 홍보할 만큼 합법적인 영역이었다. 남의 나라에 와서 대신 전쟁을 치러 준 외국 군인에 대한 보답 혹은 달러벌이를 위한 첨병으로 미화되던 기지촌의 매춘이었지만[26] 1980년대에 이르면 기지촌 매춘 역시 성매매의 한 영역으로 분류되기 시작하면서 부도덕함의 상징으로 자리 잡게 됐던 것이다.

타락한 자들이 모여 있는 부도덕한 공간인 기지촌 그리고 그곳의 여성은 기지촌을 빠져나왔다 할지라도 여전히 그 주홍글씨가 남아 이젠 다음 세대들에게까지 그 자랑스럽지 못한 유산을 물려주게 되었다. 어쩌면 그들 역시도 피해자일 수 있는데도 말이다.

4) 눈물과 비극의 숙명을 지닌 여성

기지촌이란 공간은 수많은 아이러니가 녹아 있는 지점이다. 대한민국의 영토 안에 포함되어 있지만 그 지역의 주인은 미군들이다. 그리고 그 기지촌에 살고 있는 사람들은 한국의 국민이지만 미군 부대에서 나온 부산물을 통해 생계를 꾸려간다. 무언지 모르게 주객이 전도된 공간이 바로 이 기지촌이란 곳이다. 이방의 사람들에 의해 점령된 공간, 그 공간 안의 진짜 주인은 이방의 삶에 종속되어 있어 오로지 그들을 통해 웃기도 하고 울기도 한다. 그리고 이 주체의 삶이 상실된 공간인 기지촌은 때때로 한민족이란 존재의 은유가 되기도 한다.

<오, 꿈의 나라>(이은, 장동홍, 장윤현)는 1989년 제작된 영화로, 광주 민주화항쟁에 연루된 한 대학생이 동두천의 기지촌으로 숨어 들어오면서 시작되는 사건을 다루고 있다. 대표적인 기지촌인 동두천이 배경인만큼 이 영화에는 다양한 기지촌 여성들이 등장한다. 그들은 대부분 억세고 사나우며 사는 것이 팍팍하다. 화대를 지불하지 않는 미군들 때문에 생활고에 시달리고 동거 중인 미군의 폭력에 무방비 상태로 노출되어 있다. 이곳에서 영위하는 개인의 삶조차 너무나 고단한데 이들에게는 손을 벌리는 가족들까지 있다. 각자 그들이 어떤 연유로 이곳에 자리를 잡

게 되었는지 알 수는 없지만 현재 그들의 삶은 매우 무기력하고 희망이 없다. 이 기지촌 여성 중에 제니라는 인물이 있다. 선해 보이는 인상의 제니는 밀수를 하는 태호에게 한 미군을 소개받는다. 좋은 사람이라고 소개되는 미군 스티브는 제니에게 정성을 쏟고 제니는 이내 그에게 마음을 연다. 그러나 함께 살며 행복한 미래를 꿈꾸던 제니에게 청천벽력 같은 일이 벌어진다. 믿었던 스티브가 태호의 돈을 갖고 도미해버린 것이다. 스티브의 배신에 제니는 손목을 그어 자살로 생을 마감하고 만다.

이 영화가 보여주는 기지촌 여성의 삶은 어느 정도 사실적이긴 하다. 자신의 몸 하나 겨우 뉘일 수 있는 작은 방 한 칸과 클럽에 진 빚으로 하루하루 생활비를 걱정해야 하는 기지촌 여성의 모습이 고스란히 드러나기 때문이다. 가족들의 생활비를 벌기 위해 어쩔 수 없이 팀 스프리트 훈련에 따라가야만 하고, 좋은 미군과 결혼해 미국으로 가기 전까진 도저히 헤어 나올 수 없는 이 삶의 굴레를 여성들이 어떻게 견뎌내는지도 들려준다. 그리고 그들의 눈물을 보여준다. 이전처럼 돈을 많이 벌 수 있는 공간도 아닌 기지촌에서, 그들이 오직 붙잡을 수 있는 유일한 희망인, 좋은 미군의 아내가 되는 꿈이 무너지는 순간, 그들이 선택할 수 있는 길은 죽음뿐임을 보여주며 이 영화는 1980년대 기지촌 여성의 삶을 조명해낸다.

그에 비해 <아름다운 시절>(이광모, 1998)은 한국전쟁 말과 휴전 직후를 시대적 배경으로 하는 후방에 위치한 어느 한 마을의 이야기이다. 미군의 주둔지와 비교적 가까운 이 마을은 월남한 성민 가족과 그 집에 세 들어 사는 창희 가족이 이야기의 중심을 이룬다. 성민이의 누나는 미군인 스미스 중위와 사귀는 사이이다. 미군 부대에서 일하다 교제를 시작한 성민의 누나 덕에 성민의 아버지도 미군 부대에서 일을 얻고 날로 성민의 집은 윤택해진다.[27] 그러던 중 성민의 누나는 스미스의 아이를 갖게 되고 그때부터 스미스와의 사이가 소원해진다. 좋은 사람이니 믿어

보라는 아버지의 위로에도 불구하고 성민의 누나는 만삭의 어느 날 울음을 터뜨린다. 스미스에게 버림받았음이 확실해지는 그 순간에도 성민의 누나는 달리할 수 있는 일이 없다. 다만 서러운 울음을 목 놓아 내어 놓는 것 외엔, 그에겐 다른 선택이 없었다. 성민의 아버지가 밀수로 잡혀 붉은 페인트를 뒤집어쓰는 모욕을 당하고 집으로 돌아오는 길에도, 성민의 누나는 함께 있었지만 아버지의 구명을 위해 할 수 있는 일은 없었다. 다만 아버지의 무거운 걸음 뒤에서 눈물을 닦아내는 일밖에는. 미군과 사랑을 하고 아이도 가졌지만, 선택과 요구를 할 수 있는 쪽은 오로지 스미스 중위뿐이다.

이 영화에서 선택권이 없기는 창희의 어머니도 매한가지이다. 의용군으로 끌려간 남편을 대신해 두 아이를 돌봐야 했던 창희 어머니는 성민 아버지의 소개로 미군의 속옷을 빨게 된다. 그러다 미군의 빨래를 잃어버리게 되고 그 사건을 무마하기 위해 창희 어머니는 미군과 잠자리를 함께 한다. 미군과의 잠자리를 끝내고 멍하게 앉아 옷을 주섬주섬 입는 창희 어머니의 모습은 마치 강간당한 여성의 모습과 흡사하게 느껴진다. 넋을 놓아버린 그의 모습과 천천히 애처로운 발걸음으로 성민 아버지를 따라나서는 모습은 강간과 매춘 사이의 기묘한 이행을 만들어 낼 정도이다. 스스로 미군과의 잠자리를 선택한 것이지만, 그 스스로 선택했다는 어휘 아래에는 그 방법밖에 없었다는 슬픈 절규가 담겨 있기도 하기 때문이다. 빨래를 하지 않으면 먹고 살 길이 없고 잃어버린 빨래를 대신해 몸을 내어주지 않으면 더 이상 빨랫감을 받을 수 없는 그 순환의 고리에서 창희 어머니가 선택할 수 있는 것이 무엇이었겠는가. 그리고 이 사건 후 창희 어머니는 아들 창희를 잃어버린다.[28] 자식을 잃은 어머니로 평생 눈물 흘리며 살아가야 하는 것이다. 그의 의지 혹은 뜻과는 무관하게 말이다.

2001년 제작된 김기덕의 영화 <수취인 불명>은 1970년대 어느 기지촌을 배경으로 흑인 혼혈인 창국과 기지촌 여성 출신인 어머니의 처절한 삶을 보여주고 있다. 기지촌 한 귀퉁이 한적한 산길 아래에서 'US ARMY' 마크가 여전히 선명한 빨간 버스에 살고 있는 이 모자는 가난과 멸시 그리고 지독한 폭력 아래에서 살아가고 있다. 한때는 미군을 통해 새 삶을 얻고 그와 함께 꿈의 나라로 향할 것을 기대했지만 현재 창국 어머니는 수취인불명이라는 직인이 찍혀 되돌아오는 편지를 받아들고 있을 뿐이다. 멈춰버린 그들의 버스처럼 창국 모자의 삶은 아버지가 그들을 두고 떠난 그 시간에 멈춰 있는 것만 같다. 그래서인지 그 버스 안에서 아들은 그의 어머니를 무자비하게 폭행한다. 떠난 아버지에 대한 미련을 버리지 못하는 어머니의 머리채를 잡고 군홧발로 짓이기며 결국 어머니의 가슴에 새겨진 아버지의 문신을 도려내고야 만다.

피 흘리는 그들의 버스 바깥으로 펼쳐지는 기지촌은 여느 미군 기지처럼 화려한 클럽이나 변변한 댄스홀 하나가 없다. 대신 황량한 대지와 인적 드문 상가, 오래되고 낡은 가옥들뿐이다. 심지어 번듯한 상점 하나 없는 이 공간은 마치 근대화가 덜 된 원시의 땅인 듯 보인다. 그래서 그곳은 가난과 너무 잘 어울린다. 또 그 가난으로 인해 눈을 치료받지 못한 한 소녀도 그 공간에 너무나 잘 들어맞는다. 오빠가 만든 장난감 총에 한쪽 눈을 잃어버린 은옥은 한국사회가 미처 보호하지 못했던 여성을 상징한다. 휴전 때문에 이 땅에 머무르게 된 미군 제임스에 의해 유혹을 받는 은옥, 그는 창국 어머니와 마찬가지로 이 사회가 혹은 가족이 지켜주지 못했기 때문에 미군 매춘의 나락으로 떨어져버린다. 동네 불량배에게 강간당하고 그들의 아이를 지운 은옥은 더 이상 학교나 이 사회로 온전히 돌아올 수가 없었고 때마침 그에게 손을 내민 제임스를 통해 은옥은 결국 미군 매춘의 나락으로 떨어진다. 물론 은옥에게는 엄마와 장성한 오빠가 존재한다. 그러나 그들은 은옥이 불량배와 제임스의 폭력 앞에 무력하게 노출되어 있을 때 은옥을 보호해주지 못했다. 심지어 집안의 유일한 남성이기도 한 은옥의 오빠는 몰래 제임스의 돈을 훔치면서도 동생 은옥을 향해서는 창녀라고 욕하며 그를 무시한다.

창국 모와 은옥, 마치 삶을 되물림하는 것처럼 그들은 기지촌이라는 공간에서 미군의 여자가 되었다. 가난에 내몰리고 이 사회에서 내쳐져 다른 선택의 여지를 가지지 못한 채로 그들은 기지촌의 여성이 되었고 이제 그들을 구원할 수 있는 힘은 오직 그들의 미군만이 갖고 있다. 쉼 없이 부치는 창국 어머니의 편지는 수취인 불명이 되어 돌아오지만 창국 어머니는 다시 편지를 부치는 것 외엔 달리 할 수 있는 것이 없다. 가슴에 창국 아버지의 문신을 새기면서 완전히 그의 소유물이 된 창국의 어머니는 스스로 창국 아버지를 버리지도 못하고 그의 편지를 수신하지도 못한 채 죽은 아들의 살점을 먹으며 마치 화형을 당하듯 빨간 버스 안에서 죽고 만다.

<오, 꿈의 나라>, <아름다운 시절>, <수취인 불명> 이 세 영화는 비교적 최근에 만들어진 기지촌을 다룬 작품으로 미군 부대에 종속되어 살아가는 기지촌 사람들의 삶을 그리고 있다. 미군 부대와 관련한 모든 것으로 삶을 영위해가는 이 기지촌이란 공간에서 미군들과 기지촌의 연결고리가 되는 그곳 여성들의 운명은 슬프고 비극적이기만 하다. 비록 이 영화의 여성들이 실제 기지촌 여성의 삶을 대변해주기에는 너무나 많은 상징과 은유로 뒤덮여 있기는 하지만 이 영화들에서 보여지는 여성들의 삶의 맥락만큼은 실재하는 기지촌의 그것과 유사하다. 어머니라는 이름으로 미화되지도 악녀의 모습으로 덧씌워지지 않은 채 실제의 비루한 삶과 고난을 드러내고 있기 때문에 이 작품들에서 표현되는 기지촌 여성인물에 한 번 집중해 볼 필요가 있다.

이 영화들은 전반부에 기지촌 여성들의 삶의 중심에 다가가는 듯 보이는 제스처를 취하다 이내 다른 태도를 보인다. <오, 꿈의 나라>의 기지촌 여성들은 자그마한 방 한 칸에서 화대를 떼어먹는 미군들과 싸우고 동거하는 미군에게 폭행을 당하면서 생계를 위해 미군 부대 물건을 밀수해가며 살아간다. 아슬아슬하게 살아가지만 그런 모험의 대가는 넉넉하지도 않다. 돈이 필요해 팀스프리트 훈련에 따라가기도 하고 욕을 하고 싸우며 술을 마신다. 마치 실제 기지촌의 일상을 보는 듯 착각을 불러일으킬 만큼 영화에서 드러나는 기지촌 여성의 모습은 적나라하다. 그러나 이내 그들은 영화의 내러티브 안에서 어떤 상징물이 되어 쓰러진다. 이 영화의 주요 인물인 제니는 영화의 후반부에 하얀 옷을 입고 붉은 피를 흘리며 죽어간다. 광주 민주화항쟁 당시 죽은 어린 구두닦이 용수의 시신과 교차 편집되며 "이 좋은 세상을 두고 떠나"간다. 영화 내 인물들이 용수의 죽음을 보고 항쟁의 결의를 다지는 것처럼 제니의 시신을 안은 태호는 미국에 대한 증오를 쏟아낸다. 제니의 죽음은 미국의 매판자본에 의해 유린되고 있는 한국의 모든 것을 대변하며 마치 훼손당한 민족의 상징물인양 영화에서 사라지고 만다. <아름다운 시절>의 창희 어머니 역시도 마찬가지이다. 영화상에서 흰 저고리 한복을 주로 입고 나오는 그는 말없고 수줍은 전형적인 한국의 옛 여인네이다. 군대에 끌려간 남편을 대신해 생계를 책임지는 1950년대의 한 가난한 어머니인 그의 삶은 영화에서 매우 사실적으로 드러난다. 옷가지를 팔아 음식을 마련하고 쌀을 꾸러 다니는 디테일한 묘사는 그를 살아 숨 쉬는 인물로 만들었다. 그러나 이내 검은 속옷으로 은유되는 미군에게, 잃어버린 빨래감의 대가로 성매매를 하게 되면서 창희 어머니 역시 제니와 마찬가지로 영화상 하나의 상징물이 된다. 성매매 후 아들을 찾아다니며 내뱉는 소리는 마치 한국인이 미처 토해내지 못한 한을 상징하는 것만 같다. 살기 위해 성매매를 선택했지만 그 성매매로 인해 아들을 잃어버린, 이 땅을 지키기 위해 연합군의 도움을 빌어 전쟁을 치렀지만 그 땅엔 결국 미군이 주둔하고 마는, 그래서 잃어버리게 된 것들로 한 많은 한숨을 뱉어내야 하는 이 민족을 대변하는 여성으로 남게 되는 것이다. <수취인 불명>의 창국 어머니 역시 이런 맥락에서 읽혀질 수 있다. 이 영화에서 집도 없이 살아가는 창국과 창국 어머니의 지독한 가난은, 성매매가 불가능해진 그래서 기지촌 내에서도 살 수 없고 물론 기지촌 밖의 사회에서도 살 수 없는 기지촌 여성들의 삶을 비유적으로 보여준다. 창국 모자가 살고 있는 미군의 버스와 창국 어머니의 가슴에 새겨진 문신은 미군과 결별했지만 여전히 그들의 소유물로밖에 살 수 없는, 스스로의 존재를 증명할 수 없는 기지촌 여성의 모습이기 때문이다. 그리고 역시 창국 어머니는 소중한 아들을 잃고 빨간 버스 안에서 죽어가야만 한다. 그는 이 땅에 존재하는 미국에게서 유래된 모든 것들을 상징하기 때문이다. 빨간색이 상징하는 미국의 힘과 그로 인한 불안, 버스 한 켠에 쓰여 있는 불완전한 'peace', 버스 바깥에 꽂혀있는 십자가 모양의 막대, 그리고 "원래 개눈의 것"이었으나 미군을 만나 이후로는 다시는 개눈의 것이 될 수는 없는 미국과 접촉한 모든 것들, 끝내 한국의 땅으로 돌아가지 못해 창국 어머니가 삼켜야만 하는 혼혈의 모든 것들이 바로 창국 어머니와 그가 죽어간 빨간 버스 그 자체인 것이다.

이 영화들은 기지촌 여성들을 하나의 상징물로 이용하고 있다. 비극적이고도 슬픈 숙명을 지닌 여성 인물을 만들어 내러티브 안에서 한국전쟁 후 한국과 미국의 상관관계를 상징적으로 드러내고 있는 것이다. 이를 위해 기지촌 여성의 실상을 사실적으로 드러내긴 하지만, 결국 기지촌 여성의 진실은 외면하고 있다. 민족의 이름을 대신하기 위해 기지촌 여성들은 이 영화에서도 역시 잊혀지고 말았다.

4. 도구화된 타자, 기지촌의 여성

　기지촌이라는 불편한 이 공간. 민족주의적인 시선으로 바라보기엔 우리의 치부를 너무 적나라하게 드러내고 성적 해이로 인해 생겨난 공간으로 상정하기엔 역사적 아이러니가 상충하는 공간인 기지촌, 분단의 부산물이자 한국전쟁의 휴전으로 인해 공고화돼버린 이 공간은 전쟁 후 60여 년의 시간이 흘렀음에도 여전히 한국사회 내부에 존재하고 있다. 이 불편하고도 애매한 공간이 한국 땅에서 유지되고 있는 유일한 이유는 아직, 전쟁이 끝나지 않고 있기 때문이다. 전쟁의 미완성, 휴전으로 인해 한국 땅에는 외국 군인인 미군이 주둔할 수밖에 없고 그 군인을 대접할 목적으로 기지촌이 생겨났다. 그리고 전쟁으로 인해 가난의 낭떠러지까지 내몰린 여성들은 한국에서 유일하게 재화가 풍요롭게 유통되는 곳인 기지촌으로 몰려들었다. 미군에게 성을 팔았지만 그들이 벌어들인 재화는 가족의 생계를 가능하게 했다. 지금까지 30만 명의 여성이 이 기지촌을 거쳐 갔고 그들은 이제 기지촌의 할머니가 되어 이 땅에 살고 있다. 그 동안 한국사회가 그들을 일본군 위안부와 차별화시키며 줄기차게 외면해 오고 있었지만 기지촌의 여성들은 늘 그랬듯이 누군가의 어머니로 누군가의 동생으로 누군가의 딸로 오늘을 살고 있다. 역사가 그들을 기억하지 않으려 하고 왜곡하고 멸시해도 말이다.

1) 기지촌의 여성

　실제로 기지촌 여성에 대한 연구가 이루어지기 시작한 시기는 1990년대 중반 이후라고 할 수 있다. 이전에도 간간히 기지촌 여성들을 대상으로 하는 미군 범죄가 발생하면서 그들의 삶이 수면 위로 떠오른 적은 있지만 외국인을 상대로 매춘을 하는 여성을 '우리'의 범주에 두기 꺼려하는 분위기 탓에 여성운동계에서조차 기지촌에 대한 관심을 가지지 않고 있었다. 그러다 두레방 운동이 조금씩 성과를 거두면서 한국의 공적인 매춘지역인 기지촌에 대한 연구와 역사발굴이 이루어지게 되었다. 그리고 이를 통해 밝혀진 기지촌 여성의 실태는 매우 충격적인 것이었다.

1953년 이후 전쟁으로 궁핍해진 여성들은 생존을 위해 투쟁 아닌 투쟁을 해야만 했다. 전쟁이 가져온 혹독한 저임금 구조는 여성의 경제적 고립을 가속화시켰고 이렇게 생의 끝자락에 내몰린 여성들은 기지촌이란 공간 속으로 쫓겨 들어갔다. 물론 가난한 모든 여성이 기지촌으로 들어간 것은 아니었다. 당시 가난하고 학력이 낮은 여성이 쉽게 구할 수 있었던 일자리는 식모, 여공, 삯바느질, 세탁 등의 일거리였다. 그러나 이런 일자리의 급여는 거의 없다고 해도 좋을 만큼 적은 것이었고 부양해야 할 가족이라도 있는 여성의 경우는 이런 일을 해도 극심한 생활고에 시달릴 수밖에 없었던 것이다. 전쟁이라는 어려움 속에서도 여전히 한국 여성들에게 순결이라는 개념은 목숨보다 귀한 것이었다. 갖은 고초 속에서도 지켜왔던 이 순결을 전쟁이 끝나고 난 후 살기 위해서 여성들은 포기해야만 했던 것이다. 실제로 한국전쟁 이전에 5만 명에 불과했던 매춘 여성 인구는 휴전 이후 30만 명으로 급증하였으며 이 중 다수가 기지촌으로 내몰리게 되었다.

그러나 이곳에서도 여성들의 삶은 녹록치만은 않았다. 경제력을 갖출 수는 있었지만 미군의 횡포와 성병 검진에 대한 공포는 그들의 삶을 힘겹게 만들었다. 한국정부와 미군에 의해 하나의 도구로 착취되며 배제되고 고립되었던 기지촌의 여성들은 외부적으로는 달러를 벌어오는 여전사요 나라를 구해준 외국 군인들을 위안하는 민간 외교관으로 불렸지만 정작 성병의 매개원이요 숙주로 취급받고 있었다. 1970년대엔 미군의 7

할이 성병에 걸려 있을 정도였지만 성병을 치료해야 하는 쪽은 늘 기지촌 여성들이었다. 더구나 기지촌 여성들을 대상으로 하는 이 성병 검진은 매우 폭력적이고 무자비한 것이어서 이 검진을 피해 도망가다 죽는 여성이 발생할 정도였으며 이 진단에서 성병이 있다고 진단되면 '몽키하우스'라는 곳으로 끌려가 치료를 받았는데 그곳의 과잉진료로 기지촌 여성들이 소리 소문도 없이 죽어나가기 일쑤였다고 한다. 그런데 기지촌 여성을 향한 이 폭압적인 정책은 바로 미군이 아닌 한국정부에 의해 이루어진 것이었다. 미군의사가 진료를 하기는 했지만 검진소의 운영은 한국정부가 맡고 있었고 1970년 이후는 이러한 규제에 정부가 더욱 깊숙이 개입해 매주 성병 검진을 하기까지 이르렀다.[29]

그렇다면 왜 한국정부는 자국의 여성들을 이런 폭력 앞에 내몰아야만 했을까. 이러한 기지촌 정책의 이면에는 주한미군의 감군이라는 정치적인 문제가 개입되어 있다. 미국은 주둔 이후부터 줄곧 주한미군의 점진적인 감축을 주장해 오고 있었다. 그러나 정권유지를 위해 미군의 주둔이 필요했던 한국정부는 미국의 이러한 입장을 쉽게 수용할 수가 없었다. 군부독재의 추동력이 반공에서 기인하는 만큼 북한을 막아줄 미군의 주둔은 정권유지에 반드시 필요한 요건이었던 것이다. 따라서 한국정부는 미군이 주둔하는 데 필요한 모든 편의를 제공하기 위해 노력했고 기지촌 여성의 성병 검진 역시 이런 맥락에서 행해졌던 것이다.[30] 결국 한국정부는 기지촌의 여성을 자국민의 한 사람으로 생각하기보단 주한미군이 한반도에 계속 주둔하도록 만들어줄 하나의 도구로 인식하고 있었던 것이다.

이런 어려운 시절을 지나왔지만 1970년대를 지나면서 기지촌의 경제적 가치는 점점 사라지기 시작했다. 여전히 다른 산업분야에 비해 이곳 매춘종사자의 소득수준이 높기는 하지만 1950, 1960년대 같은 재화의 축적을 이루기는 어려워졌다. 게다가 '닉슨 독트린'으로 인해 미군의 감축이 일어나자 수요와 공급의 균형이 깨지게 되었고 그로 인한 수입의 감소가 지속되었다. 다시 기지촌은 가난해졌고 그곳의 여성들은 이제 떠날 수조차 없는 그 공간에서 생계의 문제에 직면해야만 했다. 이렇게 1980년대로 넘어오면서 기지촌으로 유입되는 여성의 수는 현격하게 줄어들고 전체 인구수도 2만여 명으로 감소하게 되었다. 그리고 경제적 이해타산을 맞추기 위해 기지촌에는 한국 남성들이 유입되기 시작해 미군들로 가득 찼던 기지촌의 클럽에는 싼 술을 찾아 모여든 한국 남성들로 북적이게 되었다. 이로써 기지촌만의 고유한 풍경은 사라졌으며 1990년대가 되면 외국인 성매매 여성들이 기지촌에 등장하면서 기지촌 할머니들만이 이제 기지촌이라는 공간을 지키고 있다.

2) 은유와 상징이 된 영화 속 기지촌 여성

전쟁 중에 전투를 얼마간동안 멈춘다는 의미의 휴전은 말 그대로 현재가 여전히 전시상황임을 뜻한다. 게다가 한국전쟁의 참전국인 미국 군대의 한국 주둔은 그 주둔만으로도 준전시 상황에 준하는 것이다. 그러므로 한국전쟁을 휴전하고 미군이 주둔하고 있는 대한민국은 말 그대로 아직 '전쟁 중'이다. 그래서 비록 맥락상 전쟁은 멈췄지만 한편으로는 다시 전쟁이 발발할지도 모른다는 두려움을 갖고 한국사회의 구성원들은 살아가고 있다. 그리고 이러한 두려움은 한국의 모순으로 가득 찬 현대사를 설명할 수 있는 좋은 기제가 된다. 특히 기지촌과 같은 부조리한 세계를 부연하기에는 더 없이 적합한 논리이다. 한국은 아직 전쟁 중이며 전시이므로 동맹국에 대한 깍듯한 존중은 반드시 필요하다. 그로 인해 합당치 않은 피해가 발생하고 불합리한 상황이 다소 발생한다 하더라도 전시 중이므로 이는 감내해내야만 하는 것이다. 실제로 전쟁이 발생하면 이것보다 더한 불합리와 피해가 발생하게 될 것이므로.

　한국정부가 정권 유지를 위해 기지촌의 여성들을 도구화했다면 한국사회는 전쟁에 대한 두려움을 핑계로 기지촌의 부조리에 대해 눈감았다고 할 수 있다. 성매매가 불법인 국가에서 외국인을 상대로 하는 성매매는 허용이 되는 불합리함, 그곳의 사는 사람들이 미군들과 겪는 불평등한 인간관계 등을, 죄다 한국사회는 기지촌의 여성들을 타자화해 내가 아닌 '그들'의 일로 치부하면서 외면해왔다. 애써 남의 일로 치부하고 나니 못내 그것들은 불편해졌고 불편함은 이내 잊어버리기를 강요했다. 그리고 이러한 사회의 외면은 기지촌과 그곳의 여성들을 역사에서도 제외시켜 버리는 것으로 수순화되었다. 50년에 걸쳐 30만 명의 기지촌 여성이 존재했지만 그들의 생활과 존재에 대한 기록은 단 몇 권의 책들뿐이다. 역사에서 제외되었기에 대중문화에서도 그들의 제대로 된 흔적을 찾기는 힘들다. 기지촌이 존재했기 때문에 대중문화 속에 기지촌 여성이 등장하기는 하지만 그들의 모습은 미처 검증되지 못해 오류와 피상적 은유들로 뒤덮여 있다. 앞서 살펴 본 한국영화 속의 기지촌 여성들의 모습 역시도 이러한 맥락에 포함되어 있다.

　그냥 바라만 보기에도 너무 불편해서였을까. 영화는 기지촌의 여성들에게 상징을 입히고 은유를 강요했다. 실제 기지촌 여성들의 삶은 성병검진으로 병들어 있었는데 영화에서 드러나는 그들은 <오, 꿈의 나라>에서 순결한 신부의 상징을 입고 있고, <아름다운 시절>에서는 유린당한 우리의 민족성이 되어 있다. 포주의 빚을 갚고 사회로 나갔다 하더라도 남편의 폭력과 사회의 낙인 때문에 다시 기지촌으로 되돌아 올 수밖에 없는 그들이었지만 <지옥화>의 소냐는 불안하리만치 당당한 악녀로 표현되고 있으며, 도미한 대다수의 기지촌 여성들이 이혼하고 다시 한국행을 택한 것과 달리 <수취인 불명>에서는 오매불망 미군남편의 구출을 기다리는 가련한 여성이 되어 있었다. 이처럼 참으로 다양한 모습으로 기지촌의 여성들은 대중영화 속에서 나타났다. 그들의 실제적 삶은 스크린 뒤로 숨겨지고 그들은 어머니로 신부로 여인으로 전환되어 영화 속에 등장했다. 영화에서 그려지는 그들의 모습이 실제와 완전히 어긋나 있는 것은 아니지만 기지촌 여성들이 정작 부대끼고 있는 삶의 모습들 역시도 아니었다.

특히 영화에서는 기지촌 여성들을 주로 어머니의 모습으로 그리고 있는데 그 빈도가 매우 높은 만큼 이런 인물화는 특별히 의미 있는 지점으로 보인다. 자녀의 양육을 위해 성매매를 감내해야 하는 어머니이자 기지촌 여성으로 분하는 그들은, 그로 인한 비극을 고스란히 짊어지면서도 자녀에 대한 사랑과 보살핌을 놓지 않는다.[31] <육체의 고백>의 프레지던트나 <사랑하는 사람아>의 영주 어머니는 이러한 희생적인 어머니의 전형적인 모습을 갖추고 있다. <겨울 나그네>의 민우 어머니, <아름다운 시절>의 창희 어머니, <수취인 불명>의 창국 어머니 역시 전형적이지는 않으나 자식을 사랑하는 어머니이며, <아름다운 시절>의 성민이 누나는 곧 어머니가 될 인물이고 <오발탄>의 영숙은 죽은 새언니를 대신해 아이들을 키우게 될 또 다른 모습의 어머니이다. 실제로 기지촌 여성 중 가장 많은 수를 차지하는 것은 가출한 미혼의 여성들이었다.[32] 그런데 영화에 등장하는 기지촌 여성들은 대부분 어머니이다.

한국의 국가형태와 사회형태는 근대에 들어와서도 여전히 여성을 배제한 채로 진화하고 있었다. 그러나 남성 중심과 가부장 중심의 이러한 발전에서 단 하나 예외가 되는 여성성이 있었으니 그것은 바로 모성이었다. 시민사회가 등장하고 그에 걸맞는 섹슈얼리티가 이 사회에 뿌리내리게 되면서 여성들은 가정주부가 되기를 강요당했다. 여성에게 강요된 가정주부라는 타이틀은 한 남성의 성에만 제한적으로 복무하라는 의미가 내재되어 있는 것이었고 이것은 바로 가부장제의 또 다른 사회적 내면화를 뜻하는 것이기도 했다. 가부장제에서 여성에게 부과하는 가장 위대한 자리는 바로 어머니 즉 모성이고 이로써 휴전 이후 한국의 여성들은 가정주부이자 어머니가 되기를 무의식적인 강제에 의해서 희망하게 되었던 것이다. 모든 여성들이 이처럼 한 남성에게 복무하고 통제되어 준다면 더할 나위 없이 강력한 가부장 중심의 민족국가가 이루어질 것이지만, 전쟁이 끝난 한국의 공간은 그럴 수 없는 역사성을 띠고 있었다. 6만여 명의 미군이 주둔해 있었고 그들에겐 그들을 위해 복무할 여성들이 필요했던 것이다. 결국 한국정부에 의해 기지촌 여성이라는 공적 매춘을 담당하는 여성들이 생겨났고 이러한 여성들의 등장은 민족국가를 이루어야 할 과제를 안고 있는 한국사회에 큰 부담이 아닐 수 없었다. 그들의 실제적인 삶은, 외면함으로 잊을 수 있었지만 그들의 존재는 어떤 위험을 감수하고라도 반드시 봉합되어야 하는 것이었다. 그리고 그 필요에 의해 어머니가 소환되어 온 것이다. 어머니인 기지촌 여성의 등장은 매우 성공적이었다고 할 수 있다. 자신의 생계가 아니라 가족 특히 자녀의 생계를 책임져야 한다는 모성의 처절함과 당시 경제적 결핍이 만나 어머니인 기지촌 여성의 이야기는 막강한 대중동원력을 만들어냈다. 그리고 이 대중의 암묵적인 합의는 기지촌 여성들의 존재를 정치 및 역사와 결별시키면서 그들의 존재를 미화할 수 있게 하는 사회적 기반이 되었다. 결국 기지촌의 여성들은 모성이라는 훈장을 얹고 역사 속에서 왜곡되어 갔다.

◆ ◆ ◆

　그렇다면 그들의 존재를 이제는 어떻게 받아들여야만 할까. 제 발로 기지촌을 찾아들어왔고 강간을 당한 것도 아니지만 그들에겐 성매매 외엔 다른 살아갈 방법이 딱히 없었다. 물론 기지촌을 떠나 새로운 인생을 찾을 수도 있지만 자신들의 터전인 그곳을 그리고 자신들을 쉬 받아주지 않을 세상으로 나갈 용기도 없을 것이다.[33] 물론 자신들이 기지촌의 주인이 될 수도 있다. 그러나 이것도 쉽지만은 않다. 기지촌의 또 다른 구성원인 미군은 그들의 생계에 혹은 생사에 이미 필수불가결한 존재이며, 한반도는 여전히 전쟁이 끝나지 않았기 때문이다. 게다가 미군은 한국이 경제적 성장을 이룩하는 동안 북한의 도발에 대한 효과적인 억제책으로 작용해줌으로써 한국사회의 안정에도 기여하고 있으며 1960년대까지 미군을 통한 경제 원조 역시도 한국경제 발전의 추동력이 되어 주었다. 결국 분단이 끝나지 않는 이상 미군은 이 땅을 떠날 수 없고 기지촌의 여성들은 기지촌의 주인이 될 수 없다. 이렇게 스스로가 삶의 주체가 되지 못하면서 그들은 자신의 삶에 대한 통제력을 잃고 말았다. 이성의 통제력을 잃은 육체는 쉽게 범죄와 조우하며 술과 약에 의존하고 심지어 생명의 끈을 놓아버리게도 한다. 바로 여기가 눈물과 비극이 그들의 숙명이 되는 지점이고, 현재 기지촌의 실상이다. 하지만 여전히 한국의 땅에서 이들은 위험한 존재이며 이 위험을 불식시키기 위해 대중문화의 한편에선 그들의 삶을 왜곡시키고 있다. 기지촌의 역사는 잊혀졌고 그들은 우리의 절대 타자가 되었지만 이제는 그들의 삶을 진정으로 돌아볼 때가 됐다. 휴전 협정은 올해로 60년이 되어 종전의 선언을 앞두고 있지 않은가. 이젠 그들을 '휴전협정의 최대 피해자'[34]라고 제대로 불러 줄 때가 되었다.

주

1) 한국민족문화대백과사전(http://encykorea.aks.ac.kr)에서 '기지촌' 참고.

2) 현재 기지촌에는 필리핀에서 유입된 매춘 여성들이 다수 존재하고
있다. 영어로 의사소통이 자유로운 이들은 한국 여성이 떠나간 기지
촌의 빈자리를 대신하고 있는데, 이 여성들의 화대가 주스잔으로 계
산되면서 '주스걸'로 불리게 되었다. 김현선, 『미국 위안부 기지촌의
숨겨진 진실』, 한올아카데미, 2000, 2~3쪽.

3) 마이카 조셉 애들러, 「주한미군범죄에 대한 한국 비정부 조직의 활
동에 관한 연구: 동두천과 의정부 기지촌을 중심으로」, 연세대학교
석사학위논문, 2000, 15~63쪽.

4) 김정자의 증언을 바탕으로 집필된 구술 기록집 『미군 위안부 기지촌
의 숨겨진 진실』(김현선, 앞의 책), 김연자의 자서전 『아메리카 타운
왕언니 죽기 오 분 전까지 악을 쓰다』(삼인, 2005) 등이 있다.

5) 미국의 극동방위선 전략으로 인해 1949년 6월 29일 미군은 군사고
문단 500명만을 남긴 채 한국에서 완전히 철수했다.

6) 1945년 9월 부평에 최초의 미군기지가 들어섬과 동시에 휴양군락이

형성되기 시작하였다. 미군정령 제1호가 위생국 설치였을 만큼 이 사안은 즉각적으로 이루어졌고 동해부터 위생국의 성병 검진이 실시되었다.

7) 「똑똑한 여자의 똑똑치 못한 소리」, ≪경향신문≫ 2009년 12월 23일.

8) 한국전쟁 중 성병감염률이 매우 증가하여 미군의 25%가 성병에 걸린 것으로 진단받았다. 이를 해결하기 위해 한국정부가 적극적으로 이 성병문제에 관여하였다.

9) 캐서린 H. S. 문 저, 이정주 역, 『동맹 속의 섹스』, 2002, 삼인, 229쪽.

10) 이나영에 의하면, 1964년 한국의 외화 수입 1억 달러 중, 미군 전용 홀에서 벌어들인 외화가 970만 달러 약 10%를 차지하고 있었다고 한다.

11) 이나영은 1963년 개정된 관광진흥법을 통해 기지촌 클럽을 특수관광시설업체로 지정하고 UN군에게 판매하는 주류에 면세혜택을 주자 기지촌의 활황이 시작되었다고 전한다. 일례로 당시 인구 1인당 달러 예치금액이 월 100달러에 불과했었는데 기지촌에서는 월 500달러의 예치금이 들어왔다고 한다.

12) 기지촌 정화사업은 1971년부터 1976년까지 한국정부와 주한미군 양측이 협력하여 시행하였다.

13) 캐서린 H. S. 문, 이정주 역, 앞의 책, 158~159쪽.

14) 홍성철, 앞의 책, 171~278쪽.

15) 김도현, 「1950년대의 이승만론」, 『1950년대의 인식』, 1981, 한길사, 57~61쪽.

16) 이 글은 '기지촌 여성'이라는 공식적인 명칭을 전반적으로 사용하고 있기는 하나, 영화 내에서 '양공주'라는 단어가 강조되고 있으므로 내러티브상의 의미를 좀 더 보강하고자 이 단락에 한해 양공주라는 명칭을 사용한다.

17) 1955년 이승만 정권에 의해 "양공주 소탕령"이 내려지고 1957년 한

미 성병대책위원회 4차 회의에서 위안부 특정지역제한을 합의하게
된다. 이로써 특정지역을 벗어난 매춘은 불법화된다.

18) 1960년 대학진학률은 5%에 불과하다. 「취업난의 불편한 진실, 일할
사람도 없다」, ≪데일리안≫ 2012년 6월 26일자 참조.

19) 이나영에 따르면, 당시 기지촌 주변에서는 아무리 못 살아도 다른 마
을 부자쯤은 되었다고 한다. 따라서 당시 여성들은 기지촌 여성들을
한편으로는 혐오하면서도 다른 한편으로는 자기가 갈 수도 있는 곳
으로 기지촌을 여기기도 했다.

20) 1957년 발표된 강신재의 단편으로, 전후 여성의 윤리관과 가치관의
변화를 포착한 작품이다.

21) 앞 단락의 이유와 마찬가지로, 양부인이라는 단어가 갖는 처의 이미
지를 강조하기 위해 이 단락에서는 기지촌 여성 대신 '양부인'이라는
단어를 사용한다.

22) 이정희, 『여성의 글쓰기, 그 차이의 서사』, 한국문학도서관, 2003,
240쪽.

23) 이승희, 『한국 사실주의 희곡 그 욕망의 식민성』, 소명출판, 2004,
400쪽.

24) 이임하, 『여성 전쟁을 넘어 일어서다』, 서해문집, 2004, 277~289쪽.

25) 은영은 민우를 짝사랑하던 기지촌 여성으로, 순정을 가진 여리고 착
한 인물로 그려지고 있다. 민우와 결혼해 아이를 낳고 살며 성매매의
고리를 끊고 나오지만, 민우가 자살로 생을 마감하자 다시 성매매를
하게 된다. 결국 괜찮은 미군을 만나 미국으로 떠난다.

26) 김연자, 『아메리카 타운 왕언니 죽기 오 분 전까지 악을 쓰다』, 삼인,
2005, 127쪽.

27) 성민의 누나는 현지처 형식의 기지촌 여성이다. 기지촌 초기 댄스홀
을 중심으로 매춘이 이루어졌을 당시, 다수의 기지촌 여성이 성민의
누나처럼 마치 미군과 연애를 하듯이 기지촌으로 유입되었다. 이들

의 연애에는 재화의 이동이 필연적으로 따라왔고 여성들은 연애를 통해 부를 축적했다. <지옥화>의 소냐, <해방촌 가는 길>의 기애 등이 성민 누나와 유사한 케이스이다.

28) 미군과 어머니의 잠자리를 목격한 창희가 문제의 장소에 불을 질러 미군 한 명이 사망하는 사건이 일어난다. 이후 창희 또래의 시신 하나가 발견되고 이 시신에 미군 밧줄에 의해 감겨 있는 것을 보고 마을 사람들은 이 시신을 창희라고 확신하게 된다. 그리고 영영 창희는 돌아오지 않았다.

29) 「유신공주는 양공주 문제엔 관심이 없었다」, ≪한겨례신문≫ 2012년 11월 30일.

30) 문화방송 시사제작국, 『이제는 말할 수 있다: MBC 특별기획. 제61회, 섹스동맹 기지촌 정화운동』, 문화방송 시사제작국, 2003, 8~36쪽.

31) 성경숙, 「탈북자 소재 분쟁영화 분석」, 『현대영화연구』 제14호, 2012, 365쪽.

32) 「기지촌, 기지촌 여성, 혼혈아동 실태와 사례」, 블로그 '새움터', 2004년 12월 7일.

33) 여지연 저, 임옥희 옮김, 『기지촌의 그늘을 넘어』, 2007, 삼인.

34) 2013년 7월 1일, 한국여성평화연구원이 주최한 <여성, 정전협정 60년을 말하다> 학술토론회에서 기지촌 여성을 '이 시대의 정신대, 정전협정의 최대 피해자'로 규정했다.

영화 속 전쟁미망인 표상 연구*

– <미망인>, <동심초>, <동대문 시장 훈이 엄마>

우 현 용

1. 전쟁과 미망인

한국전쟁은 한국인들에게 동족상잔의 커다란 상처와 상실만을 남긴 채 1953년 휴전이라는 미완의 상태로 마무리된다. 전쟁으로 인해 많은 것이 파괴되었고, 전후 세계는 파괴·상실된 것을 복구하고 흐트러진 가치관을 재구성하는 데 집중하게 된다. 그런데 승리도 패배도 아니며 철조망 사이로 적과 여전히 대치해야 하는 휴전이라는 미봉책 아래의 재건설은 결코 전쟁 이전의 모습으로 돌아갈 수 없다는 것을 의미했다. 실제로 1950년대 전후 한국사회는 큰 변화를 겪게 된다. 외적으로는 냉전체제의 한 축으로 자유진영에 편입되었고, 미국이 정치, 경제, 문화 모든 영역에

---

* 이 글은 필자의 「영화 속 전쟁미망인 표상 연구: <미망인>, <동심초>, <동대문 시장 훈이 엄마>를 중심으로」(『현대영화연구』 16집, 현대영화연구소, 2013)를 수정, 보완한 내용이다.

걸쳐 광범위하고 깊은 영향을 미치게 되었다. 내적으로는 전쟁의 결과로 계층의 변동, 개인주의적 경향, 약화된 공동체 의식, 국가에 대한 불신, 인구 변동과 인구이동에 따른 가족의 변화, 전통윤리의 해체 등 사회구조와 의식의 변화가 급속히 진행되었다.[1] 특히 미국 문화의 유입과 자유민주주의라는 새로운 체제의 정착 과정 아래 '자유' 개념의 확산, 대중의 근대적 욕망의 분출, 물질만능주의의 팽배 등을 원인으로 한 사회의 혼란이 가중되었다.

하지만 휴전선을 사이에 두고 북한과 대척하게 된 남한 사회는 혼란을 종식시키고 경제발전과 체제안정, 국가와 민족의 통합을 이룰 필요가 있었다. 그래서 자유민주주의를 수호한다는 명목 아래, 그 방법론으로 국가권력 중심의 전통적인 가부장제로의 회귀를 내세웠다.[2] 여기서의 자유민주주의란 공산주의에 반대되는 소극적 의미로 사용되었으며, 국가권력은 반공주의의 기치아래 당시 사회담론을 주도하였던 언론계, 학계 등의 지식권력과 결탁하여 가부장적 "지배체제의 안정적인 재생산을 도모"하였다.[3] 그 과정에서 남성 지식인 위주의 담론 주체들[4]이 사회문제의 핵심으로 논하였던 것은 바로 여성의 윤리적 타락이었다. 이들의 발언은 "남성이라는 특권적 위치와 결합해 일상 속에서 가부장적 규범들을 자동적으로 형성"하였으며 "여성을 교화하고 인종의 미를 설파"했다.[5]

당시의 여성 비판적 담론의 중심에는 전쟁미망인이 있었고, 그들은 성적·도덕적 규제와 규탄의 대상이 되었다. 그 이유는 첫째로 미망인들이 가족을 부양하기 위한 경제적 활동을 계기로 가정 안에서의 경제권을 장악한데다 그들을 규제할 수 있는 권력인 남편이 부재한다는 것에 있다. 그들이 정절과 부덕婦德이라는 기존의 가치관에서 쉽게 벗어날 수 있는 위험이 있었다. 둘째, 미망인들이 어린 자녀들의 생계와 교육을 전적으로 책임지면서 그들에게 절대적인 영향을 미칠 수 있는 위치에 있었다는 사실이었다.[6] 이에 따라 여성이 가장의 위치에 자리한 사실 자체와 이 여성들이 부도덕에 빠져 바람직한 가장의 역할을 하기 어려울지 모른다는 우려가 팽배했으며, 그에 대한 대책을 마련하지 않으면 사회의 혼란을 가중시킬 수 있다는 경고가 제기되었다. 그런데 전쟁미망인의 소위 '타락'에 대한 시선은 이중적이었다. 이들 타락의 근원인 남성 가부장의 부재는 전쟁이라는 불가항의 폭력에 의해 야기되었기 때문이다. 타자화된 전쟁미망인은 위험한 여성인 동시에 죄책감을 느끼는 대상이기도 했다.[7] 이러한 전쟁미망인에 대한 양가적 감정을 담지한 시선은 1950년대 여성담론의 또 다른 대상인 '아프레걸après girl'과 '자유부인'에 대한 시선이 전쟁 경험과는 분리되었던 것과 차이를 보인다.[8]

이러한 사회적 담론화와 동시에 전쟁미망인은 멜로드라마의 주인공으로서 <미망인>, <청실홍실>(정일택, 1957), <유혹의 강>(유두연, 1958), <동심초> 등의 영화를 통해 재현되었다. 영화에 재현된 미망인이 실제 미망인의 모습과 완전히 일치할 수는 없을 것이다. 오히려 영화를 제작하는 주체가 주로 남성이며, 통용되는 고전적 서사구조 역시 가부장적 시선 아래 전개 된다는 것을 감안하면 사회담론이 말하고 있는 미망인상을 영화가 반영하고 있을 가능성도 높다. 그러나 앞서 말한 담론의 이중성을 생각할 때 '위험하지만 무작정 비난하기는 어려운 여성'인 미망인의 존재가 과연 어떤 식으로 재현되었는가는 흥미로운 문제이다.

2. 여성이 응시하는 전쟁미망인 - <미망인>

1) 욕구에 충실한 여성 가장

참혹한 한국전쟁의 결과로 여성들은 남편과 아버지를 잃어야 했고, 19

50년대 남한사회에는 전쟁미망인을 포함하여 50만 명 이상으로 추산되는 미망인들과 미망인이 부양해야 할 100여만 명의 가족이 남게 되었다.[9] 집안의 노동력을 담당했던 가장 및 남성을 상실함으로써 생활고로 인한 가정의 해체가 급속도로 진행되었고 이와 관련된 사회문제[10]가 속출했다.

1955년 최초의 여성감독 박남옥이 연출한 영화 <미망인>[11]은 전쟁미망인의 가장으로서의 현실을 비교적 충실히 묘사하고 있다.[12][13] 영화는 서울의 풍경을 다큐멘터리적 영상으로 비추고 있는 오프닝 시퀀스에 이어 주인공 딸 주가 학교 공과금이 필요하다며 눈물 짓는 장면으로 시작한다. 미망인 신은 모자 가정의 가장으로 아이의 학교공과금을 못 낼 정도로 경제적으로 어렵다. 당시 실제 미망인들 대부분이 극빈상태였고 그 상태를 벗어날 만한 기술이나 지식, 사회경험이 없었지만, 생활전선으로 뛰어들어 가장으로서 경제활동을 하였다. 본인과 가족의 생존을 위해서 매춘도 불사했으며 어떤 일이라도 해내야 했다. 여성노동의 범주는 행상이나 좌판 등의 영세 상업이나 도시에서의 서비스업, 가사노동의 연장인 삯바느질과 식모살이, 방직공장 여공 등으로 확대되었다.[14]

생존이라는 당면 과제 앞에서 여성의 경제활동은 고난과 역경을 뜻했다. 그러나 동시에 일종의 자유가 동반되었다. <미망인>의 주인공 역시 빈곤을 겪고는 있지만 실질적으로 그녀의 행동을 구속하는 것은 거의 없다. 영화는 "이웃에 이러한 미망인이 있었다. 수렁에 빠졌을 때라도 그는 해바라기였다"라는 자막과 함께 시작하여 처음부터 적극적 성격을 명시하고 있다. 카메라는 전쟁미망인을 연민, 동정의 시선으로 보기보다는 객관적으로 응시하며 오히려 적극적으로 신의 입장에 선다. 신은 자신의 미모와 능력을 내세운 작은 행동들을 통해 원하는 것을 이뤄나간다. 이 사장과의 적정한 선을 지키면서 그에게 환심과 돈을 얻어내며, 다른 남성과 자신의 욕망에 충실한 사랑을 한다. 이사장의 후원으로 시작한 양장점 사업도 순탄해서 경제적 자립까지 가능하게 된다. 언제나 한복차림이던 그녀가 이사장 부부와 양장점 앞에서 만나는 씬에서 화려한 양장차림으로 나타난다. 이 장면을 통해서 사랑 이외에는 어떠한 권위에도 종속되지 않는 자유로운 모습을 드러내고 있다. 어긋난 사랑으로 인한 비극적 결말에서도 그녀는 순종적으로 참는 대신 자신을 버린 택에게 칼을 휘두른다. 통상적으로 가부장적인 서사 결말에 의하면 그녀는 행위에 대한 처벌을 받거나 안정된 가족을 구성하는 게 마땅하지만, <미망인>에서는 다시 불안한 모자 가정으로 되돌아간다.

어머니로서의 모성과 성적인 대상으로서의 여성성,[15] 이 둘의 관계 또한 영화 속 미망인의 묘사에 있어 주목할 만한 흥미로운 요소이다. <미망인>의 첫 장면에서 울먹이는 딸에게 주말에 뚝섬에 놀러가자며 달래고 돌아서서는 눈물을 훔치는 신의 모습에서 생계를 책임진 가장으로서의 신의 어려움과 아이에 대한 사랑을 동시에 알 수 있다. 그러나 초반부 신의 따뜻한 모성은 극이 전개되면서 반전처럼 여성성에게 우위를 빼앗긴다. 딸 주는 초반부에 사건의 계기를 제공하거나 상황을 설명하기 위한 장면에 등장한다. 앞서 언급한 초반의 상황설명적인 장면, 택이 물에 빠진 주를 구해주는 바람에 연인이 되는 계기가 되는 뚝섬 장면 등이 그러하다. 그러다가 신과 택의 관계가 깊어지고 동거를 시작하면서 주는 택에 대해 적대감을 드러낸다. 신은 택을 '아빠'라고 지칭하지만 주는 받아들이지 않고 투정을 부린다. 이 투정은 미망인에게 있어 아이는 떨치기 어려운 죽은 남편의 유산이자 흔적을 확인시키는 것이다.

그런데 신은 남자와의 사랑을 택하고 주를 다른 집에 맡겨버림으로써 과거와의 결별을 고한다. 신은 자신의 욕망을 취하면서 여성으로서의 자아를 모성보다 우위에 놓지만 그녀는 자식을 버린 것에 대해 처벌 받지 않으며, 비난의 시선 역시 받지 않는다. 남자를 잡아 쉽게 돈벌이를 하라거나 술장사인 다방 운영을 해보라는 같은 집에 사는 양공주의 권유도 마다한 채, 당당한 사업인 양장점을 성공적으로 운영하여 번 돈으로 주에게 새 옷을 보내고 아이를 돌보는 송서방에게 사례도 한다.

2) 무력한 남성 앞에 당당한 여성

반면 이 영화에서는 신의 주변 인물들, 특히 남성들과의 관계에서 미망인의 위험한 성을 담담히 묘사하고 있다.[16] 그러나 영화가 전쟁미망인의 삶을 멜로드라마의 형식을 빌어 사뭇 사실적으로 묘사하면서도, 개인적 욕망에 대한 주관적이고 심리적인 묘사가 적다는 것에도 주목해볼만하다. 이 개인의 욕망은 주로 남성들과의 관계와 사건에 의해서 설명된다.[17]

<미망인>에 등장하는 남성캐릭터는 이사장, 청년 택, 송서방 3인이다. 이 남성인물들과 미망인 사이의 관계는 당시 사회의 불안한 현실의 투영이기도 하다.[18] 이들은 모두 어딘가에 정착하지 못하고 부유하는 인물들이다. 일단 신의 죽은 남편의 친구로서 신에게 경제적 도움을 주고 있는 이사장은 성공한 사업가이다. 이 인물은 경제적인 도움을 주면서 이를 핑계로 그녀와 친밀한 관계를 유지하며 미망인의 성을 은근히 바라고 있다. 이러한 태도는 사장부인에게 불안감을 조성하고 그녀의 외도라는 탈선으로까지 이어진다.

그리고 미망인의 애인인 청년 택은 그림을 그리지만 사회에서 자리를 잡지 못하고 여인들 사이를 부유하는 인물이다. 영화 후반부에 나타난 옛 약혼자의 존재로 인해 그 역시 전쟁으로 인한 상실을 겪었다는 것을 알 수 있다. 하지만 그는 사장부인이나 신을 보호하거나 보살펴주려는 의지나 능력이 전무하다. 신과 관계를 갖고 애인의 역할을 하면서도 아이의 아버지로서 위치하고자 하지는 않으며 종국에는 신을 배신하게 된

다. 또한 신의 가족과 같은 집에서 쪽방 생활을 하는 송서방은 경제적 능력은 없지만 주를 보살필 정도의 연민과 정이 있는 인물이다. 그러나 주를 맡아주는 대가로 미망인에게서 돈을 받아 챙긴다. 결국 사회적, 경제적으로 무능력한 택과 송서방은 미망인 신의 능력에 기대고 있다.

이들 남성 캐릭터는 전쟁의 직접적인 상처와 상실로 인해 생활전선에 뛰어든 미망인들에게 사회가 이전과 같은 남성성과 가부장의 권위 아래 그들을 보호할 능력을 상실했음을 보여준다. 이것은 이 남성들이 누구도 미망인을 비난하지 않는 것에서 더욱 극명히 드러난다. 전쟁미망인의 고난과 타락이 개인의 탓이 아니라 "전쟁이라고 하는 불가피한 외적 상황"[19]의 폭력에 의한 것이었음을 인정하고 있기에 그를 보호해 줄 수 없는 사회는 그녀를 비난할 자격 역시 없다. 단지 신의 행동으로 인해 감정적으로 불안과 혼란을 겪은 여성 캐릭터와 아이가 신을 부정적으로 바라볼 뿐이다. 주는 어머니의 새로운 사랑을 불만의 눈빛으로 바라보며 반항하는데 이 시선이 주인공을 '더러운 년'이라고 비난하는 사장 부인의 시선과 사뭇 비슷하다.

3. 감시 아래 갈등하는 전쟁미망인－<동심초>

1) 죄책감 아래 욕망을 숨기는 여성

<미망인>에서는 전쟁과 휴전의 피해자인 미망인이 가장으로서 사회에서 적극적으로 역할을 다하고 있는 사회현실을 묘사하면서, 전후의 상흔으로 인해 보호자로서의 기능을 상실한 기존 가부장 사회에서 당당한 여성의 모습을 그린다면, 영화 <동심초>[20]에는 혼돈을 종식시키고자 노력했던 사회 담론이 투영되어 있다.

전쟁은 여성의 경제적 활동을 촉진시키는 계기가 되었고 많은 미망인들이 일선의 생활전선에 뛰어들어 살아남기 위한 각고의 노력을 하였다. 적극적인 활동을 통해 남성의 보조자로서의 위치를 벗어나 상업 등의 분야에서 성장하고 있었던 것이다. 이러한 실제적 변화에도 불구하고 사회는 미망인들의 타락을 사회혼란의 핵심으로 규정하고 가부장의 권위 아래 놓이지 않아 온갖 문제에 빠지는 예로써 담론화하기 시작했다. 그러면서도 미망인을 힘없고 연약한 보호해야 할 대상으로 간주하였다. 남편의 부재는 즉 경제적 무력함과 직결되며 그들의 노동활동과 능력은 철저하게 무시되었다. 이미 남편이 존재하지 않는데도 죽은 자의 아내로 불렸으며 여전히 죽은 남편의 권위 아래서 행동하도록 강요당했다.[21] 심지어 남편을 대체할만한 가부장적 권력, 즉 국가와 사회의 보호 아래 종속되어야만 살아갈 수 있는 동정 받아야 하는 존재로 여겨졌다.

<동심초>는 8년간 죽은 남편에 대한 정조를 지키며 딸이 장성할 때까지 훌륭하게 키워낸 미망인 이 여사를 주인공으로 한다. 이 영화는 딸만 바라보고 살아온 미망인이 젊은 남자에게 사랑의 감정을 느끼게 되면서 발생한 내외적인 갈등에 대해 그리고 있다. 이것은 여성으로서의 미망인의 개인적 자아와 미망인을 전통적 가치관 아래 가두어 두려는 사회 담론의 충돌에 의해 생긴 갈등으로도 볼 수 있다.

<동심초>의 여주인공 이 여사는 딸 경희를 8년간 혼자 키웠지만 양장점 실패로 인해 경제적 위기를 맞게 된다. 이러한 위기에서 그녀를 구해주는 것은 출판사 전무인 김상규이고, 구원자로서의 가능성을 가진 그에게 이 여사는 사랑을 느낀다. 여기에서 바로 전통적, 유교적 가부장제 아래의 정조 관념과 이 여사의 내면의 갈등이 발생한다. 더군다나 미혼의 김상규에게는 약혼자가 있기 때문에 이 여사의 사랑은 다른 이들의 직접적인 반대에 부딪힌다. 앞서 살펴본 <미망인>에서는 여주인공에

게 죽은 남편에 대한 정조라는 개념이 전혀 드러나지 않았고 사랑 앞에 일말의 죄책감도 드러내지 않았던 것과는 달리, 이 여사는 '유교적으로 정숙한' 여인으로써 정조를 잃는 것에 대한 죄책감과 두려움에 사로잡혀 있다. 자아의 내적인 갈등은 존재하지만 기본적으로 사회담론이 말하는 가부장적 질서를 벗어나는 타락에 대한 비난을 인식하고 있는 것이다. 이 여사는 재혼을 권하는 딸과의 대화에서 남편을 잃고 혼자 살아오면서 받았던 미망인에 대한 사회의 숨 막히는 감시의 시선에 대해 직접 언급하면서 그 괴로움을 토로한다. <동심초>에서는 관객이 여주인공의 감정에 이입하도록 하는 과정에서 미망인에 대한 감시의 부정적 측면에 주목하게 한다. 그러나 결국 이 여사가 윤리적 결정에 따라 사랑을 포기하게 되고 지난 8년간 본인을 괴롭혀오던 감시와 규제 안에 스스로를 가두는 결말을 맞게 된다.

이와 비슷하게 영화에 등장하는 모든 여인들이 본인의 문제를 가부장적 질서에 합류하는 것으로 해결하려고 한다. 이 여사가 죽은 남편에 대한 정조와 사회적 관습에 복종하는 것 이외에도, 김상규의 약혼자 옥주의 경우 부유한 사장인 아버지의 그늘 아래서 상규의 그늘로 옮겨가는 것이 목표이다. 이 여사의 딸 경희는 감당하기 힘든 집안의 빚을 해결해볼 방안으로 부자 남자와의 결혼을 고려한다. 상규와 이 여사의 사이를 극구 반대하는 상규의 누이 역시 혼자 살고 있지만 그는 또 다른 가부장적 체계인 종교에 완전히 의지하고 있다.

2) 욕망의 대상으로 감시 받는 미망인

<동심초>의 이 여사의 내적 갈등을 초래하는 감시의 시선은 바로 이 여사가 성적주체로 활동하는 것이 사회의 위험요소라는 전제로부터 비

롯한다. 생존을 위한 미망인들의 경제활동이 그들에게 경제력과 자유를 가져다주었고, 사회는 기존의 지배논리의 통제에서 벗어난 존재에 대한 불안과 위기감을 느꼈다. 그리고 이 불안과 위기감은 비약적 단정으로 이어져 그들을 잠재적 가정파괴자로, 문란한 성행위자로 낙인찍었으며 2세 교육에 부정적인 영향을 미치는 미래사회의 파괴자로 취급하였다. 그래서 전쟁미망인들은 죽은 자에게 정조를 지키기를 강요당하고 끊임 없는 감시와 규제를 당하게 된 것이다. 그러나 이를 바꾸어 말하면 전쟁 미망인은 가부장의 통제에 벗어난 성적인 대상으로 여차하면 모든 남성 들에게 열릴 가능성이 있는 호기심의 대상이었다는 뜻이기도 하다.

<동심초>에서는 이 여사와 딸 경희의 관계를 통해 이러한 사회상을 좀 더 분명하게 말해주고 있다. <미망인>과 <동심초> 두 영화 모두 한 명의 자녀와 사는 모자가족을 그리고 있는데, <미망인>에서 아이는 모성의 문제를 다룬다면, 이 여사와 딸 경희의 관계는 마치 분리된 자아 와도 같아 보인다. 신의 딸 주가 어머니를 모성의 울타리 안에 가두려고 하는 감시자의 역할을 했다면 경희는 이미 장성하여 어머니를 이해할 수 있는 나이가 되었다. 여기서의 이해는 어머니의 새로운 사랑을 허락하는 것으로 이어지며 미망인의 여성으로서의 자아를 인정하고 있다. 경희는 대학을 나오고 화려한 양장 차림이며, 댄스홀에도 드나드는 신세대이다. 항상 단정한 한복차림을 하고 있으며 처해진 상황에 인내하고 순응하려 는 이 여사와는 달리 딸은 어머니가 처한 경제위기를 해결하기 위해 마 치 <미망인>의 신처럼 적극적으로 남성을 이용해보려고도 한다. 하지 만 그녀는 남성에게서 돈을 구하는 여성은 육욕의 대상으로 취급되며 세 상살이가 쉽지 않다는 것을 깨닫고 욕망을 숨기고 살아온 어머니의 삶을 이해하면서 성숙의 과정을 거친다.[22] 이러한 경희의 에피소드는 어머니 이 여사가 가장으로서 살아오면서 겪어야 했던 어려움과 남성들에게 육

체적 욕망의 대상으로 타자화 되는 것에서 오는 곤란을 대변하고 있다. 실제로 영화에서 기차 안에서 우연히 만난 홀아비가 이 여사가 과부라는 것을 알고 노골적으로 접근하는 장면이 등장하며, 이에 이 여사는 자신이 여성으로서 쉽게 보이는 것에 대해 거부감을 보인다.

<동심초>는 미망인의 사랑과 개인적 욕망에 대해 다루면서도 정숙하고 순종적인 여성상, 전통적 가치관에서 벗어나지 않는 이상적인 결말을 보여주지만, 미망인에 대한 사회의 이중적 태도 아래 살아가는 미망인의 현실을 잘 표현하고 있다.

4. 가부장제에 복속한 전쟁미망인-<동대문 시장 훈이 엄마>

1) 욕구가 제거된 무력한 여성 가장

영화 <동대문 시장 훈이 엄마>[23]는 전쟁미망인 훈이 엄마가 동대문 시장에서 저고리 행상을 하면서 홀로 아들을 키우고, 주변 남자들의 무수한 유혹과 그로 인한 역경을 견뎌내는 이야기이다. 이 영화가 앞서 살펴본 <미망인>, <동심초>와 다른 점은 전쟁미망인을 서술하는 주체가 아들인 훈이라는 점이다. 심지어 주인공은 이름이 아닌 '훈이 엄마'라고 불리면서 여성보다는 어머니로서의 존재감이 더욱 강하다. 그리고 남편의 부재에 대해 앞선 영화들의 두 주인공보다 훨씬 힘들어 하며 자기만의 목소리를 갖지 못하고 있다. 훈이 엄마는 아들 혹은 주변의 남자들에게 보호받아야 하는 연약한 존재이고 동정을 일으키는 인물이다.

영화는 훈이가 학교에서 친구와 함께 "여자는 정숙해야 한다"는 책의 한 구절을 읽으면서 시작되고 시종일관 어머니로서의 훈이 엄마가 정조를 지켜내는지 아닌지의 문제를 다룬다. 동대문 시장에서 조그맣게 한복 장사를 하는 훈이 엄마는 아들을 뒷바라지하기 위해 갖은 고생을 한다. 그러나 이런 고생은 보상을 받지 못하고 고난만 겪게 된다. 그녀의 고난 의 이유는 보호의 부재이다. 아들 훈이는 너무 어려서 남편의 자리를 대 신할 수 없으며, 그녀가 '정조'를 지키고 어머니로서의 임무를 충실히 수 행할 수 있도록 도와줄 수 있는 사람이 없다.

영화에서는 오로지 어머니로서만 존재해야 하는 훈이 엄마의 의무와 의지가 여성으로 그녀를 바라보는 뭇 남성들의 성적 욕망과 충돌한다. 너 무나 아름다운 외모를 지닌 미망인의 어려움은 모두 그녀의 '여성성' 때 문에 발생한다. 생계를 위해 노력하는 미망인의 모습은 '억척 어머니'라 고 하는 당시의 미망인들의 현실과 다르지 않지만, 훈이 엄마는 욕망의 대상이 될 수 있는 '아름다운 여성'으로서의 미망인 이미지의 판타지[24]가 결합된 인물이다. 같은 시장에 점포를 가진 홀아비 상인들은 모두 그녀 를 흠모하고 있으며, 시장에서 장사 자리를 관리하는 경비과장은 그녀를 강제로 취하려다 실패하고 보복으로 훈이 엄마를 시장에서 쫓아내고 화 냥년이라고 모함을 한다.

세 영화 모두 여성성의 문제가 드러나고 있지만 주체성의 측면에서 들 여다보면 각각 다른 묘사를 하고 있다. <미망인>의 주인공은 자신의 성 에 대해 사뭇 긍정적이고 능동적인 태도로 선택하는 반면, <동심초>의 이 여사는 사랑과 성에 대한 욕구를 가지고는 있으나 자신의 욕망을 드러 내는 데에 조심스럽다. 이 점에 있어서 <동대문 시장 훈이 엄마>는 전혀 다른 이야기이다. 훈이 엄마는 대단히 수동적인 성적욕구의 대상일 뿐 모성을 제거하면 그 어떤 능동성도 갖지 못한 인물이다. 모성의 의무를 잘 수행할만한 경제적인 능력도 부족하며 여성으로서의 욕구가 부재하 다. 가부장의 질서에서 벗어난 여성은 고난과 역경만을 겪을 뿐이며 보호를 필요로 한다는 것이 전제이다. 훈이 엄마는 영화 속 거의 모든 사건에서 능동적 역할을 하지 못하고 눈물만 흘리게 된다. 그녀는 생존을 위해서는 그 어떤 일도 할 수 있는 강한 어머니가 되어야 하지만, 가난을 버텨내는 것 이외에는 뾰족한 방법이 없는 매우 연약한 여성으로 그려진다.

2) 새로운 가족으로의 편입

이 영화는 문제의 해결에 있어서도 다른 방식을 취한다. 영화는 여자로서의 훈이 엄마의 고난과 아버지의 부재에 대해 끊임없이 고민하는 훈이의 이야기가 동시에 병치되어 진행된다. 어느 날 친구들에게 아비 없는 자식이라고 놀림을 받게 된 훈이는 엉겁결에 아버지가 있다고 거짓말을 하게 되고, 임기응변으로 아무에게나 전화를 걸어 가짜 아버지 행세를 해달라고 부탁을 하게 된다. 흔쾌히 이 부탁을 들어준 가짜 아버지는 실은 동대문 시장의 상점연합회 회장으로 훈이 엄마의 생계에 영향을 줄 수 있는 인물이다. 이 사람은 후에 훈이 아버지의 전우로 밝혀지면서 훈이네의 문제를 해결해주는 새로운 가장이 된다. 훈이가 남자아이, 즉 아들이라는 것도 앞의 두 영화와는 큰 차이가 있다. <미망인>의 주와 <동심초>의 경희 역시 미망인들의 자유를 감시하는 시선이기는 했지만, 이들은 결국 다른 집에 보내지거나 결혼을 통해 다른 가정에 편입될 수 있는 가능성이 있는 존재이다. 그러나 아들인 훈이의 경우에는 아버지의 혈통(가계)를 잇는 대리자로서 어머니를 연약한 여성으로 여기며 '정숙함'에 대한 감시와 동시에 어머니를 보호할 의무를 갖고 있다. 바로 가부장 남성 혈연 중심의 가족주의를 보여주는 설정이다. 하지만 극 중에서 훈이의 나이가 너무 어려서 훈이 역시 기댈 성인 남자를 필요로 하게 된다.

앞의 영화들이 미망인과 미혼 남성들과의 사랑을 중심으로 전개되면서 결국에는 사랑을 이루지 못하는 결말을 맺는 것과는 달리, 훈이 엄마와 회장과의 관계는 남녀의 사랑이 큰 비중을 차지하지 않는다는 점이 특이하다. 회장은 부인과 사별한 홀아비로 딸이 한 명 있고, 전쟁 중 부상을 입어 다리를 저는 인물이다. 훈이 엄마와 같이 전쟁으로 인해 무언가를 상실했지만 그는 여전히 경제적으로 사회적으로 영향력이 있다. 미망인과 상이군인 모두 전쟁으로 인한 피해자이지만 영화에서 그들이 가지고 있는 결핍을 바라보는 시선은 큰 차이점을 보인다. 미망인에게 남편의 부재는 동정이자, 언제든 '죄를 지을 가능성'을 담지한 불안한 시선의 원인이지만, 상점연합회 회장의 다리부상은 국가를 위해 희생한 국민의 상징으로 당당한 모습으로 묘사된다. 전우에 대한 의리라는 의무감을 갖고 훈이네를 도와주며 회장은 유사 가장으로서 든든한 울타리가 되는데, 이로써 서로 결핍되어 있는 부분을 채우면서 부모와 자식으로 구성된 이상적인 4인 가족의 모습을 완성하게 된다. 영화는 훈이가 명문 중학교에 수석으로 합격하는 장면을 끝으로 막을 내리고 있다.

<동대문 시장 훈이 엄마>는 기존의 전쟁미망인에 대한 모든 담론에서 제기되었던 전통적 가치관으로의 회귀라는 방향을 향해 달려간다. 아버지의 부재로 인해 경제적 몰락과 성적인 타락의 위험에 내몰린 훈이네의 문제는 죽은 남편의 전우가 가장을 대신하여 그 가부장 체계 안에 편입함으로써 해결된다. 훈이 엄마는 타락의 유혹을 떨치고 보호를 받을 명분이 있는 가장의 품 안으로 돌아감으로써 훈이의 교육을 계속할 수 있게 되는 것이다.

이 영화 속에서 전쟁미망인의 수동적 모습은 1950년대를 거쳐 1960년대에 이르러 우리 사회가 빠른 속도로 이룬 경제발전과 근대화와 연관이 있다. 가부장적 질서로의 회귀를 주장하던 기존의 사회담론들은 근대화

된 국가와 경제 발전이라는 하나 된 목표 아래 국민을 통합하려 했던 당시 국가권력의 논리와 노선을 같이하며, 하나의 지배이데올로기로 공고화되었다. 여성은 "가정에 소속된 피보호자", "도덕적 타락을 막기 위해 통제해야 할 여성", "현모양처로서의 자질을 향상시켜 사회에 봉사해야 할 여성"[25]만이 주제가 되어 영화 속에 등장한 것이다. 앞서 살펴 본 영화들이 제한적이나마 여성의 욕망을 인정하고 이에 대한 선택의 가능성을 열어 놓은 것에 비해 지나치게 경직된 묘사라고 할 수 있다.

◆ ◆ ◆

3년간에 걸친 전쟁은 한국사회에 큰 변화를 가져왔다. 그 중 가장 큰 변화는 기존의 계급, 계층 구조가 붕괴되어 휴전 후 완전히 새로운 시작을 해야 했다는 부분이다. 특히 이전에는 가정의 울타리 안에만 있던 여성들이 생존을 위한 사회활동을 시작하면서 경제인구의 새로운 구성원으로 등장하게 되어 전혀 예상하지 못한 사회적인 담론을 불러일으키게 되었다. 미국 문화의 유입으로 가속된 자유와 소위 방종의 확산은 사회전반에 걸친 현상이었지만, 생계를 위해 매춘, 매음의 직업에 뛰어든 전쟁미망인들이 대표적 타겟이 되어 사회적인 비난을 받게 된 것이다.

한국전쟁은 그 실상을 들여다보면 이데올로기, 계급투쟁이라기보다는 하나의 민족이라는 틀 안에 존재하던 제 갈등들이 폭발하여 분출되는 계기였다. 휴전으로 인해 갈등이 해결되지 못한 채 대치되는 상황이 되자, 남한사회는 중앙집권적 국가권력을 중심으로 하는 일종의 새로운 혈연 체계를 만들어 사회를 안정시키고 발전을 꾀하고자 했다. 국민들을 국가라는 커다란 가정 안에 복속시키기 위해 사회에 만연한 자유분방함을 잠재울 필요가 있었던 것이다.

그런 점을 생각할 때 앞서 다룬 3편의 영화가 각각 보여주는 전쟁미망인의 재현은 흥미롭다. 영화 <미망인>은 여성 중심의 서사전개와 함께 당시 가부장제의 위기 아래 욕망에 충실한 채 살아가고 있는 인간 군상을 비교적 사실적으로 다루고 있다. 그 안에서 우리는 휴전 직후 1950년대 한국사회의 모습과 제 문제에 대한 고찰을 할 수 있다. 이어 <동심초>는 <미망인>보다는 다소 남성 중심의 서사를 보이며 고전적 이야기 구조가 전개되지만, 그 안에서 미망인에 대한 다양한 사회구성원들의 시각을 투영하고 그에 따른 미망인의 감시 받는 삶의 현실을 문제시하고 있다는 점에서 의미가 있다. 한편, 근대화와 경제성장을 위해 앞만 보고 달렸던 1960년대에 제작된 영화 <동대문 시장 훈이 엄마>의 전쟁미망인은 더 이상 발화하지 않는 수동적 존재로 그려지며, 새로운 가부장 체제아래 완전하게 편입하는 것이 행복이라는 결말을 맺으면서 가부장적 지배이데올로기에 충실히 복무하고 있다.

이렇듯 각각의 전쟁미망인의 재현은 어떤 현실을 그리고 있는지에 따라 차이를 드러낸다. 전쟁으로 인해 남편을 잃고 홀로 아이를 키우는 여성이 겪는 생존의 위기와, 한 남성을 사랑하게 되면서 발생하는 갈등의 해결'이라는 공통된 이야기이지만 가부장제를 벗어난 위험한 여성성에 대한 인식이 각기 다른 방식으로 드러나고 있으며 시간이 지남에 따라 변화한다는 것을 알 수 있다. 전쟁미망인의 표상은 모성, 여성성, 가장 등 다양한 층위의 정체성에 대해 논할 수 있다는 점에서 주목할 만하다.

주

1) 정성호 외, 한국정신문화연구원 편, 『한국전쟁과 사회구조의 변화』, 백산서당, 1999을 참고하였음.

2) 신문기사 등에서 이승만 대통령을 믿고 의지할 인자한 '아버지'라고 자연스럽게 칭하고 있는 것을 볼 수 있다. "(전략)…이러한 면과 반공 포로석방과 같은 과감한 처사를 보면 집안에서와는 달리 밖에서는 매우 강한 아버지 같은 생각이 든다.", 「해방 십년의 인물들(1) 이승만 박사」, ≪경향신문≫ 1955년 8월 7일.

"우리 나라 대통령 이승만 박사/우리 나라 아버지 이승만 박사/젊었을 때부터서 여든 살까지/우리 겨레 위해서 싸우셨다오//우리나라 독립시킨 우리 대통령/왜놈들이 무서하는 우리 대통령/공산당이 무서하는 우리 대통령/세계에서 제일가는 우리 대통령//머리털 하야신 우리 대통령/교실에만 가며는 매일 뵙지요/걱정하고 계시는 우리 대통령/남북통일 되며는 웃으시겠지", 「이대통령 제80 탄신경축 학생작 ○ 당선작─우리 대통령. 전남 광주 계림 초등학교 제2학년 김영걸」, ≪경향신문≫ 1955년 3월 25일.

3) 이봉범, 「폐쇄된 개방, 허용된 일탈: 1950년대 검열과 문화 지형」, 권
   보드래 외 지음, 『아프레걸 사상계를 읽다: 1950년대 문화의 자유와
   통제』, 동국대학교출판부, 2009, 18쪽.

4) 심지어 발간의 주체가 여성인 ≪여성계≫와 같은 잡지에서도 특집·
   논단 등의 권위 있는 목소리를 낼 수 있는 란의 필자들은 대체로 교
   수, 문인, 공무원, 기업인, 정치인 등 그 분야에 국한되지 않은 성공한
   남자들로, 누구나가 필자가 되어 여성에 대한 칭찬과 비난의 권한을
   부여 받았다. 김은하, 「전후 국가 근대화와 '아프레걸'(전후여성) 표상
   의 의미」, 한국여성문학학회 <여원> 연구모임, 『<여원>연구─여
   성, 교양, 매체─』, 국학자료원, 2008, 255쪽.

5) 위의 책, 255~256쪽.

6) 이임하, 「1950년대 여성의 삶과 사회적 담론」, 성균관대학교 대학원 박
   사학위논문, 2003, 149~151쪽.

7) 당시의 신문 혹은 잡지에서 '전쟁미망인의 보호'를 주제로 하는 기사
   를 쉽게 찾아볼 수 있다. 특히 생계를 책임질 수 있도록 양재기술 등
   직업교육을 해야 한다는 내용이 많았다.

8) '아프레걸'은 전후의 패륜에 가까운 타락과 반항, 방종 및 각종 범죄
   사건을 지칭하는 '아프레 겔(après guerre)'이라는 용어에서 비롯한 조
   어이지만, 서구적 향락을 추구하면서 권위에 구속되지 않는 자유분
   방한 행동과 경박한 성윤리를 지닌 여성(특히 미혼 여성)을 뜻하며,
   특히 "성적 방종이라는 의미로 편향된"(권보드래, 「실존, 자유주인,
   프래그머티즘: 1950년대의 두 가지 '자유'개념과 문화」, 권보드래 외
   저, 앞의 책, 79쪽) 단어로 변용되었다. 한편, '자유부인'의 경우 가정
   에 속해있으면서 금전적 여유가 있으며 자유와 민주주의에 대한 잘
   못된 인식의 발로로 인해 탈선을 일삼는 여성들을 가리킨다.

9) "1957년 보건사회부에서 조사한 전쟁미망인의 수는 505,845명으로
   당시 20세 이상 여성인구의 10분의 1에 해당하는 수였다. 그들이 부

양해야 할 노인과 아이들의 수는 916,273명에 달했다"(윤해동 외 저, 『근대를 다시 읽는다 1』, 역사비평사, 2006, 442쪽).

10) 빈곤으로 인한 기아와 성폭력의 문제 등이 있다. 생활고를 견디지 못한 여성들의 매춘업 종사나, 자녀들과 함께 동반자살 혹은 자녀를 살해하는 등의 '악독한 어머니' 등이 1950년대 소위 문제 여성의 전형이었다. 이임하, 앞의 책, 52쪽.

11) 영화 <미망인>이 가장 자주 언급되는 경우가 바로 '한국 최초의 여성 감독'의 작품이라는 점이다. 감독 박남옥은 1945년 영화계에 입문하여 편집기사, 스크립터로 일하다가 한국전쟁이 발발하자 1950년 7월 국방부 촬영대로 입대하여 종군영화를 만들었다. 1953년 극작가인 남편 이보라를 만나 결혼하고 출산 직후인 1954년 7월 남편이 써준 시나리오로 이민자·유계선·이택균·최남현 등이 출연한 16mm 영화 <미망인>을 찍었다. 1955년 4월 서울 중앙극장에서 개봉하였으나 흥행에 성공하지는 못했다. 한국 브리태니커(http://www.britannica.co.kr/)에서 '영화 <미망인>' 참고.

12) 휴전 직후 1년 만에 제작에 들어갔다는 시기적인 이유도 간과할 수 없을 것이다. 줄거리는 다음과 같다. "전쟁으로 남편을 잃고 딸 주를 키우며 살고 있는 신은 남편 친구인 이사장의 도움으로 생계를 유지하고 있는데, 친구의 아내에 대한 이사장의 도의는 차츰 신에 대한 애정으로 변한다. 이를 눈치 챈 이사장의 부인은 질투와 히스테리로 남편을 추궁하고 신에게도 찾아와 경고를 한다. 한편 신은 딸을 데리고 뚝섬에 갔다가 익사할 뻔한 딸의 목숨을 구해준 청년 택을 만나 사랑에 빠지게 된다. 택과 신은 동거생활에 들어가고 신은 어린 딸 주도 다른 집에 맡긴 채 사랑에 최선을 다한다. 그러나 젊은 택의 가슴에는 옛 애인 진에 대한 그리움이 남아 있다. 그는 떠난 줄 알았던 진이 나타나자 신에게 이별을 고한다. 택과의 애정 생활에서 삶의 진실과 보람을 찾으려던 신은 너무나 충격을 받은 나머지 택을 향해 칼

을 휘두른다." 영화의 결말 부분은 소실되어 영상으로 확인할 수 없는 관계로 한국영상자료원 한국영화 데이터베이스(www.kmdb.or.kr)의 줄거리를 참고하였다.

13) 1955년 2월 27일자 ≪동아일보≫ 영화소개란의 기사에 의하면 결말 부분은 "信이 평생 처음으로 술을 입이 댄 날 澤이 信에게 謝過하고 門간을 나설 때였다. 信은 모든 鬱憤을 果刀에 맡기고 澤에게 앙가품을 하였다. 이튿날 信은 珠를 데리고 낡은 둥지를 떠나 새로운 希望과 抱負를 안고 다른 집으로 이사 가는 것이었다"라고 소개되어 있다.

14) 이임하, 「한국전쟁과 여성노동의 확대」, 『한국사학보』 제14호, 2003, 258~274쪽.

15) 여기서 여성성은 남성과의 육체적 혹은 심리적 관계에 있어서의 여성을 지칭하려고 한다.

16) 1955년 2월 27일자 ≪한국일보≫에 실린 조남사는 영화의 주제를 "미망인의 생리적 욕구, 사회에서 돌보아 주는 이 없는 미망인의 육욕"이라고 언급하고 있는데 그에 대한 심리적 묘사는 미진하지만 사실성을 예리하게 포착한 데에 대해서는 높게 평가하고 있다. 오영숙, 『1950년대, 한국영화와 문화담론』, 소명출판, 2007, 172쪽에서 재인용.

17) 당시의 관객들에게 미망인의 육욕 자체는 문제될 것은 없으며 오히려 관능적인 묘사의 성공여부가 중요했다고 보는 의견도 있다(오영숙, 위의 책, 172쪽). 실제 <미망인>의 신문광고(≪경향신문≫ 1955년 3월 29일)를 보면 주인공이 아닌 이사장 부인과 택의 수영복 차림의 선정적인 모습을 전면에 내세우고 있다.

18) <미망인>의 개봉 당시 영화를 소개하는 한 신문 기사(≪동아일보≫ 1955년 2월 27일)는 "우리들은 오늘 퍽으나, 우리 자신의 모습이 보고 싶다. 어떠한 위치에 놓여 있는가, 어떻게 살아 나아가야 하는가 등"이라는 문구로 시작되고 있다. 당시의 영화소개나 평에 의하면 <미망인>의 묘사가 상당히 사실적으로 받아들여졌음을 알 수 있다.

19) 이영미, 「신파성, 반복과 차이: 1950년대 악극·영화·방송극」, 권보드 래 외 저, 앞의 책, 316쪽.

20) 영화 <동심초>는 작가 조남사의 동명의 인기 방송극을 영화화한 작품으로 서울 개봉관 기준으로 21일간 상영에 관객 수 11만 8,448명 (≪동아일보≫ 1959년 12월 23일), 1959년 제작된 국산영화 110편 중 한국영화 흥행 순위 2위를 기록했다. 간략한 줄거리는 다음과 같 다. "6·25 때 남편을 여읜 지 8년. 이숙희는 양장점을 하다가 빚을 지고, 출판사 전무 김상규가 빚 청산을 도와주면서 둘은 사랑에 빠진 다. 그러나 상규는 사장딸 옥주와 약혼한 사이고 누이는 그의 출세를 위해 이 결혼을 서두른다. 숙희의 장성한 딸 경희는 어머니의 행복을 위해 상규와의 재가를 권유하지만, 숙희는 자신에게 주어진 사회적 관습과 윤리적 도덕관 때문에 갈등한다. 숙희와 상규는 진실로 사랑 하지만, 숙희는 헤어지는 길을 택하고 서울 집을 팔아 고향으로 떠난 다. 몸져 누워있던 상규는 이 소식을 듣고 고향까지 직접 찾아가 숙 희를 설득하려 하지만 숙희는 상규와의 사랑을 포기하기로 하고 상 규는 슬퍼하며 서울로 돌아간다."

21) 이임하, 앞의 책, 146쪽.

22) 이러한 점은 원작인 라디오 드라마에서 더욱 극명하게 잘 드러나는 것으로 보인다. 윤석진, 『1960년대 멜로드라마 연구─연극·방송극·영 화를 중심으로』, 한양대학교 박사학위논문, 2000, 57~58쪽.

23) 이만희 감독과 다수의 작품을 함께 한 촬영기사 출신 서정민의 연출 입봉작으로 1966년 3월 아세아파고다 극장에서 개봉하였다.

24) 시장에서 행상을 하는 젊은 과부의 역할을 당대 최고의 미녀스타 김 지미가 연기한다는 자체가 미망인과 아름다운 여성이 일치할 때의 판타지를 잘 충족시켜주고 있다.

25) 홍석률 외 저, 한국정신문화연구원 엮음, 『박정희시대 연구』, 백산서 당, 2002, 244~245쪽.

휴전 소재 영화를 통해 살핀,
한국사회의 표상들*

─프로이트의 토템과 터부를 통해 살핀 '휴전선'의 의의

이 지 현

1. 한국사회의 토템, 휴전선

프로이트에 따르면 인류의 의미 있는 역사는 아버지를 살해하면서부터 시작되었다.[1] 이는 프로이트를 해석한 라캉의 세미나에서도 확장되어 재해석되는데, 넓은 의미에서 이 가설은 인류 문화의 기원에 대한 과학적 진실이라기보다는 세계를 해석하는 '비유적 진실'로 다뤄져야 할 것이다. 19세기 과학자들이 프로이트의 저작 중 『토템과 터부』를 가장 높이 평가하는 이유는 오이디푸스 콤플렉스로 통칭되는 무의식의 근원을 이 책이 가장 잘 설명한다고 판단하였기 때문이다. 확실히 프로이트주의의 근원에는 '토템의 흔적'이 보인다. 토템의 형성 과정에서 특이할

* 이 글은 필자의 「휴전 소재 영화를 통해 살핀, 한국사회의 표상들」(『인문콘텐츠』 31집, 인문콘텐츠학회, 2013)을 수정, 보완한 내용이다.

만한 점은, 주술적 의식을 거행하더라도 바람직한 결과들이 실제로 일어나지 않는다는 데 있다. 동일한 이치로, 터부를 위반하더라도 우려하는 결과가 실제로 일어나지는 않는다. 다만 터부는 역사에 '흔적'으로만 남을 뿐이다. 고대 왕들의 생명을 지키기 위한 방편들도 일종의 터부의 흔적이다. 프레이저의 『황금가지』가 이르는 것처럼 고대 왕들의 생활은 아주 엄격한 규칙에 따라 통제되었으며, 규칙이나 엄격성이 상이하긴 하지만 왕실에서 강요하는 터부의 목적은 '왕을 위험 요소로부터 격리[2]시키는 데 있었다. 하지만 현대에 이르러 토테미즘은 문명화된 인간들에게 잊혀졌다. 물론 그렇다고 그 흔적까지 사라진 것은 아니다. 근친상간의 금지가 대표적 예인데, 이는 생물학적 근거가 아니라 '사회학적 근거 때문에 금지'[3]되었다. 우리가 영화를 통해 도달할 지점 역시 이러한 사회적 근거에 관한 영역에 속해 있다.

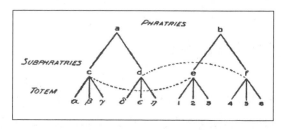

프로이트의 원시부족(Phraties) 토템표

호주의 원시 부족을 살피면서 프로이트는 유사의 원리에 기인한 정신분석학의 위계를 이야기한 적이 있다. 이 논리체계를 한국사회의 특정 현상에 대입할 것이다. 즉, 본고는 특정 대상을 신성화시킨 결과에 대한 공포, 그리고 이 집단 무의식의 발현을 '가족'과 '여성'이라는 키워드를 통해 '휴전의 영향'으로 확대시켜 생각할 것이다. 터부에 따른 이데올로기와 위계체제의 작동논리가 분단된 우리 사회에서 어떻게 특화되고 작용하고 있는지를 살핀 후, 한민족의 비극이 상징적으로 집결된 장소인

'비무장지대'를 활용한 영화들을 프로이트 식으로 해석할 예정이다. 이를 통해 현재까지 한국사회에 형성된 토템과 터부를 생산하는 근본적 장소로서의 비무장지대를 바라볼 수 있으리라 기대한다. 총 네 편의 영화들이 사회상에 대한 기표로 활용된다. 이 영화들은 모두 특정 사회를 대표하는 상징이 아닌 '프로이트적 유사성의 원리'를 논의할 연결고리로 사용된다. 즉, 프로이트 이론을 통해 한국사회의 징후들을 설명하기 위한 장치가 될 작품들이다. 우선 첫 번째 견본은 사회적 산물과 정체성이 집약된 장소로 비무장지대를 인식한 박찬욱 감독의 <공동경비구역 JSA> (2000)이다. 이 영화를 통해 비극적 결말을 예정하는 장소로서 비무장지대가 토템과 터부의 원천이 된 정황을 살필 수 있다. 이후 부에 따른 이데올로기와 위계체제의 작동논리가, 분단이라는 특수상황과 만나 어떻게 특화되고 있는지를 영화 <간 큰 가족>(조명남, 2005)과 <바람난 가족> (임상수, 2003), <만남의 광장>(김종진, 2007)을 통해 살필 것이다. 프로이트가 말하였던 농경사회의 경우가 그러했듯, 신성화되는 사회에서 철저히 배제되는 경향을 띤 요소들인 '가족과 여성'이 이들 영화에서는 '배제되는 동시에 이데올로기적이며, 상상적인 층위에서 신화화되는 측면'으로 드러난다.

이 영화들 모두가 사회적 표상들을 재현하는 고전주의의 원리에 따른 '사실주의 영화'라는 원칙하에서 논의는 진행될 것이다. 이들 각각이 지닌 낭만주의적 환상의 영역에 대해서는 영화학자 앙드레 바쟁의 언어를 빌려 '리리시즘'[4]과 연관시키려 한다. 따라서 본고는 <공동경비구역 JSA> 와 <간 큰 가족>, <만남의 광장>과 <바람난 가족> 모두를 '리리시즘적 사실주의 영화(lyricism-oriented realism)'로 규정하고 분석할 것이다. 이때의 리리시즘은 '연출의 구조로 직접 번역되는 세계관과 부합하며', 또한 이들의 외재성을 통해 '세계와 우리 사이의 본질적이고 윤리적이며 형이상학적인 측면'[5]을 사사할 수 있다는 의미에서 사용된 용어이다.

2. 터부시된 경계, 비무장지대: <공동경비구역 JSA>를 중심으로

한국전쟁이 발발한 시점으로부터 1년이 지난 1951년 6월 하순부터 시작된 정전협상은 2년 1개월의 긴 시간동안 575회의 공식회의를 거쳐, 마침내 1953년 7월 27일 끝맺었다.[6] 이 기간 동안 제기된 휴전안들은 거의 60년이 지난 오늘날의 시점에서 분석해도 거의 변함없이 유지되고 있다. 영화 <공동경비구역 JSA>가 보이는 당시 상황 역시 이 60년 세월의 한 단면이다. 정신분석학적 입장에 따르면, 영화가 지칭하는 대상관계(Object relation)[7]는 현실의 형성에 기여하는 동시에 현실을 반영해 준다. 따라서 영화 속의 인물들은 1951년에 이뤄진 정전협상 이후 반세기가 지나는 사이 달라진 정전에 대한 관념을 내포한다고 말할 수 있다. 판문점 공동경비구역에서 총격사건이 벌어진 후, 남북한 합동수사단이 결성되면서 영화 <공동경비구역 JSA>의 이야기는 시작된다. 이 과정에서 주인공을 제외한 외부의 특이한 캐릭터가 사건에 개입하는데, 그 인물을 중심으로 내용을 살펴야 한다. 바로 중립국 감독위원회 소속이라고 소개되는 '소피'가 바로 그다. 이 캐릭터의 설정에서 흥미로운 점은 그녀가 '여성'이라는 것과 '중립국'의 대표라는 점을 들 수 있다. 남한병사와 북한병사들이 그러하듯, 영화에서 소피는 특정 국가의 관념인 시니피에signifié를 대표하는 일종의 시니피앙signifiant[8]으로 제시된다. 그리고 영화에서 그녀가 스위스나 스웨덴이 아니라, 남한과 북한의 '경계선 자체'를 그리고 있음을 우리는 주목해야 한다.

군사문제연구가들의 언급을 통해서도 이러한 역학관계를 조금은 짐작할 수 있다. 김삼석은 영화 <공동경비구역 JSA>에 "미국을 대변하는 남한, 혹은 그리하여 결코 중립의 사건을 해결할 수 없는 껍데기만 서 있을 뿐"[9]이라고 언급했다. 실제로 한국군 캐릭터가 없다는 것이 아니라, 정서적 의미에서 '진짜 한국군'을 찾을 수 없다는 의미에서다. 일종의 의미론(semantics)적 성찰이라 할 것인데, 구조주의 학자들이 의미론을 통해 다른 이론들의 맥락을 조합하듯 우리 역시 이 영화의 오토마톤automaton을 캐릭터를 통해 분석할 수 있다. 라캉에 따른 오토마톤은 '회귀를 함축하고 있는 그물망의 구조 자체'[10]를 의미한다. 즉, 소피 캐릭터를 통해 영화는 판문점이란 공간을 '인물'로 전환시키는 특이점을 보인다. 뿐만 아니라 이수혁 병장은 '남한'을, 오경필 중사는 '북한'을 대변하는 인물로 영화에 각각 등장한다. 이는 정확하게 말해서는 이념의 대변이 아니다. 남북이 몰래 소통하고 오가는 것이 소재로 사용된 이유는, 오히려 그것이 '판타지'이기 때문이다. 이러한 영화 속 상황들은 정말로 '남몰래' 일어나는 일이기 때문에 벌어진다. 다시 말해 일어나서는 안 될 일이 소재로 활용된 것일 따름인 것이다. 그러니 우리가 집중해야 할 것은 특수한 상황에서의 '설정' 자체라 할 수 있다. 이들 캐릭터는 일단 그들이 살고 있는 '공간'을 상정하고, 그들이 대변하는 '나라의 이념'이 깨어지면서 사건이 발생한다. 영화 속 인물이 처한 상황 자체의 아이러니를 들여다볼 때 우리는 60년 사이에 변화한, 혹은 정체되어 있는 사회적 산물과 정체성이 집약된 장소로서의 판문점을 바라볼 수 있을 것이다.

프로이트 타부의 영화와 영화 <공동경비구역 JSA>의
한국적 타부 비교

이 과정에서 '1976년의 판문점 도끼 사건'이 부각된다. 홍석률 교수에 따르면, 원래 공동경비구역은 군사분계선이 표시되지 않은 채 양측이 서로 자유로이 왕래할 수 있는 구역이었다. 하지만 1976년 8월 벌어진 도끼사건 이후 지금의 형태로 유지되기 시작하였다.[11] 이 부분에서 우리가 특이하게 보아야 할 점은 공간의 의미 자체가 아니다. 이를 바탕으로 "공간이 영화에서 어떻게 재현되고 있는가?"가 더 중요하다. 박찬욱은 영화의 도입부에서 '판문점의 미루나무'를 내레이션을 통해 언급하는데, 이 내레이션은 우연히 캐치된 것처럼 보이지 않는다. 생각해보면 영화 속 오경필 중사 캐릭터는 마치 가지치기를 하다 멈춘 미루나무처럼, 병상에 누워서 이야기에 처음 등장한다. 그러니 이 내레이션과 인물 설정은 우연히 매치된 것이 아닐 것이다. 이 때문에 1976년에 일어난 판문점 도끼 사건은 마치 이 영화의 시발점이 된 것처럼 느껴진다. 그런데 가만히 생각하면 영화에 등장하는 미루나무는 남한군 병사가 아니라, 북한군 병사인 듯 그려진다. 오경필 캐릭터는 마치 잘린 미루나무인 양 침상에 누워서 영화에 등장하는데, 이렇듯 남한병과 북한병의 시니피에가 상투적인 시니피앙의 의미와 뒤집혀 설정돼 있다. 이 지점에서 연출자 박찬욱은 정확히 시니피앙을 전도해서 내보인다. 이는 희극적 요소 혹은 우연의 체계의 산물이 아니다.

의도적으로 남과 북을 바꾸어 표상하는 것은 캐릭터뿐 아니라, 공간에서도 역설적으로 사용된다. '돌아오지 않는 다리'가 대표적 예다. 이 역시 일종의 환유로서 영화 전체에 해체되어 등장한다. 주요 캐릭터들이 이곳을 자유로이 왕래하는 것은 영화의 전제적 사건이 되며, 공식적으로 '이를 건너는 것이 절대로 불가하다'는 것을 관객들은 이미 모두들 안다. 요컨대 이 영화에서 시니피앙과 시니피에의 혼란(의식과 상태의 괴리)은 드라마투르기의 주요 기둥으로 작용한다. 미국인 관광객의 모자가 경계를 넘어 바람에 휩쓸려 날려 가는 장면 또한 비슷한 맥락에서 설명할 수 있다. 미루나무와 마찬가지로, 북한군 중사가 다가와 모자를 건네주는 장면에서 관객들은 '분단의 형식'과 '(의식에서) 이미 사라져버린 경계'가 흔적으로만 남아 있다는 사실을 인지한다. 더불어 이 장면을 통해 관객은 미국으로 대변되는 '남한의 상태'도 이해할 수 있는데, 이가 영화에서는 '미루나무가 있는 공간'으로 표상되어 드러난다. 이 시니피앙의 주체는 건들 수 없는 경계인 '군사경계선'을 토템화시킨다. 이후 영화는 이를 터부시하라고 지정하는데, 라캉이 언급했던 시니피앙 놀이(Partie de signifiants)[12]처럼 만일 영화 속 주체가 '시니피앙의 주체'라고 말한다면 우리는 영화의 구조를 그물망으로 상상할 수 있을 것이다. 다시 말해 시니피앙에 의해 의미가 결정된다면, 이 범위는 확대될 수 있다. 예컨대 영화에서처럼 남북한의 경계를 넘어 모자를 집더라도 특별한 일이 일어나지는 않는다는 것을 우리 모두는 안다. 하지만 처벌 때문이 아니라 '꺼림칙한 마음' 때문에 어느 누구도 그 선을 넘지 못할 뿐이다. 정전 기간 60년 동안 우리 사회에서는 이런 식의 터부가 계속해서 지속되어 왔다. 우리는 이를 일련의 사실주의적 드라마들을 통해 살필 수 있다. 설혹 이 드라마들이 리리시즘의 경향을 띤다고 하더라도 결과는 마찬가지다. 현실의 터부를 건드리며 영화 <공동경비구역 JSA>는 시작되고, 터부를 행했을 때의 두려운 마음과 군사경계선이 신성시된 것이 과연 적절한 지에 대한 의구심을 영화는 관객들에 던져준다. 영화가 묻는 경계의 보이지 않는 선에 대한 점검을 생각할 시기이다.

사실 한국전쟁의 짧은 시기를 제외하고 남한은 세계에서 유래를 찾기 어려울 정도의 반미 무풍지대로 일컬어져 왔다. 역사학자 한홍구는 이를 '후천성 반미결핍증'[13]이라 불렀다. 2000년 이후 한국에서 쓰인 '한국전쟁 이후에 대한 단상들'을 우리는 영화 속 이수혁의 캐릭터를 통해 생각할 수 있는데, 이수혁의 애인으로 등장하는 여성 캐릭터가 난사 사건 이후 소피를 만나 무조건 "괜찮아질 거라서 걱정을 하지 않는다"라고 답하는 것이 대표적 사례다. 이 대답은 당대, 그리고 현재의 남한 사회 일반적 풍토를 드러내 보여준다. '반미가 국익에 도움이 되지 않는다'는 사회적 분위기는 앞서 이른 바와 같이 정전의 협정 과정에서 미국을 위시한 세력이 남한의 입장을 대변하는 과정에서 굳어진 전제라 할 것이다. 이처럼 60년간 정전 상태가 지속된 한국에서 이 사실을 어떻게 받아들였는지, 우리는 일련의 사실주의적 드라마들을 통해 살필 수 있다.

이 논의를 확대하기 위해 프로이트의 논지를 되짚을 필요가 있다. 이때, 인류 문화의 기원에 대한 정신분석학자들의 논의는 과학적 진실이라기보다는 세계를 해석하는 비유적 진실로 다뤄져야 한다. 프로이트의 말처럼 아이가 아버지가 되어가는 과정에서 아버지에 보이는 반항은 인류 역사를 통해 반복되어온 부정할 수 없는 사실이다. 아이는 어머니의 보호와 양육을 받아 자라지만 성장한 후에는 독립해 아버지의 삶을 따르는데, 이 과정에서 이들은 서로 '양가적 감정'의 갈등을 겪는다. 아들들이 자신의 아버지를 향해 품는 '증오와 동경'[14] 때문에 그들은 친부를 살해하게 된다. 이처럼 아들들이 가지는 '해방과 죄의식'의 양가적 감정은 이후 아들이 아버지의 자리에 올랐을 때 '아버지가 금기하던 것을 이제 스스로 금지하게 되는 모습'으로 드러난다. 즉, 아들을 통해 죽은 아버지는 더욱 강한 절대자가 되어 돌아오는 것이다. 이때 후계자로서 아들의 모습은 두 가지 양태로 드러난다. 아버지와 아버지의 법에 초점을 맞추어 그 뜻을 이어받는 '충실한 후계자'로서의 모습이 강조되면 세계에 대한 '보수적 해석자'가 되고, 반대로 아버지로 대변되는 기존 질서의 부당함과 아들이 보여주는 '반역과 저항의 정당성'에 초점을 맞출 때에는 역사에 대한 '진보적 해석자'가 된다는 식이다. 이가 바로 인류역사에서 꾸준히 반복되어온 '아버지 세대에 대한 아들 세대의 반항'이며, 프로이트가 반복강박(repetition compulsion)이라 이른 것의 핵심이다.

라캉 역시 프로이트의『토템과 터부』가 오이디푸스 콤플렉스로 통칭되는 '무의식의 근원'을 가장 잘 설명하는 구조라는 분석을 내놓은 적이 있다.[15] 확실히 프로이트주의의 근원에는 이 저작이 위치하고 있다. '꼬마 한스의 경우'를 통해 살핀 결과도 마찬가지다.『꼬마 한스와 도라』에서 프로이트는 '아들이 아버지를 동물의 형태로 인식하는 경우'[16]를 언급하는데, 이때 아이는 아버지로 비유되는 동물을 두려워하는 동시에 집착하는 모습을 보인다. 이가 바로 우리가 '토템의 흔적'이라 부르는 예다. 영화에서 토템의 흔적을 발견할 수 있는 까닭도 이러한 유사성의 원리에서 기인한다. 우리는 이를 인간 사회 전체에 투영해 살필 수 있다. 프로이트를 통해 살피는 모든 정신분석학의 위계질서가 유사의 원리에 기인하듯, 본고는 이 논리체계를 영화를 통해 보는 한국사회의 특정 현상에 대입할 수 있다고 생각하며 이야기를 진행하려 한다. 프레이저의 연구 또한 토템의 결과가 부족의 식량과 다른 필수품들을 공급하는 데 있다고 보았는데,[17] 실제로 토템으로 다뤄지는 것은 대부분 먹을 수 있는 동식물이다. 아버지와 토템의 연결은 이렇듯 유사類似가 유사를 낳는 정식분석학적 연구론[18]을 통해 계속해서 서로 영향을 미치는 관계로 이어져 나가게 된다.

3. 휴전 이후 형성된 한국사회의 특성

1) 한국적 가족모델: <간 큰 가족>의 경우

조명남 감독의 영화 <간 큰 가족>은 자본으로 둘러싸인 현대 한국인의 삶이 '통일에 대한 갈망 또는 이산가족의 절절함'이란 감정을 어떻게 해소시키는지, 어느 한 단면을 드러내는 작품이다. 3대가 모여 사는 보기 드물게 화목한 현재네 가족이 그 주인공이다. 집안의 어른인 할아버지는 지금 '보고 싶은 사람을 보지 못해 생긴 병'에 걸린 상태다. 할아버지에게는 지금의 할머니 말고도 북에 사는 또 다른 할머니가 있는데, 분단 이후 지금까지 단 한 번도 소식을 듣지 못했다. 간암말기 진단을 받고 3개월의 시한부를 선고받고서, 자식들은 그의 장례를 준비를 시작한다. 그리고 도중에 할아버지가 북의 가족들 명의로 50억 가치의 땅을 남겨놓았다는 사실을 발견하게 된다. 그때부터 영화는 본격적 사건을 진행시킨다. 영화 속 대사가 언급하는 것처럼, 통일은 쉽사리 완성되는 것이 아니다. 우리 모두는 이를 너무 잘 인지한다. 분단 50년이 훌쩍 지난 영화 속의 상황에서도 마찬가지로, 통일은 현실화되기 너무나 어려운 것으로 표현돼 있다. 그리하여 '불가능'하기 때문에, 텔레비전 매체를 통해서나 있을 법한 '가상의 통일'이 준비된다. 가상의 통일이 이루어진 곳에는 '남북단일 탁구팀, 통일마라톤대회' 등의 행사가 진행되고, 이 소식에 할아버지의 병은 거짓말처럼 씻은 듯이 낫는다.

이 플롯의 전개에서 주목할 점은 크게 두 군데이다. 우선 분단의 상처에 대한 가치평가가 '50억'이란 큰 금액으로 표현되었다는 점과, 다음으로 통일이라는 상황이 말기 암을 치료할 만큼 굉장한 '판타지적 요소'를 가진다는 점이다. 영화 <간 큰 가족>에서 분단에 대한 논의는 이렇게 이제는 공간을 넘어, 정신으로 넘어온다. 정체된 중립적 공간이 통일이라는 작용을 통해 확대될 때, 통일은 경계가 사라진 토템으로 변모하였단 것을 우리는 앞서 논의하였다. 그렇다면 이제 프로이트의 말마따나 토템은 '정신'을 담는 매체로 변하게 된다.[19]

프로이트의 정신분석학은 사람들이 그릇된 잣대를 사용하고, 자신을 위해 권력과 성공과 부를 추구하며, 타인들을 흠모하지만 참다운 삶의 가치는 과소평가하는 경향이 있다고 보았다. 하지만 이와 동시에, 이처럼 모든 것에 일반적 판단을 내릴 경우 인간 세계와 그 세계의 삶의 다양성을 망각할 위험이 있다고 우려했다. 그러므로 대중의 목표나 이상, 이를테면 현대에 있어 자본과도 같은 가치판단 기재와 거리가 먼 성질, 여기서는 '통일'과 같은 결과를 바탕으로 삼더라도 동시대인들의 존경을 받는 그러한 경우가 생길 수 있다고 프로이트는 판단했다.[20] 이에 주목한 것이 바로 '종교'다. 프로이트에게 종교는 영원의 감각, 어떤 무한하고 경계가 없으며 동시에 망망대해와 같은 느낌을 주는 것으로 표현된다. 『환상의 미래』에서도 언급되는 바, 종교는 '환상의 마력을 띤 어떠한 일루전'[21]이다. 그러니 이 일루전은 <간 큰 가족> 속 '통일'의 맥락과 개념상 일치한다. 이때 이 종교적 환영은 자본의 문제도, 물리적 장애의 문제도 모두 뛰어넘을 만큼 강력한 힘을 지닌다. 마찬가지로, 현실화되는 것이 불가능하다는 전제에서 살펴도 통일이란 것은 종교적 판타지와 동일시될 수 있다. 하지만 그렇다고 계속해서 환상의 날개를 펴기만 해서는 아무런 의미가 없다. 이때의 환상은 '(프로이트가 이르듯) 생각할 수 없는 것, 즉 부당한 것에 이내 다다르기'[22] 때문이다. 그래서 우리는 그것의 현실적 상처 혹은 흔적이 담긴 증거를 찾아야 한다. 생각해보면 영화 <간 큰 가족> 속에는 그 흔적이 담겨 있다. 바로 '가족'이다.

흔히들 한국적 가족의 견본은 근대적 관계의 상상적 준거에 머무른다고 말한다. 그 이유는 권명아가 이른 것처럼 가족이 '근대적 지표가 결여됨에 따른 봉건적 이데올로기의 잔재, 또는 오랜 군사 독재 시절의 경험을 통해 축적된 권위주의의 부산물로'[23] 여겨지기 때문이다. 분명 개인의 해방과 자유, 이성적 사회를 기치로 내세운 근대는 오랫동안 한국인들의 마음속에 미답의 영토로 남아 있었던 것이 사실이다. 일제 강점기와 한국전쟁을 경험하면서 신분제가 흔들리고 대다수의 국민들이 빈곤과 혼란을 경험하던 시기, 조선시대의 유교적 가족주의는 국가적 상황에 따라 변화를 거듭하며 사회 전반에 걸쳐 지속되어 왔다. 그러므로 이러한 큰 틀 안에서 근대와 전근대, 탈근대라는 중층적 결정에 의해 구성되는 현실의 비균질성에 대한 논의가 이어져야 한다. 한편, 여성학자 손승연은 우리나라가 공리적(utilitarian) 가족주의 전략을 쓰고 있다고 판단한다.[24] 그에 따르면 부계 혈연망에 기반한 공리적 가족주의 개념은 식민지 시기나 전시처럼 '개인을 보호해 줄 국가의 역할이 취약한 시기'에 발달되는 전략이다. 60년이란 시간 동안, 한국의 가족주의 의식은 별로 변한 바가 없다. 공리적 가족주의 전통은 식민지배, 미군정, 자본주의 체제의 편입과도 같은 사회변동 속에서도 거의 유일하게 유지되어 온 사회적 연대의 틀로서 기능하였다. 따라서 주목받아야 한다. 영화 <간 큰 가족> 속에도 이러한 상황은 자연스레 전제된다. 오프닝 장면이 그렇다. 이미 북과 남에 할머니가 각각 한 분씩 계시다는 손녀의 내레이션을 통해, 이야기 속의 할아버지는 가족의 중심이자 모든 결정을 내리는 중추의 역할을 맡은 상태임이 전제되어 있다. 그의 결정이 가족 전체의 결정이 되며, 이런 부계혈통주의의 관습은 기정사실로 전제되어 극의 내용에 영향을 미친다. 이 관계도를 여성학에서는 '한국가족의 패러독스paradox'[25]라 부른다. 이 영화 속 가족관계를 특정 사회의 가족 모델로 지정할 수 있는 이유는, 영화가 한국을 대표하는 가족 모델을 빌렸기 때문이 아니다. 우리는 다만 여기서, 기존의 가족 연구에서 한국적 가족의 모델을 추려내고 이를 상정해두는 정도에 그칠 것이다. 그러니 영화 <간 큰 가족>의 가족 구성도는 이미 완성된 한국적 가족모델을 빌린 것이라 봐야 한다.

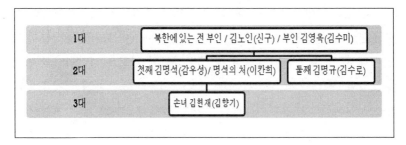

1대	북한에있는 전 부인 / 김노인(신구) / 부인 김영옥(김수미)	
2대	첫째 김명석(감우성)/ 명석의 처(이칸희)	둘째 김명규(김수로)
3대	손녀 김현재(김향기)	

영화 <간 큰 가족>의 가족구성도

실상 한국은 미국이나 유럽 등지의 서구와 달리, 가족중심이나 가족중심 가치체계를 의미하는 가족주의(familism)의 영향력 아래 있는 국가이다. 그 중심에 '부양가족책임론=남성생계책임자론'[26]이라 불리는 자본주의적 산업화의 과정에서 이룩한, 남성 중심의 폐쇄적 계층재생산이 단단하게 굳혀져 있다. 하지만 이 사이에서 '가족, 사적인 것, 아내, 자식, 여성' 등의 층위들은 다른 사회와 구별되어 우리 사회에서만 다르게 비춰지고 있는 부분이 있다. 영화 <간 큰 가족>의 경우, 이 층위에서 어긋나는 곳은 오직 한 군데다. 바로 할머니들의 상황이다. 영화의 가족 구성도를 살피면, 영화 속 가족의 모습은 여성학자들이 '전형적 가족'[27]이라 부르는 가부장적 가족의 일례로 적합하다. 즉, '성적, 계급적 불평등을 재생산하는 기본단위'로서 가족을 이 영화를 통해 언급할 수 있을 것이다. 다만 '북한에 있는 전부인'의 존재가 영화의 가족관계 구성도를 여타의 전형적 가족들과 구분되게 만든다. 그리고 이 하나의 존재가 영화 전체를 '코미디' 혹은 '판타지'의 장르로 몰아버리는 괴력을 발휘한다. 앞서 이른 논리에 의하면, '자본의 문제를 뛰어넘을 만한 정신의 집약체'를 바로 이 북한의 전부인이 지니는 셈이다. 만일 프로이트적 종교의 대체재가 '통일'이라 본다면, 북한에 있는 전부인을 통해 영화는 특별한 '분단 현실의 가족상'을 드러낸다고 말할 수 있다. 통일을 바라는 발원지로서 그녀가 지닌 현실적인 환상성은, 그 '무언가 잘못된 지점'을 가리킨다. 라캉이 이른 바대로 이 절뚝거리는, 혹은 무언가 잘못된 지점은 시니피앙의 법칙을 도입할 수 있는 장소가 된다.[28] 의식의 기능에서 존재적인 것을 가리키는 정신분석학의 용어 '틈새(fent)'[29]를 통해, 우리는 한국의 전형적 가족인 가부장적 가족의 일례를 정확히 짚어낼 수 있다.

2) 가족의 흔적이 낳은 사회적 지표들: <만남의 광장>과 <바람난 가족>

정신분석학적 논지에서 '헛디딤, 실패, 균열'은 발견(trouvaille)[30]을 나타낸다. 이 우연한 발견이 구조주의적 입장에서 '가족의 흔적'을 살필 때에도 응용된다. 다른 예로 코미디 장르에 속하는 사회극인 영화 <만남의 광장>을 들 수 있다. 김종진 감독의 이 영화는 남한의 어느 마을과 북한의 어느 마을이 땅굴로 연결되어 있다는 전제하에서, 한 가계도의 흐름에 묶여 있는 두 마을 사람들이 군사분계선 너머로 몰래 왕래한다는 가정하에 이야기를 진행시킨다. 이 극에서의 리리시즘적 요소는 '휴전선'의 존재다. 즉, 이것이 일종의 판타지적 요소로 영화에서 활용된다. 애초 영화에서 휴전선이 성립할 시기에 미군들은 말뚝을 박고 있는데, 그들이 사용하는 "돌아가(Go Back)"란 용어를 이해하지 못한 마을 주민들이 휴전선의 건립을 도우면서 극의 해프닝은 시작된다. 이후 30년이 지난 1983년에, '삼청교육대'라는 배경을 바탕에 두고 주인공 공영탄은 분할된 마을로 침투한다. 이후 그는 마을의 비밀을 깨닫고, 북한 여성인 선미와 혼인하는데, 이들의 혼인은 그 자체로 판타지라 부를 수 있다. 이 판타지가 가능한 것은 전적으로, 군사분계선의 존재 역시 판타지로 영화에 등장하

기 때문에 성립된다. 이처럼 군사분계선을 가상의 것으로 여길 때, 주인
공인 선미과 영탄의 결합은 마치 '북한'과 '남한'의 결합인 양 취급될 수
있다. 캐릭터가 공간을 대변하는 격으로, 이 인물들은 마치 <공동경비구
역 JSA>에서처럼, 특정 국가의 관념인 시니피에를 대표하는 시니피앙
으로 제시된다고 볼 수 있다. 영화 속의 주체가 시니피앙에 의해 의미가
결정되는 '시니피앙적 주체'로 취급된다면, 이때 우리는 구조의 그물망
을 살펴야 할 것이다. 이때 구도의 특이점으로는 여성 캐릭터가 '북한'을
그리고 남성 캐릭터가 '남한'을 대변한다는 점을 들 수 있다.

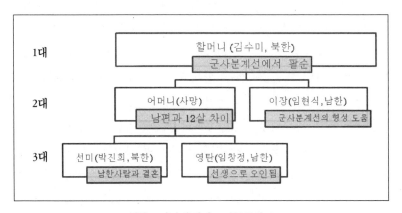

영화 <만남의 광장> 가족구성도

코미디장르의 사회극으로 작용하기 위해 영화 <만남의 광장>은 여
성 캐릭터를 1980년대 남한에서 존재할 리 없었던 가상의 모습으로 치장
시킨다. 그녀들은 자진해서 군사분계선을 넘고 남성들에게 먼저 입을 내
밀며('선미' 캐릭터), 앞장서서 혼사를 주도하며 또한 땅굴에서 자신을 위
한 잔치를 치룬다('할머니' 캐릭터). 이 인물들은 3대로 이뤄진 가족구성
도를 꽉 채워서 완성시키지만, 이들 각자를 가족주의 안에서 세밀하게

구별하기는 곤란하다. 다만 진취적 혹은 도발적 여성의 캐릭터가 '남한에 존재할 리 없는 성격'으로 규정되어 있다는 점만은 짚고 넘어가야 할 것이다. 이를 일반화시키기 위해, 즉 '지표'로 여기기 위해 우리는 여기서 비슷한 가족구성을 가진 다른 영화를 다시 살피려 한다. 바로 <바람난 가족>이다.

영화 <바람난 가족>의 가족 모형은 모양은 다르더라도 공리적 가족주의 전략을 취했다는 점에서 <간 큰 가족>과도 비견할 수 있다. 이 영화의 등장인물은 윤리적이거나 혈연적인 죄의식을 느끼지 않은 채 각자 바람을 피운다. 사실주의 전략에서 봤을 때 이 영화의 리리시즘적 요소는 '바람'이다. 앞서 논의한 것처럼 자본의 문제나 물리적 장애의 문제도 모두 뛰어넘을 만큼 강력한 판타지를 지닌 것이 한국사회에서 '가족의 흔적'이라 한다면, 이는 특수한 상황에서 기인한 결과라 볼 수 있다. 이처럼 <간 큰 가족>과 <만남의 광장>, <바람난 가족>은 모두 1대와 2대, 3대가 모여 살고, 남성이 부양가족의 생계를 책임지는 공리적 가족주의 전략을 취한다는 점에서 공통점을 지니는 영화들이다. 하지만 <간 큰 가족>이 '북한에 있는 할머니'의 존재를 통해 변주를 꾀하였고, <만남의 광장>이 '가상의 휴전선'을 통해 모든 관계를 판타지로 바꾸었다면, 영화 <바람난 가족>은 3대의 가족들 모두가 각자 '바람이 난 상태'라는 점에서 또 다른 변주를 준다고 볼 수 있다. 이 작품을 통해 우리는 한국사회에서 가족 개별이 취하는 역할을 환기할 수 있다.

30대의 변호사 영작은 아내 호정, 입양한 7살 아들과 함께 산다. 겉으로는 단란한 부르주아의 가족이지만 이들 모두에게는 제각각 비밀이 있다. 아들은 자신이 입양아라는 사실 때문에 친구들 사이에서 혼란을 겪고, 가장인 영작은 애인에게 정신이 팔려 있으며, 호정은 또 나름대로 17살의 고등학생을 따로 몰래 만나는 중이다. 이 바람난 가족의 형태는 확장되어 윗세대의 모양 역시 비슷하다. 예순이 된 호정의 시어머니는 남편이 죽자 초등학교 동창과 재혼하겠다고 하는데, 이들 모두의 모습에서 윤리적이거나 혈연적인 죄의식은 조금도 느껴지지 않는다. 다만 사건은 숨겨진 관계가 아니라 '드러난 사건'에서 발단을 거치며 발전할 뿐이다. 이때 드러난 사건의 예로 두 가지를 언급할 수 있다. 첫 번째, 오프닝에서 한국전쟁 당시 몰살당한 유골들이 발견되는 일이 그렇다. 이 오프닝에서 영작은 해골더미에 미끄러지는데, 이가 중요한 이유는 사실관계에 기인하기보다는 '상징적 역할'로서다. 영화가 판타지로 들어가는 문의 역할을 이때의 해골과 개의 사체가 맡는다. 그러니 이들을 '판타지로 입궁하는 통로'[31]라 칭해도 될 것이다.

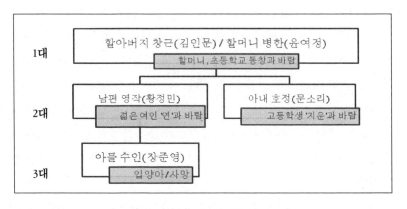

영화 <바람난 가족> 가족구성도

변호사인 영작이 발굴의 작업장에서 죽은 개의 사체를 만난 일이나, 유골에 몸을 비비게 되는 사건을 겪는 것은 일종의 판타지를 위한 장치이다. 사회학자 로제 카이와에 따르면 판타지는 '용인된 질서의 파괴이며, 동시에 현실 세계의 가운데로 이해하기 어렵거나, 용인하기 어려운 무언가가 들어오며 시작되는 사건'[32]을 뜻한다. 이러한 전제를 영화의 시작부에 둔다면 <바람난 가족>의 젠더 간 사건이나 일화들은 모두 사회적 판타지의 일종으로 적용시킬 수 있다. 영화 전체가 '사회에 대한 판타지, 이중적 역설의 통로'로 작용할 수 있다는 방증인 셈이다. 물론 이 가정에 대한 정의는 좀 더 정밀하게 다뤄져야 한다. 하지만 2011년 손승연이 발표한 젠더 연구에서 "여성의 가계소득 증가가 기대되고 환영받고 있지만 가족 내에서 가사노동과 관련된 성평등은 실천되고 있지 않다"[33]고 기재된 것에서 추론할 때, 영화 속 가족의 관계는 사회반영의 측면보다는 오히려 '기대감' 내지 '판타지'의 측면에서 접근했다고 판단하는 편이 옳을 것이다. 요컨대 <바람난 가족>의 가족 관계나 인물 간 구성은 모두 현실의 반영이 아니라, 오히려 도달할 수 없는 지표를 상기하게 만든다. 그리고 앞서 언급한 논리처럼 이는 진실한 내면을 들여다보는 틈이자, 사실주의 속의 리리시즘적 요소, 그리고 영화적 판타지의 요소가 된다. 우리 사회에서 이 가상의 지표가 무엇을 언급할 수 있는지는 각 분야에서 조금씩 다른 의견을 보일 수 있다. 다만 여기서 우리는 영화 <바람난 가족>이 강하게 보이는 '여성 중심주의'를 중심으로 살펴보려 한다. <만남의 광장>이 코미디이자 판타지로 취급하던 것들을, 이 영화는 정형화된 가족의 틀 안에서 더욱 부각시켜 드러낸다. 마치 사실주의인 양 말이다.

영화 <바람난 가족>에서 드러난 사건으로 언급되는 두 번째 이야기는 '입양된 아들의 죽음'이다. 영작은 출장을 핑계로 애인과 여행길에 나섰다가 우편배달부와 부딪치는 교통사고를 낸다. 일은 꼬이고 이로 인해 결국 입양된 아들을 잃는데, 아들의 죽음에 충격을 받은 아내 호정과 영작은 이후 심하게 다툰다. 얼마 후 호정은 자신이 아이를 임신했음을 발견하게 된다. 이에 영작은 유골 발굴현장에 들렀다가 다시 호정을 찾는다. 호정은 영작에게 아이가 당신의 아기가 아니라고 말하는데, 그래도 상관없다고는 하지만 결국 영작은 그녀로부터 완전히 떠나기로 마음먹는다. 겉보기에 멀쩡했던 부르주아 가족의 형태가 '바람피우는 행태'를 통해 완전히 해체되는 결말을 맞게 되는 것이다. 이 마무리는 전형적 가족의 모습을 지닌 '상상된 지표의 가족 형태'가 온전히 판타지였다는 것을 역설해 보여준다. 결말에서 영화는 다시금 판타지로의 입궁이었던 유골발굴의 현장으로부터 빠져나오면서 현실로 돌아오는데, 그렇게 남은 현실의 껍데기는 결과적으로 매우 허망하게 관객들에게 다가오고 만다. 이 지점이 흥미롭다. <만남의 광장>이 '북한'이란 통로를 이용해 환상으로 둔갑시키던 1980년대의 여성 캐릭터가, 실은 <바람난 가족>에서도 유지되고 있는 것을 확인하게 되기 때문이다. 과거에는 환상에서나 가능했던 여성 캐릭터가 마치 2000년대에는 현실화된 것처럼 영화는 접근했지만, 결국에는 그 역시 환상이었음이 드러난다. 이효재의 언급처럼,[34] 한국의 여성들은 경제성장과는 별개로 상대적 방관자의 입장에서 소외된 채 살아온 것이 사실이다. 한국 가부장제의 성격은 외세와 근대적 교류를 트기 전 조선시대부터 이미 전통적으로 형성되어 있었으며, 식민지 통치 아래에서 더욱 심화되어 여성의 개화와 평등의 요구는 꾸준히 지연되고 억압당해왔다. 즉, 가부장제의 역사적 성격이 가족제도의 차원에서 여성의 지위와 연계되어 지속적으로 한국의 여성문제를 억압했던 것이다. 이렇듯 <만남의 광장>을 이어 <바람난 가족>이 품은 판타지는 사회적 뉘앙스를 띠는 종류의 것이며, 우리 사회가 갖지 못한 '페미니즘'에 대한 이론적이고도 실천적인 환상을 영화는 이러한 사회적 판타지를 통해서 풀어내고 있다. 결과적으로 이들 영화는 판타지를 통해, 영화 속 여성 중심주의가 실제로는 불가능한 환상적 요소라는 것을 수긍하게 만든다.

영화 <간 큰 가족>과 <만남의 광장>, <바람난 가족>은 모두 전통적 가족모델에 대한 불안을 안고 있는 작품들이다. 이 영화들은 '3대가 모여 사는 한국식 대가족 견본'으로부터 시작해, 마침내 그 탈피를 향한다. 이 중 영화 <바람난 가족>은 '전통적 가족 견본의 해체'가 여성인권의 신장이 뒷받침되어야 가능할 것이라고 주장한다. 하지만 이 영화가 지닌 페미니즘에 대한 판타지는, 역으로 우리나라에서 페미니즘의 문제가 적극적으로 공론화되거나 프랑스처럼 이차적으로 발전할 수 없다는 증거가 되어주기도 한다. 분단이라는 특수한 상황이, 다시 말해 비무장지대라는 토템화된 공간이, '분단된 가족'이라는 가족의 개념을 넘을 수 없는 개념으로 확정케 했음을 추론하게 만드는 것이다. 어쩌면 분단이 페미니즘으로의 활로를 차단하고 있는지 모른다. 지금의 상황에서는 '반페미니즘(antiféminisme)'[35]이라는 용어조차 한국사회에 통용되지 않는 것처럼 보인다. 예를 들어 프랑스에서 루소의 반페미니즘적 성향이 '완성된 페미니즘적 성향'을 토대로 드러난 것과 비견해서, DMZ가 존재하는 한 한국에서의 페미니즘적 활개는 불가능할 것 같다. 만일 시몬 드 보부아르Simone de Beauvoir의 주장을 한국의 영화나 사회현상에 대입해서 설명할 수 있다고 하더라도, 우리는 줄리아 크리스테바Julia Kristeva의 이론을 한국에 대입하기는 불가능할지 모른다. 본고를 통해 이처럼 분단이 생성해낸 '토템과 터부'를 논하였다면, '페미니즘'과 같은 사회적 현상에 대한 이차적 논의들은 이후부터 다시 시작되어야 할 것이다.

◆ ◆ ◆

라캉은 인간의 꿈이 '대상의 상실을 더없이 잔인한 부분까지 그려냄으로써 욕망을 현전화하는 도구'[36]라고 일렀다. 물론 이 전제에는 무의식이 위치하는 곳이 바로 언표행위의 수준이라는 전제가 깔려 있다. 이 언표로써 우리는 영화를 살폈다. 프로이트가 인류의 의미 있는 역사의 시작점을 '아버지 살해'라 바로 본 것과 연관지어, 우리가 살핀 영화는 총 네 편이다. 마치 크리스티앙 메츠가 꿈과 영화를 동일시하여 연구에 돌입하였듯, 이들 영화를 통해서 우리는 실제 사회상에 다가가려 노력했다. 영화 <공동경비구역 JSA>를 통해서는 사회가 '절대로 건드려서는 안 되는' 터부의 공간으로 DMZ를 설정하고 있다는 것을 살폈으며, <간 큰 가족>과 <만남의 광장>, <바람난 가족>을 통해서는 분단이라는 특수한 상황과 자본주의가 만나 사회 안에서 어떻게 특화되는지를 살폈다. 그리고 영화 <간 큰 가족>을 통해 토템을 지키려는 터부화된 공간이 종교화 된 정신을 창출하였다는 것을 알게 됐고, <만남의 광장>, <바람난 가족>을 이용해서 우리는 휴전의 영향으로 나타나는 '한국형 가족'의 기반을 이해할 수 있었다.

토템과 터부는 본질적으로 참이나 거짓으로 구분할 수 없는 기제라 할수 있다. 그렇다고 이를 무시할 수는 없지만. 들뢰즈가 이른 것처럼 꼭 필연적이지는 않는 참인 과거(passé non-nécessairement vrais)[37]가 실제의세계에서 힘을 발휘해 작동될 때, 이 보이지 않는 실체는 더욱 더 존중되어야 하기 때문이다. 프로이트식 터부의 힘이 바로 여기에서 드러난다. 한국에서의 여성권 신장은 가부장제가 유지되는 한 실현되기 어려워 보이며, 이 가부장제의 둘레는 군사분계선이 존재하는 한 깨어지기 힘든 철옹성인 것처럼 느껴진다. 그 철벽이 형성한 터부의 영역은 1951년 이래 대한민국에서 견고히 유지되어 왔다. 라캉의 시니피앙 놀이에 따라, 이 언표들을 한국사회에서 드러나는 언론의 여론 장악 방식이나 이념 문제들로 확장시킬 수도 있을 것이다. 다만 여기서는 영화를 통한 분단현실과 연관지어 '전형적 가족구성도의 유지'와 '여권 인상의 격상이 곤란한 상황'에 대해서만 살펴보았을 뿐이다.

> "어떤 사람이 지금까지 전해 내려온 것에 적대적일수록, 그는 앞으로 도래할 사회 상태의 입법 원칙으로 격상시키고 싶어 하는 기준에 본인의 사생활을 종속시킬 것이다. 반면 본인이 속한 신분이나 민족의 전승과 조화롭게 살고 있다고 생각하는 사람은, 종종 본인의 행동에 대한 일말의 양심의 가책도 없이 남몰래 원칙들과 대립시킬 것이다. 마치 그런 행동이 오히려 자기가 체현한 원칙들의 흔들리지 않는 권위를 증명하는 것이라고 자부하는 듯이 말이다."
>
> ─발터 벤야민의 『일방통행로』 중에서[38]

앞서 프로이트는 아버지를 살해한 아들이 이후 충실한 후계자의 모습을 드러낸 '보수적 해석자'로 자라나거나, 반대로 기존 질서의 부당함에 저항하는 '진보적 해석자'의 모습으로 자라난다고 설명했다. 벤야민이 이른 '적대자'의 모습은 프로이트가 말하는 '무정부 사회주의' 유형들이 취하는 행동패턴과 흡사해 보인다. 그리고 벤야민의 '민족 전승자'의 모습은 원칙의 변함없는 권위를 역설적으로 증명하는 '보수주의' 유형의 인물들이 전형적으로 보이는 행위라 말할 수 있다. 즉, 영화 <만남의 광장>이나 <바람난 가족>이 품은 판타지들은 오히려 프로이트나 벤야민이 언급한 '한국사회에 형성된 견고한 보수성의 원인'에 가까워 보인다. 이 논의는 확장될 수 있다. 예컨대 매 선거철마다 반복되는 종북 논쟁에 활용될 수 있겠고, 병역의 문제점이나 탈북자 논의를 확장시키는 데 이용할 수도 있을 것이다. 영화 <공동경비구역 JSA>와 <만남의 광장>이 드러내는 '군사분계선 넘나들기', 그리고 <바람난 가족>이 드러내는 '존재할 수 없는 가족구성의 판타지'는 이렇듯 분단 이후 60년간 견고하게 형성된 보수주의적 틀에 대한 역설적 권위를 이르는 지표들이라 할 수 있다. 너무나 단호하기 때문에 판타지를 끌어내고, 그리하여 계속해서 상상력을 이끌어내는 넘을 수 없는 거울로서의 영화적 지표, 이 지표의 파악을 통해 미래 한국사회의 새로운 기표들이 태어날 것을 기대한다.

주

1) 김서영, 『프로이트의 환자들』, 프로네시스, 2010, 404쪽.

2) 제임스 프레이저, 이용대 역, 『황금가지』, 한겨레출판사, 2011, 234쪽.

3) Sigmund Freud, *Totem and Taboo ; Resemblances Between the Psychic Lives of Savages and Neurotics,* London: Butler&Tanner, 2012. http://www.gutenberg.org/files/41214/41214-h/41214-h.htm.

4) 앙드레 바쟁, 박상규 역, 『영화란 무엇인가?』, 시각과 언어, 2001, 398쪽.

5) 위의 책, 399쪽.

6) 김학준, 『한국전쟁 ─ 원인, 과정, 휴전, 영향』, 박영사, 2003, 307쪽.

7) 크리스티앙 메츠, 이수진 역, 『상상적 기표』, 문학과 지성사, 2009, 22쪽. 영화기호학자 크리스티앙 메츠에 따르면, 정신분석학의 역사에서 '대상관계'의 개념은 "실제 대상과 맺는 현실적인 관계와는 확연히 구분되는 환상적 관계이지만, 이후 현실적 관계들을 형성하는 데 기여하는 환상적 관계"를 뜻한다.

8) 페르디낭 드 소쉬르, 최승언 역, 『일반 언어학 강의』, 민음사, 2007, 94쪽.

9) 김삼석, 「'공동경비구역 JSA'에는 한국군이 없다」, 『인물과 사상』 제

31호, 2000, 186쪽.

10) 자크 라캉, 맹정현·이수련 역, 『자크 라캉 세미나 11』, 새물결, 2008, 108쪽.

11) 홍석률, 「위기 속의 정전협정—푸에블로 사건과 '판문점 도끼살해' 사건」, 『역사비평』 제63호, 2003, 65쪽.

12) 세미나를 통해 라캉이 언급했던 'Partie de signifiants'이란 단어에서 'partie'는 일부분, 파트, 게임 등으로 번역되곤 한다. 이 단어가 수학적인 의미에서 해석되면 '시니피앙 파트'라고 적어야겠지만, 영화의 역할 모델의 맥락에서 사용되기 때문에 본고는 이를 '놀이'라고 표기했다.

13) 한홍구, 『현대사 다시읽기』, 노마드북스, 2006, 118쪽.

14) 지그문트 프로이트, 김재혁·권세훈 역, 『꼬마 한스와 도라』, 열린 책들, 2010, 60쪽.

15) 지그문트 프로이트, 박찬부 역, 『쾌락원칙을 넘어서』, 열린 책들, 1997, 24쪽.

16) 지그문트 프로이트, 앞의 책, 14쪽.

17) 제임스 조지 프레이저, 앞의 책, 89쪽.

18) 김은주, 「사유의 역학—스피노자와 프로이트」, 『사회와 철학』 제21호, 2011, 339쪽. "프로이트의 논리는 인과적 해명의 외양을 하고 있지만, 감각적 자극과 꿈 내용 간의 유사성에 따른 추론에 불가하다."

19) 파멜라 투르슈웰, 강희원 역, 『지그문트 프로이트 콤플렉스』, 도서출판 앨피, 2010, 190쪽.

20) 지그문트 프로이트, 강영계 역, 『문화에서의 불안』, 지식을 만드는 지식, 2012, 17쪽.

21) Sigmund Freud, *L'avenir d'une illusion*, Presses Universitaires de France, 1927, p.14.

22) Ibid., p.29.

23) 권명아,『가족이야기는 어떻게 만들어지는가』, 책세상, 2000, 11쪽.

24) 손승영,『한국 가족과 젠더』, 집문당, 2011, 25쪽.

25) 위의 책, 37쪽.

26) 문소정,「미국페미니즘 가족이론과 한국의 가족과 여성」,『여성학연구』제6권 제1호, 1995, 12쪽.

27) 이영자,「한국 사회의 가족주의와 페미니즘」,『현상과 인식』가을호, 1999, 108쪽. 본고는 가족을 3가지 유형으로 구분한다. 가부장적 가족 유형인 '전형적 가족'과 현대의 '핵가족', 19세기 이래 부르주아지 가족의 특정 유형을 반영한 '전형적 가족'이 그들이다. 이를 통해 이영자는 '불평등을 재생산하는 단위'로서의 가족에 초점을 맞춘다.

28) 자크 라캉, 앞의 책, 40쪽.

29) 위의 책, 54쪽.

30) 위의 책, 44쪽.

31) 김웅교,『그늘』, 새물결플러스, 2012, 360쪽.

32) Roger Caillois, *Au coeur du fantastique*, Paris: Gallimard, 1965, p.161.

33) 손승영, 앞의 책, 242쪽.

34) 이효재,「한국 가부장제와 여성」,『여성과 사회』7권 0호, 1996, 160쪽.

35) 이봉지,「루소의 반페미니즘과 <신엘로이즈>: 데피네 부인의 <몽브리양 부인 이야기>와의 비교 연구」,『불어불문학연구』제8권 0호, 2004, 221쪽.

36) 자크 라캉, 앞의 책, 96쪽.

37) Gilles Deleuze, *Cinema 2, L'image-temps*, éditions de Minuit, 1985, p.171.

38) 발터 벤야민, 조형준 역,『일방통행로』, 새물결, 2007, 36쪽.

영화 <수취인 불명>(2001)에 나타난 세대 간 전쟁기억의 전승과 이미지의 형상화*
-집단기억과 세대이론을 중심으로

박 병 윤

1. 과거와 현재, 지속되는 비극: 한국전쟁과 집단기억의 전승

　기억은 과거의 사건이나 경험을 간직하거나 회상하는 행위이다. 하지만 기억의 주체와 의미는 사회 속에서 획득할 수 있다는 점에서 상황에 따라 선택적이고 구성적이라고 할 수 있고, 과거의 사건은 사회적 맥락과 조건에 따라서 다양한 형태로 기억될 수 있다. 사회학자 모리스 알브바슈Maurice Halbwachs는 기억이 "개인의 소유물이기도 하지만 대중적으로 활용되는 상징과 이야기 그리고 이를 저장·전수하는 사회적 수단의 산물"[1]로 보고 이를 자서전적 기억과 역사적 기억, 그리고 집단기억으로

* 이 글은 필자의 「영화 <수취인 불명>(2001)에 나타난 세대 간 전쟁기억의 전승과 이미지의 형상화: 집단기억과 세대이론을 중심으로」(『현대영화연구』 16집, 현대영화연구소, 2013)를 수정, 보완한 내용이다.

나누어서 살펴보았다. 자서전적 기억은 개인 각자가 실제로 경험한 '사건' 자체의 기억을 의미하고 역사적 기억은 우리와 유기적 관계가 없는 과거의 기억, 즉 사료로 접할 수 있는 과거를 뜻하며 마지막으로 집단기억은 "우리의 정체성을 형성하는 능동적 과거"라고 설명하였다. 여기서 우리가 주목해 볼 만한 것은 '능동적 과거'로서의 집단기억이다. 이는 전쟁 혹은 재난과 같은 일련의 충격적인 사건이 "집단이 제공하는 정의에 따라 중대하다고 주관적으로 규정"되면 상황에 따라 서로 다른 인지적 저장과정이 일어나게 되고, 이것이 하나의 '집단기억'으로 우리의 삶과 정체성에 영향을 미치게 된다는 것이다.[2] 특히 전쟁에 대한 기억은 '집단기억'으로서 국가 및 구성원들의 정체성 형성에 중요한 역할을 하기 때문에, 많은 국가들은 전쟁에 대한 공식 역사에 대해 특별한 의미를 부여한다. 따라서 전쟁은 사회 속에서 다양한 형태를 통해 공유되며, 현재와 미래의 집단적 행동에 대한 가능성을 지니는 사건으로 인식된다.[3] 즉, '과거'의 전쟁을 '현재'에 기억한다는 것은 특정한 사회적 맥락 속에서 수행되는 특별한 행위로 볼 수 있다는 것이다.

이러한 관점에서 볼 때 1950년에 일어난 한국전쟁은 당시 남북한 사회 전반에 걸쳐 변화를 가져왔을 뿐만 아니라 현재를 살아가고 있는 우리에게까지 여전히 영향력을 행사하며 기억되고 있다. 이는 한국전쟁이 동족상잔이라는, 이 자체로도 비극적이고 충격적인 사건이기도 하지만 사실상 끝나지 않은 '휴전상태'―일촉즉발의 상황과 평화의 시기를 오가며 불안정한 분단국가의 상태를 지속하고 있기 때문이다. 휴전으로 인한 분단의 상황은 남과 북 각자의 체제를 공고히 다질 수 있는 정치적 대결 체제이자 국민동원체제의 도구로 이용되었으며 특히 한국전쟁기에 나타났던 학살과 공포는 이후 4·19 혁명과 5·18 광주 민주화 운동으로 이어지고 이는 무수한 의문사와 공권력으로 인한 폭력, 인권 침해 등 정도의 차

이만 있을 뿐 사실상 오늘날까지 반복되고 있는 실정이다. 결국 한국전쟁으로 인한 분단의 상황은 국가 폭력을 일상화·합리화시키는 가장 적절한 이유로 이용되어 왔던 것이다. 이렇게 한국전쟁은 대한민국의 집단기억을 형성하여 현재까지 그 영향력을 지속한다는 점에서 다른 단일 국가와는 다른 한국 특유의 분위기와 국민 정서를 자아내고 있다.

즉, 한국전쟁은 고정된 과거의 사건이 아니고 주체와 상황 혹은 시간과 세대의 흐름에 따라 다양하게 기억될 수 있다. 한국전쟁이 발발한지 60여 년이 지난 오늘날까지도 우리는 여전히 분단 국가에서 살아가며 집단기억을 의식적 혹은 무의식적으로 떠올리기 때문이다. 그런데 여기서의 집단기억은 직접 경험한 사람들의 '과거 회상' 뿐만이 아니라 경험하지 못한 사람들이 간접 체험을 통해 재구성한 기억—사후적 기억(Post Memory)까지 포함하는 광의적인 의미로 나눠볼 수 있는데, 사회학자 카를 만하임Karl Mannheim은 이것이 '세대 간 전승' 과정을 통해 이루어진다고 설명하였다. 그는 기억은 (경험의 유무와는 별개로) 사회·문화적 배경과 분위기에 따라 윗 세대에서 아래 세대로 자연스럽게 전승된다고 보았는데, 우리나라의 경우 분단 직후 한동안 실시되었던 반공교육과 신문·TV 등 미디어를 통한 한국전쟁 관련의 (드라마, 영화, 소설 등과 같은) 다양한 프로그램, 대외적인 남북관계의 변화와 한국전쟁 이후 오늘날까지 주둔해있는 주한미군 문제 등 전쟁·분단과 관련하여 끊임없이 접하게 되고 이는 자연스럽게 전쟁 이후 다음 세대들에게까지 전쟁 기억이 전승될 수 있었던 것이다. 결국 이러한 사회문화적인 교육과 재현을 통한 한국전쟁의 기억은 전쟁 경험 세대들에게는 과거 전쟁 기억의 소환을, 그 이후 세대에게는 한국전쟁에 대한 (간접적) 집단 경험과 그에 따른 정치적이고 이데올로기적인 실천을 동시에 수반하는 역할을 하게 되었다.

이렇게 '전쟁에 대한 집단 경험'과 '세대 간 전승'이라는 측면에서 김기덕의 영화 <수취인 불명>은 1970년대 미군기지 부근 시골 마을을 배경으로 하여 전쟁에서 '살아남은 자'가 직접 체험한 전쟁의 집단기억과 이후 지속되는 분단으로 인해 그 다음 세대로까지 넘어가는 전승된 기억을 이미지적으로 형상화하여 보여주고 있다. 휴전 이후 20여 년의 세월이 흐르고 세대가 거듭되었지만 그럼에도 불구하고 아직까지 남아 있는 전쟁의 잔재와 상흔은 마을을 아무 거리낌 없이 활보하는 주한 미군들의 모습과 시시때때로 훈련하는 미군의 전투기, 총·활과 같은 전쟁 무기의 일상적 사용은 휴전이 된 지 한참이 지났음에도 불구하고 아직도 전운이 남아 있는 것 같은 불안감으로 시각화되어 나타난다. 또한 김기덕 특유의 극단적이고 상징적인 영상은 전쟁을 기억하는 세대와 기억을 전승받은 세대 간의, 혹은 동일한 세대 안에서의 차이와 갈등을 형상화하여 잔혹한 이미지를 담아내었다. 따라서 본 글은 한국전쟁에서 비롯된 분단과 이로 인한 집단기억의 형성과 세대 간 기억의 전승을 카를 만하임의 이론을 바탕으로 하여 영화 <수취인불명>에서 어떻게 상징적으로 이미지화 되었는지를 분석해보고자 한다.

2. <수취인 불명>은 '살아남은 자'와 '살아가는 자'의 전승된 '기억'에 대한 이야기

김기덕의 <수취인 불명>은 '기억'에 대한 영화이다. 한국전쟁을 직접 겪은 전쟁세대와 그 다음 세대가 함께 공존하고 있는 1970년대 미군기지 부근 마을을 배경으로 한 이 영화는 전쟁 참전자인 지흠 부父와 개눈, 양공주였던 창국 모母와 이들의 다음 세대—지흠, 창국, 은옥 간의 얽힌 이야기를 담고 있다. 직접 전쟁을 겪은 세대와 그 자식 세대 간의 공존은 영화의 배경을 1970년대로 설정한 가장 기본적인 이유이기도 하지만, 김기덕이 아래의 인터뷰에서 직접 밝힌바와 같이 이 영화는 그가 어릴 적 미군기지 근처에서 살면서 실제 경험한 일을 바탕으로 한, 시대에 대한 기억 이전에 이미 그의 개인적인 '기억'에 관한 이야기이기도 하다.

> "초등학교 때 한 반에 6~7명은 혼혈아였다. 파주, 문산, 금촌 등 일산에서 조금만 가면 미군 기지가 있었다. 미군과 결혼한 여자들도 많았다. (중략) 주위 상가를 형성한 사람들에겐 미군이 밥줄이라서겠지만. 미군들이 드나드는 기지촌 카페나 클럽에 가면 예나 지금이나 우울한 분위기다. 10달러를 내고 테이블에 한국 여자를 불러와서 이야기하는 미군들을 보면 그들도 불쌍하다는 생각이 든다. (중략) 이 영화는 26살에 목 메달아 자살한 내 혼혈아 친구에 대한 이야기이다."[4]

즉, <수취인 불명>은 1970년대를 배경으로 한 등장인물들의 이야기인 동시에 감독 본인의 기억이기도 하며, 극 중 초반에 비교적 관찰자의 입장에서 상황을 지켜보는 '지흠'의 캐릭터가 감독을 가장 잘 투영한 인물로 볼 수 있다. 김기덕 역시 1970년대에 청소년기를 보냈던 사람 중에 한 명이었고, 본인 자체가 전쟁 기억의 전승과 분단의 상황을 살아온, 이 영화에서 가장 확실한 '증인'인 셈이다. 하지만 김기덕은 영화를 당시 과거의 회상으로 '기억하는' 영화가 아니라고 언급한다. 그는 이 영화를 준비하면서 "'US Area'라는 푯말하며 근처에 사는 사람들의 분위기하며. 시간은 많이 흘렀지만 어린 시절 느낀 정서와 다르지 않았다. 이 영화는 그 시대를 그린 현재의 이야기인 것이다. 에피소드는 어렸을 때 내 주변에서 일어났던 일을 근거로 한 것이지만 지금도 처참한 일이 반복되고 있다"[5]고 말하며 과거를 배경으로 하고 있지만 시간의 흐름과는 무관하게 전쟁의 기억 속에 여전히 살고 있는 현재의 모습을 그리고 있다고 하였다. 이는 한국사회 내에서 세대를 거듭하였음에도 불구하고 여전히 변하지 않은 남북 분단과 주한미군의 주둔, 북한과 미군(미국)에 대한 상황과 인식에 큰 변화가 나타나고 있지 않음을 상기시켜줌과 동시에 기억의 전승을 가장 명확하게 보여주고 있다.

1) 전쟁 경험세대가 기억하는 한국전쟁과 분단

만하임은 자신의 저서 『세대 문제』에서 예술사가 핀더G. M. W. Pinder가 말한 "동시대의 비동시성"—동일한 시기를 살고 있는 서로 다른 두 세대에 대해 "질적으로 완전히 상이한 내적인 시대"에 살고 있음을 언급하였다. 이는 부모 세대와 자식 세대는 물리적으로 같은 시대(동시대)를 살아가지만 이들은 각자의 연령에 따라 다른 시대(비동시성)를 경험하였기 때문에, 어떠한 특정 사건에 대한 반응이나 기억은 서로 상이하게 나타날 수 밖에 없다는 것이다. 즉, 각각의 세대 간 기억이 완전히 똑같을 순 없다고 지적하며 이 기억의 차이를 다음과 같이 '단층'에 비유하였다.

> "몇몇 나이 많은 세대 집단들이 성장 중인 청년세대와 함께 어떤 역사적인 과정을 함께 경험하긴 하지만, 그럼에도 그들이 동일 세대 위치라고 말할 수는 없다. 그들이 현저하게 다르다는 것은 본질적으로 그들의 삶들이 다른 종류의 단층에 있다는 사실로써 설명될 수 있다."[6]

결국 기억은 윗세대에서 아래 세대로 자연스럽게 전승되는데, 이때 전승과정에서 세대 간에 서로 '다른' 층위를 형성하게 되어 단층을 이루게 된다는 것이다. 이것은 20세기 중반 한국전쟁의 비극을 지나 이후 휴전이라는 지속적인 분단의 상황으로 현재까지 이어오고 있는 과정 중에, 이 시기를 지나 온 모든 사람들에게 이 전쟁은 "살아 있는 현실로서 강하게 각인되었으며 그들의 기억 속에 생생하게 남아 있"었고, 이러한 현상은 한국전쟁을 "직접 경험했거나 목격했던 사람들 사이에서 특히 강"[7]하게 나타날 수밖에 없다. 그렇기 때문에 <수취인 불명>의 지흠 부와 창국 모, 개눈은 자식 세대와 함께 1970년대를 살아가지만 그들과는 '다른 층위'를 이루며 그 차이를 극복하지 못한다. 영화에서 부모세대들은 한국전쟁에 직접 참전했거나 미군들의 뒤치닥거리를 하며 살아남은 인물들로, 전쟁이 끝난 지 20여 년이 지났지만 여전히 과거의 기억에 사로잡혀 살고 있는 사람들이다. 이들은 주로 "1920~1930년대 출생자들인데, 그들은 일제강점기에 어린 시절을, 해방 이후의 좌우 대립 시기와 한국 전쟁시기에 청소년기와 청년기를 보냈다. 한마디로 어지러운 세상 탓에 어릴 때부터 온갖 고생이란 고생은 다 하면서 겨우 살아남"[8]은, 일본의 제국주의와 해방 이후 좌우 정치세력의 대립으로 인한 정치적 혼란과 이로 인한 공포를 경험한 세대이다. 때문에 "숱한 고난 속에서 목숨을 부지해 온 이 세대는 권력의 눈치를 살피면서 순종하는 편이었고, 한국전쟁을 몸소 경험하는 과정을 통해 반공주의를 신념화했으며, 전쟁 이후에는 사회적 혼란과 가난으로 인해 비관과 우울감에 젖어"[9] 있다. 지흠 부는 한국전쟁에 직접 참전하여 활과 총을 능숙하게 다루며 특히 자신이 '빨갱이' 인민군 3명을 쏴 죽였노라며 이를 큰 자부심으로 생각하고 결국 훈장까지 받아내는 인물이다. 창국 모와 개눈은 한국전쟁 당시 미군을 상대하며 몸을 팔거나 잔심부름을 해주며 살아가던 인물로, 창국 모는 미국으로 돌아간 흑인 병사가 언젠간 자신과 함께 가족을 꾸리게 될 거라는 헛된 희망을 품고 있고 개눈은 가장 천한 직업이라고 여겨지는 '개 도축'을 하며 살아간다. 이들의 이러한 모습은 가시적 혹은 비가시적인 설정—신체 불구의 모습 혹은 정신적 이상과 잔인하고 난폭한 성격적인 문제—으로 이미지화되어 본인들 스스로 전쟁 기억에서 벗어나지 못함은 물론이고 현재(1970년대)를 살아가는 지흠과 창국, 인옥의 무의식 속에까지 남아 전쟁의 상처와 잔재를 상기시킨다. 특히 다리에 박은 철심을 훈장이라며 자랑스럽게 보여주는 지홈 부의 전쟁 영웅 환상과 잔인한 방법으로 개를 도살하는 일을 하는 개눈, 그리고 공공연하게 이해할 수 없는 행동과 영어를 사용하며 미국을 염원하는 창국 모의 행동들은 영화가 진행될수록 지홈과 창국, 은옥에게 고스란히 나타나게 된다. 그렇기 때문에 영화 속에서 이 세 사람의 이름은 없다. 이들의 기억은 현재가 아닌 과거에 머물러 있고, 과거의 그들을 온전하게 기억해주는 사람은 아무도 없기 때문이다. 극 중 조재현은 '개눈'으로 불리우지만 이는 단지 잔혹하고 매서운 눈을 가진 그의 직업에서 본 딴 단순한 별명일 뿐이며 창국 모는 그녀를 불러주는 사람이 (창국이 '엄마' 혹은 '맘mom'이라고 지칭하는 것을 제외하고) 아무도 없다. 단, 이들 중 지홈 부 만이 단 한 차례 이름이 언급되는데, 이 역시 과거 한국전쟁 참전 용사를 찾는다는 라디오 방송국에 연락을 취할 때, 군번과 함께 외치는 것으로, 이는 과거의 영광을 '훈장'으로서 '현재' 재현해보고자 하는 지홈 부의 강렬한 열망에 의해 '스스로' 호명한 것일 뿐이다. 이러한 '이름의 부재'는 한국전쟁 당시 수많은 이름 없는 사람들의 무고한 피해 속에서 누구의 승리도 없이 끝나버린 상황, 즉 이름 없는 피해자들을 나타내고 있다. 역사는 이들을 한 개인이 아닌 국가나 단체, 마을에 소속된 '공동체'로서만 기억하거나, 어쩌면 기억 속에서 지워버렸기 때문이다. 반면에 그들의 아이들은 전부 이름을 갖고 불리어지는데, 이는 시간이 흐른 뒤에도 전쟁과 분단의 상황이 국가적인 차원에서 끝난 것이 아니라 한 개인의 삶으로까지 침투하여 영향력을 미치게 되었음을 보여주고 있다.

2) 전후 이후 세대의 전승된 기억

사회학자 쉴즈Edward Shils는 "세대들은 과거로부터 그들을 구성하는 대부분의 것들을 획득"하고 "개인은 선조를 통해서, 즉 구술문화, 기념, 혹은 전문적 역사서술을 통해서 과거를 이해하고, 그렇게 만들어진 공동의 기억은 그 다음 세대에 공통의 유산으로 대물림시키며 합의를 도출한다"[10]고 하였다. 즉, 경험의 유무를 떠나서 전혀 다른 두 세대라 하더라도 공통의 공간과 시간 안에서 생활함으로써 동질의 시각과 기억을 공유할 수 있고, 그 이후와 이후의 세대들도 후천적인 교육 혹은 주변 상황에 따라 기억을 재구성하는 것이 가능하고 영향력이 미침을 의미한다. 여기에 만하임은 기억의 세대 간 전승에 대해 가장 본질적인 것은 "새로운 세대가 유증된 생활의 내용, 감정과 태도에 자연스럽게 익숙해지는 것"이라고 하며 의식적인 가르침보다는 일상 생활에서 전해지는 모습이 가장 중요하다고 하였고 또한 가르치는 사람과 배우려는 사람의 관계에서보다는 무의식중에 의도하지 않게 전승된다고 다시 한 번 강조하였다.[11] 이러한 과정을 통해 전승되고 획득된 사후적 기억은 특히 전쟁과 같은 충격적인 사건에서 트라우마처럼 작용하여 공포와 상처를 대물림한다.

김태형은 한국사회 특유의 트라우마를 세대 간으로 정리하면서 한국전쟁시기에 태어난 세대를 '좌절세대'라 일컬었다. 이 좌절세대는 "유년기부터 부모세대의 비굴함을 목격하면서 자랐고, 권위주의에 익숙한 부모세대의 억압적 권위에 짓눌렸으며, 그들의 비관주의와 우울감까지 어린 마음에 고스란히 흡수하게"[12] 되었기 때문에 무기력하고 체념적인 특징을 지닌다고 보았다. 영화에서도 괴롭힘을 당하지만 제지할 힘이 없는 지흠은 그저 당할 수밖에 없고 혼혈아이기 때문에 받는 모멸을 창국은 묵묵히 받아들이며 눈을 고치기 위해 기꺼이 몸을 내어주는 은옥은 뚜렷한 목표나 꿈 대신 그저 상황에 순응하며 살아가는 무기력한 모습을 보여준다. 이들은 부모세대가 전해주는 이야기와 행동들뿐만 아니라 부모의 살과 뼈에 고스란히 남아 있는 전쟁의 잔해―지흠 부의 철심을 박은 다리와 창국 모의 가슴에 새겨진 문신—를 보고 듣고 느끼며 자라온 세대이다. 이들에게 전쟁은 직접 경험하진 않았지만 이렇게 부모세대의 상흔을 보고 떠올리며 재구성할 수 있는 하나의 '사건'으로, 그들의 어린 시절의 기억과 자라온 환경에 많은 영향을 끼쳤다. 이러한 "기억의 사회문화적 과정에서 가장 본질적인 부분은 기억의 전수"로써, "이 과정에는 시간과 공간의 격차가 개입되므로 기억을 이루는 개개 요소들의 의미가 '전치'되어 새로운 모습의 기억이 형성되어 간다."[13] 그렇기 때문에 트라우마의 기억도 함께 전수되고 이는 '대리적 트라우마(vicarious traumatization)'로써 문화이론가 호미 바바Homi Bhabha의 표현을 빌자면 "같지만 아주 같지는 않은"[14] 모방인 셈이다. 결국 트라우마의 전수는 일종의 모방이고 사건의 재구성으로 볼 수 있다. 그렇기 때문에 전쟁이 끝난 지 20년이 지나 새로운 세대가 탄생했음에도 불구하고 전쟁의 상흔과 공포는 여전히 남아 있게 되는 것이다.

또한 이 좌절세대는 오랜 시간 정치적, 사회적 독재와 유교사회의 뿌리 깊숙이 박힌 아버지의 권위에 시달리면서 "한편으로는 공포에 짓눌려 권위를 내면화하면서 외적 권위에 복종하게 되어 무기력해지지만, 다른 한편으로는 마음속 깊은 곳에 그 권위에 대한 분노와 반항심을 쌓아나간다"[15]고 볼 수 있다. 즉, 평상시에는 쌓여왔던 분노와 반항심을 억누르며 지내지만 "적당한 조건만 형성되면 마음속에 쌓였던 분노와 반항심을 폭발시킬 잠재력을 가지고 있는 세대"[16]로 이러한 특징을 가장 잘 드러내는 캐릭터가 바로 지흠이다. 그는 평소에 자신보다 두 살이나 어린 불량스러운 고등학생들에게 구타당하고 월급을 빼앗기는 등 모멸감을 당하지만 그에 맞서 대적할 힘이 없기에 반항하지 못하고 당하기만 한다. 하지만 그들의 행위가 점점 심해지고 짝사랑하는 은옥마저 그들로부터 지켜주지 못하게 되자 지흠은 결국 자신이 할 수 있는 방식으로—'활'을 잡는다. 그는 활을 손에 쥐게 되면서부터 여태까지의 분노를 한꺼번에 터뜨려버릴 수 있는 힘을 획득하게 되고, 이와 비슷하게 창국 역시 자신을 학대하던 개눈에게서 '총'을 빼앗아옴으로써 둘 사이의 관계를 전복시킨다. 그런데 이러한 분노의 급작스러운 분출은 기존의 세대보다 더 극단적이고 잔인한 모습으로 표출되는데, 특히 분노와 복수를 주체하지 않는 지흠이 급기야 철사를 이용하여 고등학생을 죽이려고 시도하는 것과 창국이 개눈을 도살용 밧줄에 목을 매달아 죽이는 행위, 그리고 미군 아버지의 대한 증오 때문에 어머니의 가슴에 새긴 문신을 칼로 도려내어버린 행동은 모두 이러한 특성을 보여주고 있다.

즉, 이러한 부모 세대의 (비)가시적 상처들은 전쟁을 직접 겪지 않은 세대들에게까지 전쟁과 분단의 비극을 환기시키고 그 무게를 가중시키며 지속되는 비극의 굴레에서 벗어나지 못하고, 그들의 잔인함과 비극을 물려받는 모습을 보여주고 있다.

3. '전승된 기억'의 이미지와 형상화

영화 <수취인 불명>은 한국전쟁으로 말미암아 발생한 분단의 지속을—과거의 사건과 현재의 상황을 각기 다른 방식으로 체험(체득)하고 기억하는 두 세대의 공존을 역사적인 소재와 상황 설정을 통해 상징적으로 시각화하여 형상화하고 있다. 또한 전쟁이 끝난 지 20여 년이 흘렀지만 여전히 긴장상태에 있는 1970년대를 배경으로 하여 전쟁과 분단의 기억이 세대 간에 전승되어 폭력과 비극으로 되풀이됨을 보여주고 있다. 하지만 앞에서 언급한 바와 같이 이 두 세대 간 기억은 '전승'이라는 과정을 통해 비슷해 보이면서도 다른 방향성을 가지게 되고, 이는 영화 속에서 여러 시각적 이미지로 형상화된다.

영화는 어린 은옥과 그녀의 오빠가 미군이 버린 나무판자로 장난감 화약총을 만드는 장면으로 시작한다. 피를 나눈 남매가 한쪽은 총을 겨누고 다른 한쪽은 표적이 되는 이 모습은 아이들의 장난처럼 보이지만 실은 1950년대에 일어난 한국전쟁의 상황을 상징적으로 표현한 것이라 해도 과언이 아니다. 은옥은 바로 이날 눈에 총알을 맞고 평생을 불구로 살아야 하는 '신체적 상해'를 입었고, 이것이 바로 은옥과 오빠가 서로 어울릴 수 없게 되어버린 결정적인 이유이기 때문이다. 김기덕은 이렇게 영화의 첫 장면에서부터 시각적으로 상징과 은유의 방법을 사용하여 세대의 흐름에도 불구하고 지속되는 전쟁기억과 분단 트라우마의 반복을 형상화하고 있다. 영화의 중간 중간 느닷없이 등장하는 주한미군의 훈련 비행기와 전투기, 헬리콥터의 모습은 평화로워 보이는 시골마을의 일상 속에서 전쟁에 대한 기억을 상기시키고 불안감을 자극한다. 특히 마을전체에 울려 퍼지는 전투기의 엔진소리는 전쟁을 경험한 세대에게는 전쟁의 공포를, 그 이후 세대에게는 아직 끝나지 않은 전쟁의 잔재를 자연스럽게 일상에 노출시킨다. 또한 마을 사람들의 의상을 보더라도 창국 모와 창국, 개눈 등과 같은 인물들이 군인용 점퍼와 모자 등을 일상복 혹은 작업복으로 입고 다니는 모습은 무의식적으로 생활 속에 파고들어 있는 전쟁기억이 그 이후 세대로까지 전이된 모습을 자연스럽게 보여주고 있다. 결국 이들에게 '전쟁'이란 과거의 '기억'인 동시에 현재의 '일상'인 것이다.

이러한 전쟁의 일상적인 모습은 영화 곳곳에 등장하는 '불'의 이미지 활용으로 더욱 강렬하고 감각적으로 표현된다. 영화 초반에 지흠 부는 집 앞 마당에서 불쏘시개로 불에 타다 남은 재 찌꺼기를 정리하는 장면으로 등장하는데, 이때 멀리서 보여지는 지흠의 집은 매우 궁색한 초가집에서 불씨와 함께 연기가 모락모락 피어나는 모습으로 마치 전쟁 중에 폭격을 맞은 시골집처럼 보인다. 지흠의 집이 비록 초라하긴 하나 크고 넓다란 대문이 있음에도 불구하고 이러한 형태로 부각시켜 보여주는 것은 아직 이 마을이 전쟁으로부터 벗어나지 못했음을 의미한다. 또한 동네 불량 고등학생들은 몰래 훔친 은옥의 새끼 강아지를 죽여서 팔아버리기 위해 아무런 고민이나 죄책감없이 논에 불을 지른다. 한밤중에 피운 불은 삽시간에 어른의 키만큼 커지고, 여기를 빠져나오는 이들의 모습은 화염에 휩싸인 전쟁터에서 살아남기 위해 도망가는 모습처럼 느껴진다. 여기서 불의 이미지는 이러한 전쟁의 잔재가 시간이 흘렀음에도 불구하고 다음 세대에서도 아무렇지 않게 반복되어 나타남을 보여주고, 동시에 연기가 자욱한 논 한가운데에서 창국 모가 벼 이삭을 주워담는 장면과 대비된다. 사실 시골사람들에게 '땅'은 '삶'과 직접적으로 연관되어 있기 때문에 함부로 할 수 있는 공간이 아니다. 그러므로 이들이 농사를 짓는 땅에 불을 피울 수 있는 유일한 이유는 추수가 끝난 후 다음 해의 농사를 위한 밑거름을 위해서일 뿐이다. 혹은 논바닥에 거꾸로 처박혀 얼어붙은 죽은 자식을 꺼내기 위해 얼음을 녹여야 하는 이유에서이다. 이 두 가지는 모두 '죽어 있는 것을 다시 살리기 위해(꺼내기 위해)' 하는 행동으로 볼 수 있다. 죽어버린 창국을 얼어붙은 논에서 꺼낸다고 다시 살아나지는 않겠지만 그렇다고 자식의 시체를 그대로 방치한다는 것은 두 번 죽이는 것이 돼버리기 때문이다. 이와 대조적으로 어린 강아지 한 마리를 죽이기 위해 논에 불을 피우는, 즉 살생을 위해 삶의 터전인 논에 불을 지르는 모습은 사소한 일에 전쟁경험 세대보다 더 극단적인 폭력 방식으로 아무렇지 않게 사용하는 전쟁 이후 세대의 전이된 잔인함을 부각시켜 보여준다. 또한 영화의 후반부에서 창국 모는 아들과 함께 살아왔던 미군 버스에 불을 질러 자살하게 되는데, 이는 한국전쟁을 거치면서 양공주가 되고 창국을 낳고 미군에게 버림을 받는ー비극적인 역사적 사건에서 비롯된 창국 모의 비참한 일생은 전쟁을 상기시키는 '불'을 통해서 '죽음'으로써 끝이 날 수 있는 아이러니한 모습을 보여준다.

　다음 세대로 반복되는 전쟁의 잔재와 폭력성은 '총'과 '활'로 더욱 확실하게 시각화된다. 지흠 부는 자신의 집 앞마당에서 한국전쟁 당시 총살당한 인민군의 소형 권총을 습득하게 되고, 시험 삼아 쏜 닭을 보면서 "총소리를 들으니 옛날 생각이 나네"라는 대사와 함께 다시금 인민군을 쏴 죽였던 과거를 상기시키며 흐뭇해한다. 하지만 지흠 부는 딱히 필요없는 권총을 개눈에게 팔아버리고, 그 역시 개를 상대로 총을 발사한다. 이들로 인해 마을에 울려 퍼지는 총소리는 지흠 부의 대사처럼 전쟁과 전투에 대한 기억을 불러일으키고, 도망간 개를 잡기 위해 총을 겨누는 개눈의 진지한 모습은 우스꽝스러우면서도 동시에 잔인함이 느껴진다. 이때 그에게서 총을 낚아채는 창국은 그동안 개눈에게 받은 학대와 수모에 대한 앙갚음으로 그의 다리를 쏘고, 자신에게 했던 것처럼 개 철장에 가둬서 개눈의 집에 데려간다. 여태껏 수백 마리의 개들이 도살됐을 밧줄에 그의 머리를 집어넣고 "개처럼" 죽게 만든다. 개눈에게서 항상 얻어맞으며 학대당했던 창국의 이러한 행동은 권총을 습득하게 됨으로써 가능하게 되었고, 이는 그동안 억눌려왔던 분노가 한꺼번에 표출되어 극단적 상황을 초래하게 되었다. 이러한 모습은 지흠을 통해 한층 더 분명하게 드러난다. 영화의 초반부에서 지흠은 자기보다 어린 불량 고등학생에게조차 괴롭힘을 당하고 짝사랑하는 은옥이 강간당하는 상황에서도 지켜주지 못할 정도로 허약한 청년이었다. 하지만 은옥이 제임스와 가까워지고 불량 고등학생들의 괴롭힘은 더욱 심해지자 지흠은 화약 장난감총을 만드는 시도를 하게 되고, 비록 실패로 끝났지만 이내 활 쏘는 법을 배우게 되면서 그에게도 복수를 감행할 힘과 용기가 생기게 된다. 그는 우선 활을 사용하여 은옥을 괴롭히는 제임스를, 그리고 자신을 괴롭히던 불량 고등학생 중 한 명도 쏴버렸다. 하지만 그의 분노는 여기서 멈추지 않았고, 자신에게 실질적으로 모멸감을 주었던 불량 고등학생에게 복수하기 위해 둥글게 말린 철사를 삼키고 구치소에 들어가 그의 목을 졸라버리는 살인 미수의 상황까지 가게 된다. 영화에서 가장 순박했던 인물이 가장 잔인하게 변해버리는 순간이 바로 이 지점이다. 빨갱이에 대한 혐오는 있을지언정 마을 사람들과는 잘 어울렸던 지흠 부와 한국전쟁 당시 "그래도 난 사람은 안 죽였어"라고 이야기하는 개눈은 각각 북한 인민군(빨갱이)와 주한미군에 대한 분노가 있지만 이미 과거일 뿐 그것을 현재의 시점에서 행동을 통해 표출하지는 않는다. 이미 사건과 시간은 역사와 기억으로 변모했기 때문이다. 하지만 그 다음 세대들의 분노는—전쟁이 끝난 지 20여 년이 지났지만 아직도 일상에 남아 있는 전쟁의 상흔과 잔재들로 인해, 이들은 직접 경험하지 않았어도 삶이 전쟁이고 마을이 전쟁터이며 사방이 적인 셈이다. 이는 창국 모의 가슴에 새겨진 문신으로 환기되는 모습을 보여준다. 창국은 자신을 흑인 혼혈아로 만든 흑인 병사(아버지)에게 증오를 품으며 살아가는데, 이는 거울을 볼 때마다 혹은 어머니의 문신을 볼 때마다 상기되었을 것이다. 창국은 벗겨낼 수 없는 자신의 피부대신 어머니의 문신을 도려냄으로서 과거로부터 벗어나고 싶은 욕망과 의지를 보여준다. 물론 이것은 매우 극단적이고 충격적인 방법이지만, 지워지지 않는 상처와 이를 지켜보며 살아갈 수밖에 없는 이들의 비애를—살을 도려내는 고통의 과정을 겪어야 과거의 상처를 치유할 수 있을 거라는 통과의례의 행위로 볼 수도 있을 것이다. 이러한 환경에서 태어나고 자란 아이들은 불안하고 숨 막히는 공간에서 무의식중에 전쟁 기억—사후적 기억을 자연스럽게 체득하게 되는 것이다.

◆ ◆ ◆

　사회학자 에밀 뒤르켐Emile Durkheim은 "사회는 끊임없이 변하지만, 새로운 것이 낡은 것을 대체하는 것이 아니라 그 위에 덮여 쓰여지기 때문에 집단의식이 여러 세대를 거쳐 변하지 않고 내려올 수 있다"[17)]고 하였다. 이는 한국전쟁 이후 휴전이 진행된 지 60년이 지난 오늘까지도 전쟁과 분단의 아픔이 사라지지 않고 지속되고 있는—과거의 현재진행형인 '기억'이라는 사실을 말해주고 있다. 영화 <수취인 불명>은 이러한 전쟁의 상처와 잔재를 감각적이고 극단적인 이미지들의 활용을 통해 (이 영화를 보는 실질적인 관객인) 2000년대 이후를 살아가는 전쟁 3세대에게까지 전쟁에 대한 기억을 보여주고 있다. 전쟁 1세대가 이야기와 신체적 상흔을 통해 다음 세대에게 전쟁에 대한 관념과 이미지를 심어주었다면, 그 세대(김기덕 세대)는 그 다음 세대에게 이러한 영화나 텔레비전 등과 같은 시각매체를 통해 자신들이 보고 자라면서 재구성된 전쟁의 이미지를 다시금 우리가 재구성할 수 있게끔 만든다. 이제 2000년도 이후로 오면서 현재를 살아가는 지금의 세대들은 <고지전>(장훈, 2011)과 <포화속으로>(이재한, 2010)와 같이 한국전쟁을 블록버스터의 배경으로 활용하면서 비극적인 트라우마에서 벗어나 하나의 소재로 사용하고 있다. 하지만 이들은 이러한 과정을 통해 분단과 전쟁에 대한 사실을 잊지 않으며, 현재 상황 또한 언제 다시 발발할지 모르는 전쟁의 가능성을 안고 살아가고 있기 때문에 한국사회는 역시 세대가 바뀌더라도 이러한 영향권에서 벗어날 수 없다. 한국은 여전히 분단국가이고 주한미군은 아직까지 주둔해있으며 연평도 사건과 같이 북한과의 마찰은 되풀이되고 있기 때문이다.

주

1) 제프리 K. 올릭 저, 강경이 역,『기억의 지도』, 옥당, 2011, 42쪽.

2) 위의 책, 43쪽.

3) 한만길·태지호,「영화의 한국전쟁에 대한 기억과 그 재현방식에 대하여−<태극기 휘날리며>, <웰컴 투 동막골>, <포화속으로>, 그리고 <고지전> 사례 분석을 중심으로」,『한국언론학회 학술대회 발표 논문집』, 2012, 4쪽.

4) <수취인불명>, 연세대미디어아트연구소, 삼인, 2002.

5) 앞의 책, 2002.

6) 카를 만하임 저, 이남석 역,『세대 문제』, 책세상, 2013, 57쪽.

7) 김진웅,「기억의 특성을 통해 살펴본 한국인들의 한국전쟁 인식」,『역사교육논집』Vol.48, 2012, 294쪽.

8) 김태형,『트라우마 한국사회』, 서해문집, 2013, 26쪽.

9) 위의 책, 26쪽.

10) 제프리 K. 올릭 엮음, 최호근 외 역,『국가와 기억−국민국가적 관점에서 본 집단기억의 연속갈등·변화』, 민주화운동기념사업회, 2006, 126쪽.

11) 카를 만하임 저, 이남석 역, 앞의 책, 60쪽.

12) 김태형, 앞의 책, 26쪽.

13) 전진성 외, 『기억과 전쟁−미화와 추모 사이에서』, 휴머니스트, 2009, 37쪽.

14) Homi Bhabha, *The Location of Culture*(New York and London: Routledge, 1994), p.86을 전진성 외, 앞의 책, 37쪽에서 재인용 함.

15) 김태형, 앞의 책, 27~28쪽.

16) 김태형, 앞의 책, 27~28쪽.

17) 제프리 K. 올릭 엮음, 최호근 외 역, 앞의 책, 126쪽.

| 3부 |

인식

1980년대 이산가족 영화에서 드러나는 가족의 의미변화*

김 승 경

1. 서론

1983년 6월 30일 KBS가 단발성으로 기획한 <누가 이사람을 모르시나요>라는 이산가족 찾기 특집프로그램은 밀려드는 문의와 신청으로 장장 138일 총 453시간 45분 동안 방송되며 상봉가족 1만 189명이라는 기록을 내고 막을 내렸다. 이전에도 1961년부터 8년간 지속되었던 ≪한국일보≫ 주최의 '10만 어린이 부모 찾아주기 운동'과 이 작업의 연장선상에서 이루어진 ≪한국일보≫ 주최의 '1천만 이산가족 친지 찾기 운동' 등이 어느정도 성과가 있었지만 폭발적인 호응은 아니었다. 이산가족 찾기 방송 당시 KBS 자체 조사에 따르면 최저 시청률 40%, 최고 시청률 70%에 달하는 전 국민적 관심을 불러일으켰으며, 한국갤럽조사에서도 시청자

---

* 이 글은 필자의 「1980년대 이산가족 영화에서 드러나는 가족주의 양상」(『동아시아문화연구』 55집, 한양대학교 동아시아문화연구소, 2013)을 수정, 보완한 내용이다.

의 88%가 이 방송을 보고 눈물을 흘렸다고 전하였다. 또한 마감날까지 10만 건이 넘는 접수가 이루어졌고, 이산가족 중 70% 이상이 한국전쟁 중에 가족을 잃은 사람들이었다.

1983년 시작된 이산가족 찾기 운동의 열풍으로 남한 내 수많은 이산가족들이 서로 만났으며, 1985년 남북이산가족 고향방문단 및 예술공연단을 통해 남북의 역사적인 첫 이산가족 상봉이 이루어졌다. 비록 남측 35명과 북측 30명만이 가족을 만난 적은 규모였지만 이후 남북이산가족 상봉에 대한 희망의 불을 지폈다. 그러나 남북 간의 협의가 제대로 이루어지지 않아 15년이 지난 2000년 8월 본격적인 상봉이 이루어졌다. 이후에는 금강산 상봉이나 화상 상봉 등이 이루어지고 있지만 남측 상봉단이 금강산으로 가야 한다는 점, 생존한 이산가족 1세대들의 숫자가 줄어들고 있다는 점, 통일에 대한 시각이 변화하고 있다는 점 등으로 인해 이산가족의 문제는 1980년대 중반 잠깐 집중을 받았다가 다시 대중의 관심 속에서 사라지게 되었다.

또한 남한 내의 이산가족에 관한 문제는 1983년을 기점으로 해결된 것처럼 보였다. 이산가족정보통합센터 등에 혈액샘플만을 등록해 놓으면 서로의 기억에 의지하지 않더라도 유전자 검사를 통해 혈연관계 확인이 가능한 시대가 되었다. 때문에 남한 내 이산가족의 문제는 더 이상 사회적으로 해결할 문제가 아닌 개인이 선택해야 할 문제로 변화되면서 대중의 관심에서는 멀어지게 되었다.[1]

여기서 주목해 볼 점은 1980년대 중반 이산가족을 다룬 영화가 거의 동시에 4편이나 제작되었다는 것이다. 이것은 "이산가족 찾기 운동"의 열풍 속에 대중의 관심사를 영화화한 것이라고도 볼 수 있지만, 이 영화들의 흥행과 대중의 관심을 놓고 보자면 이 영화들이 당시 대중들의 이산과 가족에 대한 그 어떤 심리를 반영한 것이라고도 볼 수 있다. 또한 이산가족의 문제가 1980년대 중반 잠깐 대중의 관심을 받다가 점점 사그라들었듯이 1980년대 중반 이산가족을 다룬 영화가 4편이 동시에 제작되고 난 후에 이산가족의 문제를 전면에 내세운 영화는 제작되지 않았다.

1980년대 이전에 제작된 영화들 중에서도 이산을 소재로 한 영화는 <군세어라 금순아>(최학곤, 1962)가 거의 유일하였다.[2] 1960~1970년 대 반공체제가 강화되면서 한국전쟁에 관한 영화들은 인민군을 무조건적인 적으로 상정한 채 스펙타클만을 향유하는 전쟁영화가 주류를 이뤘으며, 전쟁을 배경으로 하더라도 멜로드라마의 신파성을 극대화하기 위해 전쟁고아나 이산가족의 문제가 단편적으로 등장하였을 뿐이었다. <군세어라 금순아>도 신파물의 연장선상에서 1·4후퇴 때 헤어져 서로를 찾아 헤맸으나 불운하게도 서로 엇갈리기만 하다가 결국 동생이 병들어 죽음을 목전에 둔 상황에야 오빠와 만나게 되는 이야기[3]로 이산가족이라는 의미보다는 '엇갈린 운명 속에 놓인 남녀'라는 멜로드라마적 설정에 더 근접한 영화였다.

그런데 KBS 이산가족 찾기 방송이 끝나고 난 후 영화에서 분단 이후의 이산가족을 소재로 한 작품 4편[4]이 1~2년 사이에 제작되었다. 이 영화들의 배경은 이미 과거가 되어버린 전쟁을 소재로 한 것이 아니라 전쟁 중에 헤어져 서로 다른 환경에서 30년 이상 살아버린 현재의 '가족'들이었으며, 그것은 이산가족 '찾기'에만 집중되어 있던 환상을 깨는 이산가족 다시 '살기'에 관한 이야기였다.

본고에서는 <그해 겨울은 따뜻했네>(배창호, 1984), <길소뜸>(임권택, 1985) 두 편을 중심으로 비슷한 시기에 만들어졌던 <내가 마지막 본 흥남>(고영남, 1983), <가고파>(곽정환, 1884)와 비교하여 살펴보고자 한다. 뒤의 두 작품은 대종상 반공영화상을 수상한 작품으로 이산가족에 대한 당시 국가의 의도를 수용, 반영한 작품이라 볼 수 있다. 하지만 대중적으로 흥행에 성공하지 못했던 작품이다. 반면 <그해 겨울은 따뜻했네>는 개봉관인 명보극장에서만 13만 명의 흥행 기록을 수립하며 1984년 한국영화 흥행 4위를 달성했고, <길소뜸>은 베를린 영화제 본선 진출과 서울관객 10만 5천여 명이라는 흥행기록으로 대중의 관심을 받았던 작품들이다.

이에 본고에서는 위의 네 작품을 비슷한 시기에 제작된 영화라는 공통점을 가지고 비교하면서 휴전 후 30년이 흐른 1980년대 중반 국가가 제시하는 전통적인 가족과 이미 영화에서 드러나고 대중이 받아들이고 있었던 변화된 가족과 이산가족에 대한 의미들을 분석하고자 한다.

2. 영화 속에 드러난 가족의 의미 변화

1) 가족에 대한 의미: 원가족 복구 vs 현재의 가족 유지

4편의 이산가족 영화들은 모두 1980년대 초 중반이라는 현재의 시점에서 서술되고 있다. 하지만 주인공들은 모두 과거에 일어났던 전쟁을 통한 상처를 가지고 있으며, 휴전으로 인해 극복되지 못한 상황으로 시작한다. <내가 마지막 본 흥남>과 <가고파>는 어르신의 생신잔치로 시작한다. 가족들이 모두 모여 가장 흥겨워야 하는 날 아들의 부재를 드러냄으로서 겉으로 완벽해 보이는 가족의 결핍을 극적으로 드러낸다. 잔치의 주인공인 할머니 영숙과 노모 최 씨는 스스로를 죄인처럼 여긴다. 전쟁과 피난으로 인해 큰아들을 잃어버렸기 때문이다.

<내가 마지막 본 흥남>에서 혈혈단신 남하했던 영숙은 휴전이 되고 30년이 지난 지금 자신과 비슷한 처지의 남자와 결혼을 하고(이 남편은 사랑이 아니라 가족을 잃고 자포자기의 심정으로 살아가던 한 남자에 대

한 연민에서 출발한 관계이다) 함남도민회의 어머니 격으로 살아가고 있지만 여전히 잃어버린 아들에 대한 그리움과 죄책감을 안고 살고 있다. 그리고 북한의 젊은 병사가 귀순하자 자신의 아들일 것이라 확신한다.

<가고파>의 노모 최 씨는 전쟁 전에 남편을 잃고, 전쟁 때 인민군 군의관으로 징집된 큰아들 인규의 소식을 알지 못한 채 남쪽으로 피난을 와 큰며느리와 둘째 아들, 딸 하나를 데리고 살고 있다. 모두 대한민국에서 경제적으로 성공하였지만 큰아들을 잃었기에 자신은 손님들을 초대하고 생일잔치를 열 수 없는 죄인이라고 말한다. 이렇듯 두 영화에서는 아들의 부재를 영화 초반에 적극적으로 배치함으로써 앞으로의 영화가 아들을 찾는 과정을 통해 원형적 가족 복구에 집중될 것임을 보여주고 있다.

또한 <내가 마지막 본 흥남>의 영숙의 새로운 남편은 가부장적인 발언권이 전혀 없으며, <가고파>에서는 노모 최 씨의 둘째 아들인 성규보다 큰며느리의 발언권이 더 세다. 곧 영숙의 새로운 남편은 영숙의 아들과 혈연적 관계가 없기 때문에 가족으로서 존재하지 않으며, 노모 최 씨는 둘째 아들보다는 첫째 며느리에게 집안 어른으로서의 권위를 더 부여해 줌으로써 장자의 자리는 대체되지 않은 채 30년간 지속되어 왔음을 보여준다. 이러한 특징들을 볼 때 근대적 가족주의가 가지고 있는 특징들인 혈연주의, 장자 중심의 가부장주의 등을 영화 속에서 그대로 드러내고 있다고 볼 수 있다.

그러나 <길소뜸>과 <그해 겨울은 따뜻했네>는 조금 다른 양상을 보이고 있다. <길소뜸>의 화영은 전쟁 중에 동진과의 사이에서 낳은 아들을 잃어버렸지만 현재는 새로운 가정을 꾸리고 살아가고 있다. 이미 가부장중심의 온전한 가족의 구성원이 되어 있다. 영화의 첫 장면에서 가족들이 둘러앉아 KBS 이산가족 찾기 방송을 볼 때도 화영은 방송에 관심을 두지 않은 채 가족들이 먹을 과일을 준비한다. 30년 전에 잃어버린 혈육보다 현재의 가족이 더 중요한 것처럼 보인다. 화영이 자신의 아들을 찾아나서는 것도 자신의 자발적 의지라기보다 현재의 남편인 영준의 적극적인 설득⁵⁾ 때문이고, 아이들에게는 화영이 단순히 여행을 떠난 것으로 알리며 이 가정의 아내로, 어머니로서의 역할에서 일정기간 일탈할 수 있는 여건을 마련해 준다. 결국 처음부터 이미 돌아올 공고한 가정이 있는 화영에게 아들을 찾는 것은 잃어버린 가족을 찾기 위한 적극적인 행위로 보이지 않으며, 현재의 화영의 삶에 영향을 미칠 것이라는 기대조차 들게 하지 않은 채 영화의 서사가 진행된다.

또한 화영이 과거의 자신과 만나게 되는 공간도 현재의 가족들이 존재하지 않는 공간으로 한정된다. 첫 번째, 가족들과 함께 거실에서 이산가족 찾기 방송을 볼 때에는 무심했던 화영이 가족들은 모두 잠자리에 든 후 텅 빈 거실에서 혼자 상봉장면을 보면서 눈시울을 붉힌다. 두 번째, 방송국으로 가기 위해 혼자 운전하는 차 안에서 라디오 상봉 사연을 들으며 자신의 과거 경험과 같은 호열자 전염병이야기 너머로 길소뜸의 기억들을 회상하기 시작한다. 세 번째, 아들일 것 같은 사람을 처음 만나고 돌아온 날 저녁 호텔방에서 이산가족 찾기 방송이 나오는데, 아버지가 아들과의 부자관계를 바로 인정하지 않고 냉정하다 싶을 정도로 계속 질문을 하는 모습이 나온다. 화영은 냉정한 표정으로 화면을 노려보듯 쳐다보다가 이내 눈물을 흘린다. 이미 자식임을 확인했으면서도 끊임없이 다시 확인하는 화면 속의 아버지와 첫 만남에서 이미 본능적으로 아들임을 직감했으나 인정하지 않고 혈액검사를 하려 하는 자신의 모습과의 동일시이다. 그리고 마지막으로 아들의 몸에 있는 어린 시절 상처를 확인하고, 혈액검사 결과를 기다리면서 떠올린 과거는 아들과 동진과 함께한 기억이 아니라 현재 남편의 프러포즈 기억이었다. 경찰이었던 형과 가족들이 마을의 빨갱이에게 몰살당한 후 국군으로 참전하고, 휴전 후에 그 원수를 찾았지만 이미 미쳐버렸기 때문에 복수조차 할 수 없었던 상처를 간직한 사람, 복수 대신 '이 민족의 비극적인 운명을 사랑함으로써 그 운명을 극복'한 그 남자와 결혼함으로써 혈액검사 결과와 상관없이 현재의 가족으로 돌아갈 것임을 암시한다. 처음부터 화영에게 길소뜸, 동진, 동진과의 사이에서 낳은 아이라는 화영의 과거는 현재의 가족들과 공유할 수 없는 '과거의 아픈 기억'일 뿐이었다. 남편과 아이들이라는 중산층 핵가족을 구성하고 있는 그녀에게 무식하고 돈없는 아들은 인정하기 싫은 짐일 수도 있다. 다행히 이 아들은 결혼하여 자식을 낳고 가족을 이루고 있기 때문에 화영이 가족으로 인정하지 않는다고 하여도 돌아갈 곳이 없는 것은 아니다.

<그해 겨울은 따뜻했네>에서 수지는 전쟁 때 잃어버린(사실은 자신이 버린) 동생 수인(오목)[6]이를 찾아 고아원을 헤맨다. 하지만 동생인 것 같은 여자아이를 만나고도 확인을 하지 않으며, 수지가 집에 돌아왔을 때 오빠 수철은 수지에게 "오늘도 수인이를 찾으려고 나섰던 거냐. 잊어버려. 그앤 전쟁 때 죽은 걸로 해두자." "내가 니 마음 잘 안다. 하지만 그앨 당장 지금 만났다 해도 먹구 살기두 빠듯하다. 사실 네 대학공부 시키는 것도 벅차다." "수지야 몇 년만 더 고생하면 우리 형편이 많이 나아질 거야. 그때 가서 수인을 찾아봐도 늦진 않아. 살아 있다면 말이야"라는 말로 동생의 존재를 외면한다. 현재의 가부장인 오빠가 현실의 경제적인 문제로 동생 찾기를 거부함으로써 '어떠한 상황에서도 가족은 함께 해야 한다'라는 당연한 논리에서 비켜나면서 동생을 버린 언니라는 천륜을 버린 죄도 희석된다.

앞의 두 편의 영화는 가족이란 혈연적으로 맺어진 집단이므로 분리되거나 끊어질 수 없다는 원형적 가족의 입장에서 출발하여 원형적 가족이

해체되었을 때 그 원인이 무엇이 되었건 해체의 도의적 책임은 가족에게 있으며 결국 원형적 가족이 복구되어야 한다는 관점에서 영화가 전개되고 있다. 뒤의 두 편의 영화는 원형적 가족보다 핵가족화된 현재의 가족에 초점을 맞추어 영화가 전개되고 있다. 이 핵가족은 부부와 그의 자식이라는 구성적 의미를 넘어 사회적 지위를 공유할 수 있는 일정수준을 담보로 하는 가족들로 구성되어 있음을 의미한다.

이렇듯 4편의 영화는 각각 가족에 대한 의미를 다르게 해석함으로써 국가에서 요구하는 가족관, 당시 이산가족 찾기 방송의 만남의 장면들을 통해 보여주었던 상징적인 가족관과 1980년대를 살아가고 있는 현실의 가족관의 차이를 드러내고 있다.

2) 가족복구의 의지: 죄책감의 현재화 vs 사회편입을 통한 과거와의 결별

4편의 영화에서 드러나는 가족관의 차이는 전쟁을 지나온 삶의 태도로서 극명하게 드러난다. <내가 마지막 본 홍남>에서 귀순한 북한병사의 진짜 아버지로 밝혀지는 지훈은 6·25 당시 국군으로 참전하여 함경도까지 진격하였고, 그곳에서 옥희를 만나 사랑에 빠진다. 하지만 1·4 후퇴로 인하여 홍남부두에서 마지막 배를 타게 되고, 뒤늦게 따라온 옥희와 헤어지게 된다. 지훈은 새로운 가정을 꾸렸고 음악가가 되었지만 속죄하는 마음으로 평생 전쟁과 민족에 대한 음악을 만들며 살고, 남한에서 결혼하여 낳은 아들은 직업군인이 되어 나라를 지키고 있다.

<가고파>의 주인공 인규는 인민군 군의관이었지만 민간인들에게 폭행을 자행하는 인민군들을 소탕하다가 도리어 인민군 부대에 잡혀간다. 결국 그의 자의는 아니었지만 휴전 후 공산권 국가인 중공에서 살게 되

었고, 남한의 가족들과는 연락이 닿지 않게 되었다. 남한으로 내려온 인규의 가족들 중 동생 성규는 미국에 물건을 수출하는 무역회사 사장이 되었고, 인규의 큰아들은 1970년대 우리나라의 경제성장을 이끈 중화학 공업단지의 산업역군이 되었다.

이 두 영화에서 전쟁으로 인한 이산의 아픔을 가진 남성들은 그 아픔을 단순히 국가의 탓으로 돌리지 않고, 오히려 국가라는 큰 가족의 한 부분이 되어 성실히 복무한다. 북한과 잃어버린 가족에 대해서는 휴전으로 인해 갈 수 없는 땅, 만나지 못하는 사람들에 대한 안타까움과 그리움으로 드러난다. 1960년대 '선 건설 후 통일'론과 1970년대 '선 평화 후 통일'론이라는 박정희 정권의 통일 정책을 그대로 반영한 모습이라 볼 수 있다.

반면 <길소뜸>의 남자주인공인 동진은 의용군으로 끌려갔다가 탈출하고 다시 국군특공대에 지원하여 고향인 길소뜸을 찾았다가 적들에게 총을 5발이나 맞았고, 아직도 그 총알이 몸속에 박힌 채 살아가고 있다. 길소뜸에서 만났던 화영의 존재를 잊지 못하듯 전쟁의 기억과 상처를 현재에도 몸으로 고스란히 가지고 있는 인물이다. 또한 자신의 목숨을 구해주고 숨겨준 장 씨의 눈먼 딸을 아내로 맞이하여 가정을 꾸렸다. 하지만 화영에게 고백하는 그의 대사[7]처럼 화영보다 못한 여자를 아내로 맞이하여 화영에 대한 죄책감을 덜어버리고자 했으나 결국 20여 년 동안 후회 속에서 살아오면서 자신의 가정에도 충실하지 못하고, 몇 십 년 만에 만난 꿈에 그리던 화영 앞에서도 당당하지 못한 존재가 되어 있다. 결국 전쟁의 상처에서 벗어나지도 못하고, 현재의 문제도 해결하지 못한 채 그저 살아가고 있다.

화영은 음악선생님의 심부름을 해준 것이 빨치산에게 정보를 제공한 부역행위로 간주되어 징역을 살았고, 그것 때문에 아들을 잃어버리게 되었다. 출소한 화영은 다방 마담을 하면서 동진을 찾았지만 누군가에게 동진의 전사 소식을 듣고 현재의 남편에게 시집을 가면서 자연스럽게 중산층에 편입한다. 화영 역시 동진과 마찬가지로 전쟁으로 인한 상처를 스스로 복구하지는 못했지만, 상처를 극복한 남성을 선택함으로써 자신의 상처를 덮고 전혀 새로운 삶을 택하여 과거와의 단절을 꾀한 인물이다.

동진과 화영이 다시 만나 호텔 스카이라운지 커피숍에서 대화를 나눌 때 둘 사이의 창밖으로는 올림픽대로의 자동차 행렬과 시가지의 높은 빌딩들이 보인다. 다소 여유로워 보이는 화영과 당당하지 못한 동진의 얼굴이 교차로 나타나고, 동진이 별 볼일 없는 자신의 아이들에 대한 이야기를 할 때 화영은 마치 동진을 깔보기라도 하듯이 웃음 짓는다. 과거와의 단절을 택한 화영은 아직도 과거에 연연해 살고 있는 동진을 향해 조소를 보내며 예전의 가족으로 복구할 의지가 없음을 피력하는 것이다. 둘의 대화는 플래시백으로 재구성되는 과거의 농촌풍경, 전쟁 속 폐허의 모습들과 현재의 두 사람 너머로 보이는 도시의 자동차 행렬로 대조된 장면만큼이나 이질적으로 보이며 과거에 그렇게 애틋하게 사랑했을까 싶을 정도로 담담하게 흘러간다.[8]

또한 <그해 겨울은 따뜻했네>의 수지도 오빠의 뒷바라지로 성악을 전공하고, 기업체의 사장 아들과 결혼함으로써 상류층에 편입한다. 고아원에서 동생 오목(수인)이를 처음 만났을 때, 오목이가 이모라는 사람을 쫓아 고아원을 나가는 모습을 봤을 때, 오목이가 자신의 성악 발표회장에 자신의 약혼자(훗날 남편)를 찾으러 왔을 때, 오목이가 큰아들 일남을 데리고 와 사장님(수지의 남편)의 아이라며 키워달라고 했을 때 등 여러 번에 걸쳐 자신의 동생임을 밝힐 수 있는 기회가 있었지만 포기한다. 그대신 수지는 결혼 후에 고아 돕기 등의 자선 사업에 열중한다. 또한 자신의 아들들이 장난감을 가지고 싸우자 유독 큰아이를 혼내는 모습을 보인다. 즉, 수지는 어린 시절 자신의 잘못에 죄책감을 가지고 살아가고 있지만 그것은 동생을 찾는 적극적인 행동으로 드러나지 않고, 고아원 사업 혹은 자신이 동생을 버렸을 때와 비슷한 나이의 큰아들이 동생을 제대로 돌보지 않는 것에 대해 자신의 과거의 모습으로 치환시켜 마치 자신의 죗값을 치루는 듯 큰아이를 혼내는 모습으로 나타나는 것이다. 과거에 대한 죄책감은 가지고 있지만 당사자에게 직접 용서를 빌고, 가족을 복구하고자 하는 의지는 없는 것이다.

정리해 보자면 <길소뜸>의 화영과 <그해 겨울은 따뜻했네>에서의 수지는 과거와 이별하려는 것처럼 보인다. <길소뜸>의 화영이 동진과 처음 만나 대화를 나누고, 혼자 호텔에 들어왔을 때 TV에서는 한국동란 기록필름이 방송되고 있었고, '한반도에 그어진 38선은 단순한 국토의 분단이 아니라 그 자체로 하나의 민족분열'이라는 나레이션이 들리며 화영은 착잡한 듯 담배를 피워 문다. 이 장면은 휴전이라는 분열의 고착화를 통해 남과 북에 속한 사람들 간의 차이를 만들어 냈고, 세월이 흐름에 따라 간극은 더 넓어져 돌이킬 수 없는 지경까지 왔음을 설명하는 동시에, 앞선 동진과의 만남 장면과 연결시켜 보았을 때 비단 이런 차이는 남과 북만의 문제가 아니라 급속한 경제발전으로 인해 생겨난 경제계급 차이가 존재한다는 것을 보여주는 장면이다. <그해 겨울은 따뜻했네>에서 고아원을 찾아다니는 수지의 행동은 자기 위안일 뿐이며 오히려 수인의 존재를 확인하고도 찾지 않고 다른 고아들에게 자선을 베푸는데 집착함으로써 죄책감을 떨쳐버리려고 한다. 휴전된 지 30년이나 지난 상황 속에서 이산가족 찾기는 잃어버렸던 한 명을 채우는 식의 원형적 가족복구가 아니라 치유되지 않은 상처를 들춰내는 일이며, 은폐되었던 죄책감을 현재화시키는 일이기 때문에 휴전 이후의 상황을 지나온 개인적 경험에 따라 영화 속에서 다르게 재현된다.

3) 호명을 통한 가족복구: 고민없는 수용 vs 이질감의 확인

혈연적 의미에서 가족은 부모를 중심으로 한 같은 핏줄의 사람들이지만, 사회적 의미에서 가족은 혈연과 함께 같은 공간과 기억을 공유한 사람들을 일컫는다. 그러므로 이산을 통해 가족 구성원들에게서 떨어져나갔던 사람은 '타자'일 수밖에 없다. 다시 가족으로 받아들이더라도 끊임없이 차이를 확인하게 될 것이며 서로를 이해하고 마음으로 받아들이는 과정들이 반복되어야 한다.

<가고파>와 <내가 마지막 본 홍남>에서는 이 받아들임의 과정이 없이 바로 가족으로 호명된다. <가고파>의 인규는 30여 년이라는 긴 세월 동안 서로 만나지 못했지만 한국으로 돌아오자마자 '아들'과 '아버지'로 불리며 자연스럽게 가족의 일원이 되었으며, 가부장으로서의 권리도 부여받았다. <내가 마지막 본 홍남>의 지훈 역시 태어난 것조차 몰랐던 아들이지만 인호가 북한에서 살았던 정황을 전해 듣고 자신의 아들이라 여기며 처음 만난 순간 '아들'로 호명한다. 지훈이 남한에서 낳은 아들도 인호를 '형'이라 부르고, 지훈의 현재 부인 역시 인호를 위한 케이크를 준비하며 그를 가족의 일원으로 받아들인다.

<가고파>에서는 이산가족 찾기 실제 방송이 한 장면 보여진 후 인규가 갑자기 가족모임에 나타난다. 인규가 가족을 찾게 되는 과정에 대한 설명 없이 불쑥 등장한 것이다. 인규가 돌아왔다는 사실조차 접하지 못했던 가족들이지만, 30년 만의 첫 만남에서 그를 거부감 없이 받아들이며 가부장적 지위를 부여한다. 심지어 한국전쟁 당시 갓난아기였던 딸조차 그를 반기며 아버지가 그리웠노라 말한다. 인규가 중공에서 방송된 이산가족 찾기 프로그램을 보고, 한국으로 돌아올 결심을 했다는 것은 이후의 대화에서 알 수 있다. 오히려 인규는 중공에 있는 가족들에게 돌

아갈 것인가와 한국에 남을 것인가에 대해 고민한다. 두 공간에서 모두 가족들을 이끌어야 하는 가부장적 지위를 소유하였기 때문이다. 인규가 중공에 있는 가족들의 안전을 위해 돌아가는 것을 택하자, 한국에 있는 가족들은 그의 선택을 존중하며 언제나 한국 가족 내의 그의 자리를 유지될 것이라 말한다. 1992년 한중수교가 체결되기 수년 전에 만들어진 영화이기에 인규가 중공으로 돌아가는 것은 단순히 개인적인 선택이 아니라 국가적 차원에서의 당연한 선택으로 해석될 수 있다.

위의 영화들은 이산가족 '찾기'에 초점이 맞추어져 있어 혈연적인 가족의 의미만이 강조되어 있다. 그래서 30여 년 동안이나 다른 체제 속에서 다른 방식으로 살았던 것에 대한 괴리감이 전혀 드러나 있지 않고, 타자화되지 않는다. 이러한 영화적인 관점은 1960~1970년대를 관통했던 국가의 통일관을 반영한 것이라 볼 수 있다. 경제적 군사적 국력 배양을 통한 흡수통일이 그것인데, 이 개념 속에는 북한의 공산집단만 분쇄한다면 평화적인 통일을 이룰 수 있다는 주장이 들어 있다. 이러한 논리 속에는 다른 체제 속에서 살아가던 사람들이 겪을 현실에 대한 고민은 들어 있지 않다. 공산당들의 압제 속에서 경제적으로 궁핍하게 살아가던 북한 사람들을 구제 또는 해방시키는 의미로 경제적으로 발전된 민주주의 남한에게 흡수통일이 되는 방법이 남북한의 선량한 국민들이 바라는 올바른 통일의 방법이라는 주장을 반영하고 있다고 할 수 있다.

반면 <길소뜸>에서 화영과 동진의 아들인 석철(성운)[9]과 <그해 겨울은 따뜻했네>에서 잃어버린 동생 수인은 끊임없이 타자로 존재하며 결국 언니와 오빠, 부모가 그를 인정하지 않는 이상 가족으로서 편입될 수 없는 모습을 보인다.

<그해 겨울은 따뜻했네>에서의 수인은 겨우 다섯 살에 언니를 잃었다. "다섯 살의 어린 여자아이가 기억할 수 있는 것은 겨우 자신이 '오목'

이로 불렸다는 이름 정도였다. 자신의 이름이 '한수인'이란 사실을 알지 못하고 '오목'으로 알고 있는 여자아이는 사실상 기본적인 정보와 지식도 갖지 못해 스스로를 구성할 수도 없고 자신에 대해 말할 수도 없으며 천애고아, '하위주체(subaltern)'이다. 성도 이름도 모르는 그녀가 어떻게 자신의 근본인 가족을 찾을 수 있으며 또한 정체성을 획득해 나갈 수 있을까? 그녀의 손을 떠나지 않는 '은표주박 노리개'에 관한 상상으로 자신의 정체를 구성하는 오목(수인)은 오직 그녀를 아는 오빠와 언니의 호명만을 기다릴 뿐이다. 그러나 가족인 수철과 수지에 의해 그녀는 끝내 '하위주체', '하위체'로 남는다."[10]

결국 수인은 자신이 지니고 있는 은표주박 목걸이를 보며 자신이 대갓집 딸이라고 끊임없이 되새기지만 언니가 자신을 동생으로 알아봐주고, 동생이라 불러줄 때까지 기다릴 수밖에 없는 존재이다. 영화의 마지막 장면에서 남편의 죽음으로 충격을 받아 기절한 수인이 병실에서 깨어난 후 그제야 자신이 언니라고 고백하는 수지에게 "왜 이제야 언니라고 말하는 거야"라는 원망 섞인 말밖에 할 수 없다. 그리고 다시는 자신의 곁을 떠나지 않겠다고 말하는 언니를 받아들인다. 언니에 의해 동생으로 호명되었을 때 별명인 오목이가 아닌 수인이로서 불리며 다시 가족의 일원이 될 수 있었다.

수지가 동생 수인의 비루한 삶을 확인할 때마다 스스로 가족으로 호명하기를 포기했던 모습들과 비슷한 모습들이 오빠 수철에게도 나타난다. 경제적인 문제로 수인이를 찾는 것을 포기했던 수철은 수인이가 수지의 공연장에 나타났지만 자신의 동생이라는 것을 알아차리지 못한다. 또한 자신의 매제인 인재에게 수지와 결혼한 지 8년이나 지난 후에 잃어버린 동생 수인의 존재를 알리면서도 아마 전쟁 때 죽었을 것이라 짐작하고 찾지 않는다. 자신과 동생들이라는 원형적 가족을 복구하려는 의지조차 드러내지 않는 모습이다.

전쟁 이후 개발 독재의 논리와 맞물리면서 모든 상처는 치료되기보다 묻히고 잊혀졌다. 그 과정에 전쟁고아는 관심 밖으로 사라진다. 과거보다 현재, 그리고 핵가족의 분화는 원가족의 해체를 가속화시킨다. 가정의 행복과 성공과 출세가 현실적 논리이다. 그것을 위하여 필수적인 요소가 '자본'이다. '수철'은 자본주의와 가부장제의 논리에 따라 오목을 철저히 외면한다.[11] 오목이가 수지의 공연장에 찾아왔을 때 인재와 오목이의 관계를 눈치채고, 수지도 눈치를 챌 결혼이 깨질까봐 전전긍긍해하며 오목이에게서 수지를 떼어놓으려 애쓴다. 이미 결혼하여 새로운 가족을 이룬 수철에게 엄밀한 의미에서는 동생인 수지마저 군식구일 수 있으며, 동생의 행복보다 남부럽지 않은 집안으로 시집보내 새로운 가족을 이루게 하는 것이 더 시급한 과제였다. 영화가 끝날 때까지 수철은 동생 오목이를 알아보기는커녕 공연장 장면을 제외하고는 한 공간에 등장하지조차 않는다. 수지를 시집보내고, 새로운 가족을 이룬 수철에게 과거의 가족은 더 이상 호명해야 할 새로운 가족이 아니기 때문이다.

<길소뜸>에서 석철을 찾아온 화영과 동진을 더욱 반기는 것은 석철의 처 득남이었다. 실제 아들이 아니더라도 동정심에 호소하여 경제적 도움을 얻고자 하는 의도가 확연하지만 화영과 동진을 부모라 칭하며 가족관계를 형성하고자 한다. 석철 역시 동진과 화영에게 자신이 살아온 힘든 삶에 대해 아무렇지도 않게, 오히려 과시하듯 이야기하지만 동진과 둘만 한방에 남았을 때 그를 '아버지'라고 부르며 누군가의 가족으로 편입되기를 열망한다.

그러나 원형적 가족을 복구하는 것에 대해 화영과 동진은 다른 모습을 보인다. 석철을 찾아가는 차 안에서 지금 찾아가는 사람이 아들 성운이면 어떻게 하겠냐는 동진의 질문에 화영은 "거기까진 생각 안 해 봤어요.

고의든 타의든 자식을 유기했다는 죄책감이 평생 동안 저를 괴롭혀 왔어요. 그러나 막상 방송을 보고도 며칠을 망설이다가 아빠가 더 서두르는 바람에 떠밀리듯 나온 거예요"라고 말한다. 아이를 잃어버린 죄책감에 시달리고 있지만, 그 아이를 자신의 가족으로 받아들일 준비가 되어 있지는 않은 모습이다. 반면에 동진은 "어머니께서 성운이는 대를 이을 장손이니 꼭 찾아보란 말씀이 떠올라 뜬눈으로 밤을 세웠소"라고 말하며 가족 내의 장손으로서의 위치를 부여한다. 하지만 이후에 석철을 호적에 올리고 싶어 하는 동진에게 동진의 현재 부인과 가족들은 석철을 '생판 얼굴도 모르는 사람'이라고 지칭하며 가족, 장손으로 받아들이길 거부하고, 이에 동진은 아무 말 없이 한숨을 쉬며 담배만 피워 문다. 술에 취해 자신을 아버지라 부르며 잠든 석철의 발가락과 자신의 발가락을 비교하며 아들임을 확인하지만 아들이라 부르지 못한다. 화영과 동진 모두의 가정에서 석철은 받아들여질 수 없는 존재임을 보여주는 장면이다.

또한 화영과 동진, 석철이 한 차를 타고 가다가 화영의 차에 개가 치여 죽자 세 사람은 다른 반응을 보인다. 석철은 몸에 좋은 음식을 거저 얻었다고 좋아하고, 동진은 주인을 찾아주어야 한다고 안타까워하며, 화영은 징그럽다며 버리라고 소리를 지른다. 도축업과 강에서 시체를 건지는 일을 하고 살아온 석철, 그리움 속에서 과거만을 찾다가 현재의 가정에 충실하지 못한 동진, 새로운 결혼을 통해 과거와는 결별하고 살아온 화영의 모습을 한 사건을 통해 단적으로 보여준다. 이를 통해 '가족'이라는 이름으로 살기에 이들이 얼마나 이질적인 존재인가에 대해 설명한다. 그렇기에 영화 말미에 혈액검사를 통해 친자 가능성이 높다는 판정이 나왔지만 석철을 거부하는 화영의 모습에 어느 정도의 설득력이 부여된다. 말로는 100%의 혈연적 확증이 필요하다고 주장하지만 화영은 혈연보다는 떨어져 있는 기간 동안 생겨난 차이로 인해 아들로 받아들일 수 없었던 것이고, 현재의 가족 내에 그를 편입시키길 포기해 버린다. 부모에게 인정받지 못한 석철 역시 앞으로 연락이나 하고 지내자는 동진의 말을 거부하고 아들이라는 자신의 위치를 포기함으로써 원형적 가족 복구의 희망을 버린다. 동진도 화영이 혹시 필요한 일이 있다면 연락하라며 준 화영의 남편 명함을 꾸겨버림으로써 과거의 가족과 결별한다.

이 두 편의 영화 속에 드러나는 가족에 대한 의미 변화를 사회적으로 확장한다면 1980년대 당시 통일과 이산가족을 바라보던 사람들의 시선 변화를 반영한다고 볼 수 있다. 휴전으로 인해 물리적으로 해체된 가족은 시간이 흐름에 따라 차이가 생겨났다. 분리되었던 가족구성원은 원형적 가족에게 호명되지 못하면 가족의 구성원이 되지 못함을 보여주면서 단순한 혈연중심의 원형적 가족 중심이 해체되고, 혈연뿐만 아니라 사회적 관계 등의 다른 요소들이 혼합된 현재 구성되어 있는 핵가족 중심으로 변화되어 가고 있음을 보여주고 있다. "우리나라에서 1980년대 북한이 '동족', '한민족', '민족공동체' 등으로 은유되었으며, 북한체제에 대해서도 공동 번영해야 할 민족공동체로 인식되었다는 분석"[12]도 있다. 그러나 이것은 무조건 통일을 통해 다시 하나의 국가를 이루어야 한다는 열망이 아니라, 서로 다름을 인정하고 평화적으로 공존하자는 의미이기도 하다. 곧 과거의 혈연적 유대보다 현재의 안정된 삶을 변화시키고 싶지 않은 의지의 발현인 것이다.

4) 타협적 균형으로서 새로운 부권으로의 귀환

상술했다시피 <가고파>와 <내가 마지막 본 홍남>은 영화 서사 속에서 전통적인 부권으로의 귀환을 당연하게 받아들이며 가부장 중심의 가족이라는 전통적 가치를 회복한다. 하지만 <길소뜸>과 <그해 겨울

은 따뜻했네>에서의 남성들은 상대적으로 소극적인 지위를 부여받는다. <길소뜸>에서의 동진은 아들을 찾았지만 현재의 가족들이 동진의 아들 석철을 호적에 올리는 것을 반대하자 더 이상 아무 말도 하지 못한다. 아들을 찾아 호적에 올리는 것이 돌아가신 어머니의 뜻이었지만, 지금의 아내의 반대로 이루지 못하는 것이다. <그해 겨울은 따뜻했네>의 수지의 남편 인재도 아이들을 돌보는 것보다 고아원 돕기 자선 바자회에 열중하고 자신에게 사랑을 보여주지 않는 아내에게 자신이 더 잘하겠다며 다가간다. 이렇듯 아버지로서, 남편으로서의 위치가 과거에 비해 다소 약화되었다고 볼 수 있다. 하지만 영화의 결말은 변화된 가부장의 권위에 상관없이 새로운 가부장 중심의 가족이라는 각자의 자리로 돌아간다.

<길소뜸>에서의 화영은 혈액 검사 결과를 외면하고, 자신의 차를 몰고 현재의 가정으로 돌아가기 위해 떠난다. 눈가에 이슬이 맺힌 화영은 정신없이 운전하다가 잠시 중앙선을 넘었지만 이내 자신의 차로로 돌아오고 아무 일 없었다는 듯 다시 도로를 달리며 멀어져 간다. 과거의 가족들을 찾아 떠났던 시간은 잠시 중앙선을 넘은 행위처럼 사고 없이 제 차로로 돌아오기만 한다면 또한 과거가 되어 멀어질 것이다. 또한 동진과 석철 역시 자신의 현재 가족에게로 돌아감으로써 기존에 가지고 있던 아버지와 남편으로서의 권리와 모습을 유지할 것으로 보인다.

<그해 겨울은 따뜻했네>에서 고아로 자란 일환은 고아신세를 면하기 위해 자신을 중심으로 한 가족을 꾸리기를 원하며 오목에게 구애를 한다. 오목은 공장 사장인 인재와 하룻밤을 보내고, 인재가 자신을 사랑하여 하룻밤을 보낸 것이라 믿지만 인재에게 외면당하자 자신과 같은 고아원 출신인 일환과 결혼한다. 일환은 월남전에 참전하여 다리를 다쳐 장애인이 되어 돌아오고, 참전 중에 오목이 낳은 아들 일남을 동네사람

들이 팔삭둥이라고 부르자 자신의 아들이 아님을 직감한다. 분노에 쌓인 일환은 오목에게 폭력을 행사하지만 일남 밑으로 딸만 줄줄이 낳은 오목은 그 고통을 감수하며 가정을 지키려고 노력한다. 일환의 핏줄이 아닌 아들을 낳은 죗값을 치르는 대신 일환의 대를 이을 아들을 낳기 위해 계속하여 아이를 낳는다. 과거의 가족을 찾는 대신 일환을 중심으로 한 현재의 가족을 온전하게 만들려고 하는 것이다. 영화 말미에 일환의 아들이 태어난 직후 인재와 일환이 함께 갱도에 갇혔다가 일환은 목숨을 잃는다. 아버지인 일환은 죽었지만 죽음 이전에 일남을 장자로 인정함으로써 가족은 해체되지 않았고, 갓 태어난 아들을 통해 혈연적 계보도 이어지게 되었다.

그리고 오목은 언니 수지에 의해 동생인 수인으로 호명 받고, 아들 일남을 통해 인재의 가정에 편입됨으로써 새로운 가족을 이루게 된다. 결국 수지가 동생 오목을 자신의 가족으로 인정하고 받아들일 수 있었던 이유는 남편 인재의 역할이 크다. 수지 이외에 제일 먼저 수지와 오목을 닮은 점을 발견한 사람은 인재이다. 자신의 공장에서 일하던 오목이 수지와 닮았다는 것을 제일 먼저 발견하고, 오목을 만날 때마다 수지의 잃어버린 동생이 아닐까 의심하고, 갱도에서 구출되는 순간에도 수지에게 오목이 잃어버린 동생이 아니냐며 확인하고 인정할 것을 권유한다. 영화 속에서 드러나는 이러한 인재의 모습에서 비록 일남이 자신의 핏줄이라는 사실을 알지 못하지만 그것과는 상관없이 수지의 동생으로서 오목과 오목의 가족들을 자신의 가족으로 받아들일 준비가 되어 있는 것처럼 보인다.

결국 전통적인 관점이든지, 변화된 현재적 관점이든 상관없이 4편 모두 아버지를 중심으로 한 가족으로의 귀환이라는 결말을 보이고 있다. 이러한 결말을 통해 가족을 구성하고, 가족으로 받아들이는 의미는 변화되었더라도 1980년대 한국사회에서는 여전히 가부장을 중심으로 한 가족을 구성하는 것을 온전한 가족의 의미로 받아들이고, 궁극의 목표로 삼는다는 것을 볼 수 있다.

◆ ◆ ◆

앞서 살펴본 4작품 중 <내가 마지막 본 홍남>은 전투장면에 막강한 군 지원을 받고, 대종상 반공영화 부문에 단독 출품하여 반공영화상을 수상하고 외화수입 쿼터를 받았으며, <가고파>도 외화수입 쿼터를 미리 받기로 하고 제작된 작품[13]으로 국가의 반공이데올로기를 반영하고 있는 작품들이라 볼 수 있다. <길소뜸> 역시 대종상에서 반공영화상을 수상하였지만 이미 대종상 작품상 수상작에 부여하는 외화수입 쿼터가 사라진 후에 받은 상이기 때문에 <길소뜸>의 반공영화상 수상은 이전에 수상한 작품들과 그 의미가 다르다고 할 수 있다. 마지막으로 <그해 겨울은 따뜻했네>는 반공이나 이데올로기와는 무관한 영화이다. 또한 앞의 두 작품은 각각 북한과 중공에 살고 있는 이산가족 상봉을 주제로 하고 있으며, 뒤의 두 작품은 남한 내 이산가족의 문제를 다루고 있다는 점에서 차별점이 있다.

국내 이산문학계에서 한국전쟁과 관련된 이산의 문제는 실향민의 시각에서 실존주의적으로 그려지는 경우가 많았다. 1960년에 발표된 최인훈의 『광장』등이 대표작이며, 대부분 실제 실향민 출신의 작가들에 의해 작품이 쓰여졌다. <내가 본 마지막 홍남>의 주인공 인규의 고향은 홍남이 아니지만, 홍남에서 사랑하는 여인을 만나 아이를 가지고 혼자 월남함으로서 가족을 북에 두고 온 이산가족이자 실향민의 마음을 공유하고 있다. <가고파>의 가족들의 고향도 함경남도 지역으로 설정되어 있다. <길소뜸>에서의 동진과 화영이 과거를 기억을 공유한 지역인 길소뜸은 강원도의 한 해변가 마을로 설정되어 있는데, 화영과 동진 모두 서로를 찾아 헤맸으면서도 휴전 후 길소뜸을 찾았다는 이야기가 나오지 않는 것으로 보아 북한 땅이 되었을 가능성이 높다. <그해 겨울은 따뜻했네>에서 5살과 7살이라는 어린 나이의 피난길에 부모를 잃은 수인과 수지에게 돌아갈 고향은 존재하지 않는다.

이렇듯 이 글에서 살펴 본 이산가족 영화는 전쟁으로 인해 고향을 잃고, 정체성마저 흔들린 주인공들을 전면에 배치하고 있다. 이 영화들에서 주인공들은 가족에게서 떨어져 나왔거나, 가족이 떨어져 나간 물리적 해체를 경험한 사람들이다. 그리고 갑작스런 휴전으로 인해 원형적 가족이 복구되지 못한 채 살아가고 있고, 영화의 말미에서는 그것이 원형적 가족의 복구이든, 현재의 가족으로의 회귀이든 '가족'이라는 이름으로 묶이도록 결론을 맺고 있다.

이 4편의 영화들은 전쟁으로 인해 가족이 물리적으로 해체되고, 휴전으로 인해 복구되지 못한 채 살고 있는 가족들의 가족 복구에 관한 이야기라 할 수 있다. 그러나 4편의 영화들은 2편씩 짝을 이루어 각각 가족 복구에 관한 다른 이야기를 하고 있다. <내가 마지막 본 홍남>과 <가고파>는 원형적 가족으로의 복구를 당연시하며 가족이 복구되어 가는 정신적인 과정을 거세해 버림으로써 관객들에게 KBS 방송과 같은 이산가족 찾기 이야기를 보여주었다. 이미 TV 방송을 통해 숱하게 '진짜' 상봉의 장면을 보아왔던 관객들에게 이 영화들은 방송 이상의 감동을 주지 못하였다. '만남' 그 자체에만 초점을 맞춤으로서 이산가족이 물리적으로 복구되었을 때 실생활 속에서 느껴지는 이질감을 극복하고, 진정한 가족으로 살아가는 문제에 대해서는 관심을 두지 않았다. 마치 국가가 이산가족이 생겨나는 원인을 제공했음에도 30여 년이 지난 후에 상봉을 주선하였으니 국민들의 한을 풀어준 은인과 같이 행세하는 모양세이다.

반면에 <길소뜸>과 <그해 겨울은 따뜻했네>를 통해서는 강력한 가부장제 가족이 붕괴되고 부권이 상실되어 가고 있음을 보여준다. 또한 가족의 의미가 혈연으로 맺어진 가족이라는 전통적 의미에 사회적 위치라는 의미가 더해져 가족이라는 것이 절대적 의미에서 어떤 부분에 있어서는 취사선택이 가능한 것으로 변화되어 가고 있음을 보여주고 있다. 혈연적 의미의 가족이라 할지라도 이산으로 인해 서로 이질화되었다면 서로를 인정하고 서로를 가족이라 호명하는 순간에야 진정한 가족이 될 수 있다. 이 두 편의 영화는 1960~1970년대 산업화 고도성장 등을 통해 빈부격차의 심화라는 자본주의 사회의 단점까지도 보여주며 변화한 한국사회의 모습을 적나라하게 반영하는 영화이다. 동시에 이 영화들은 전쟁의 종식이 아닌 멈춤이라는 불안정한 휴전의 상황이 지속되면서 전쟁으로 생겨난 문제들을 해결하지 못하고 한세대가 흘러버린 1980년대 중반 현재의 시점에서 변해버린 가족과 민족, 국가의 개념에 대해 문제의식을 표출한 영화이다.

한국사회를 지탱하던 가족주의도 1980년대 중반이 넘어서면 경제중심의 가치관의 이탈, 부권 상실 등으로 인하여 또 다른 방향의 변화를 시작하게 되었다. 그러므로 1980년대 중반 이산가족의 문제가 영화의 소재로 등장할 수 있었던 것은 이산가족 찾기 운동이라는 사회적 분위기 속에서 아직은 아버지 중심의 가족주의가 존재하는 전통적인 가치관과 급격한 경제개발과 극심한 빈부격차로 인한 사회 구성원 간의 괴리감, 가족 내의 소통 부재 등이 충돌하고 있는 가족주의의 변화상을 치환시켜 드러내기에 가장 적합한 소재 중에 하나였기 때문이라고 볼 수 있다.

주

1) 이산가족에 대한 기존연구는 본고와 직접적으로 관련이 없으므로 본
   문에서 언급하지는 않는다. 다만 이산가족에 대한 기존 연구성과를
   종합해 놓은 책 중에 김귀옥, 『이산가족, '반공전사'도 '빨갱이'도 아
   닌……』(역사비평사, 2004)을 참고하여 보면, 1980년대까지 이산가
   족에 대한 연구는 주로 월남인들의 목소리를 통해 북괴의 만행을 고
   발하거나, 정부에서 발행한 『이산가족백서』 등을 통해 이산가족의
   발생원인, 규모, 남북적십자회담의 결렬에 대한 북측의 책임 등 정치
   적인 문제가 전면에 배치되어 있었다고 한다.
2) 이 내용은 한국영상자료원 한국영화 데이터베이스(www.kmdb.or.kr)
   에서 '이산가족', '전쟁', '휴전' 등을 키워드로 놓고 영화와, 시나리오,
   줄거리를 검색하여 찾아낸 것이다.
3) 영화 <굳세어라 금순아>(최학곤, 1962)는 현재 필름이 남아 있지
   않아 영화의 내용은 한국영상자료원에 보관되어 있는 시나리오를 참
   고하였다.
4) 본고에서 다룰 영화 4편 중 <그해 겨울은 따뜻했네>는 동명의 박완

서 소설을 영화화한 것이다. 이 소설은 이산가족 찾기 방송이 있기 전인 1982년부터 1년여간 ≪한국일보≫에 연재된 소설로서 1983년 이산가족 찾기 방송을 기점으로 재조명 받아 1984년 영화화, 1988년 드라마화 되었다.

5) 화영의 남편 영준은 "혈육이란 인간에게 있어 가장 원초적이고 본능적인 유대요. 그러지 말고 한 번 찾아나서 봐요. 나나 아이들한테는 조금도 부담 갖지 말고……"라는 말로 화영을 설득한다.

6) 오목이는 어린 수인이의 애칭처럼 불렸던 이름이다. 하지만 영화에서 성인이 된 수인이는 자신의 본 이름은 잊은 채 오목이로 불렸던 것만을 기억하고 있다. 이후 서술에서는 극중 인물들이 수인(오목)의 이름을 인식하는 대로 혼용하여 사용한다.

7) 동진은 화영과 만나 스카이라운지에서 자신의 과거에 대해 이야기하다가 자신의 결혼에 대해 이렇게 이야기한다. "착한 여자였지만 사랑할 수가 없었소. 그런데도 그녀를 아내로 맞이한 것은 장 씨 아저씨의 은혜를 갚기 위해서라기보다 어떤 자학적인 심정이 작용했던 것이 아닌가 싶소. 화영이보다 여러모로 모자란 그런 여자를 택함으로써 화영에 대한 죄책감을 덜고 내 가슴속에서 화영의 모습을 지워버리려는 괴로운 몸부림이었는지도 모르겠소. 그러나 어리석은 짓이었소. 벌써 20년을 그 사람과 같이 살아왔지만 나는 늘 빈 항아리를 껴안고 사는 그런 기분이었소."

8) 오영숙은 담담한 형식으로 찍힌 이 장면들을 분석하며 "서울에서 재회한 남자와 여자 앞에 현실은 극복 불가능한 어려움을 노정한다. 그들이 마주해야 하는 것은 어떤 낭만이나 환상으로도 가릴 수 없는 엄혹한 계급적 차이라는 벽이다. 민족문제를 해결하기 위해 국가주의적 틀 안에서 이루어진 노력들이 예기치 못하게 계급문제라는 사회적 골을 드러내는 계기가 되는 순간이다. <길소뜸>이 보여준 인상적인 지점은 한국전쟁이 끝나고 사회 전체가 새로운 균형점을 향해

나아가는 시대에 새로이 부상한 계급 차이가 이 영화를 통해 본격적으로 서사화 되기 시작했다는 사실이다"라고 평하였다. 오영숙, 「길소뜸」, 한국영상자료원 엮음, 『영화와 여성: 영화로 보는 한국 사회와 여성』, 문화체육관광부·한국영상자료원, 2013, 208쪽.

9) <길소뜸>에서도 잃어버린 아들은 두 개의 이름을 가지고 있다. 성운은 동진과 화영이 지어준 이름이며, 부모를 잃음으로서 이름도 잃어버린 성운은 석철이라는 새로운 이름으로 살아가고 있다. 본고에서는 동진과 화영이 아들을 호명하는 방식에 따라 석철과 성운을 혼용하여 사용하고자 한다.

10) 정미숙, 「박완서의 『그해 겨울은 따뜻했네』의 가족과 젠더 연구」, 『현대문학이론연구』 Vol.29, 2006, 297쪽.

11) 위의 책, 299쪽.

12) 유영옥, 『한반도 통일 정책론』, 학문사, 1996, 462쪽.

13) <가고파>는 당국으로부터 정책외화쿼터를 약속받고 동시녹음으로 제작하였으며, 다른 영화에 비해 2~3배의 제작비를 투입, 외국로케 촬영까지 한 작품이다. 그런데, 대종상 출품을 제지당했고, 이에 불복한 제작자이자 감독인 곽정환은 반공영화 부문을 제외한 일반영화 부문에라도 출품할 수 있도록 요청하여 허가를 받았다. 이 영화는 윤일봉이 대종상 남우주연상을 수상하였다. 「한때 대종상 출품 제지당한 동시녹음 방화 조건부로 접수끝내」, ≪매일경제≫ 1984년 11월 24일.

코미디와 만난 분단영화의 아이러니*

박 일 아

1. 분단영화와 코미디의 결합

휴전 60년, 통상적으로 짧은 시간을 지칭하는 '휴休'라는 단어를 쓰기에 적절치 않은 시간이 흘렀다. 그 기간 동안 남한에서 제작된 영화는 북한 사회나 북한 사람을 묘사하는 데 있어 변화가 있어왔다. 휴전협상 이후 한국영화는 분단된 남한 정부의 지휘하에 '북괴'나 '빨갱이'라는 용어를 통해 북한을 '적' 이미지로 묘사하며 '반공영화'를 제작했다.[1] 남한 정부는 영화가 북한을 어떻게 연출하는지에 대해 예민하게 반응했으며 따라서 북에 대한 이미지는 정형화될 수밖에 없었다. 1964년 영화 <7인의 여포로>에서 "북한군 장교를 인간적으로 그렸다는 혐의"[2]로 이만희 감독에게 반공법을 적용시켰던 사례는 영화라는 가상의 공간에서조차 한

---

* 이 글은 필자의 「희극성과 결합한 분단영화의 특징」(『영상문화연구』 22집, 한국영상문화학회, 2013)을 수정, 보완한 내용이다.

국정부가 사상이 다른 인물에 대해 조금이라도 합리화시키거나 그들을 두둔하는 표현을 용납하지 않았던 당시 상황을 보여주는 단적인 예이다. 1970년대 제작된 한국영화에서 그려진 북한 사람은 '외부의 적'보다는 '내부의 적' 특히, '간첩'이라는 인물 군을 통해 사회의 혼란을 가중시키는 교활하고 위험한 인물이었다. 이러한 간첩 이미지는 '우리 일상 깊숙이 잠입하여 민심의 교란선동을 일삼는 존재'로 묘사되면서 정부의 정책을 반대하는 시위대의 사태를 진입하는 것에 대한 당위성을 만드는 역할을 담당했고 시민들은 서로를 의심하며 북한에 대한 경계심을 늦추지 않을 수 없었다.[3] 또한 1966년 대종상에 제정되었던 반공영화부문이 1987년까지 이어졌다는 것을 봤을 때, 한국영화계가 북을 묘사함에 있어서 정치적, 사회적인 억압이 있었고 그에 수긍했던 정황을 부인할 수 없다.

그러나 적화통일에 목적을 둔 악랄한 타자로 묘사되었던 북한 사람의 이미지는 1990년대부터 다른 모습으로 나타나기 시작했다. <남부군>(정지영, 1990), <그 섬에 가고 싶다>(박광수, 1993), <태백산맥>(임권택, 1994) 등의 '전쟁영화'[4]와 <쉬리>(강제규, 1998), <간첩 리철진>(장진, 1999), <공동경비구역 JSA>(박찬욱, 2000) 등의 '분단영화'[5]에서 북한군이나 간첩의 인간적인 면모가 묘사되고 그들에게 부여된 숙명적인 책임감 사이에 고뇌하는 모습이 그려지기 시작한 것이다. 이러한 현상에 대해 1998년 ≪동아일보≫의 한 기사는 "2월 12일 대통령직 인수위원회에서 북한방송 개방을 1백 대 정책 후진과제로 선전하는 등 정부의 '햇볕정책'에 힘입어 TV 영화 등 영상물의 '북방한계선'이 무너졌다"[6]고 표현했다. 이것은 한국영화가 북한 사람을 묘사하는 데 1990년대 이전과 이후의 차이가 그만큼 크다는 것을 의미한다. 다시 말해 사회적, 정치적 변화와 맞물린 북한에 대한 인식의 태도가 반영됐다고 볼 수 있다.[7] 소비에트연방공화국의 해체와 김일성 '수령'의 죽음, 중국의 경제개방과 남한의 OECD 가입 등의 사건들이 국가 간의 위상뿐만 아니라 북에 대한 인식에도 영향을 끼쳐 분단소재 영화들의 홍행성적으로 가시화되었던 것이다.[8] 사실 북한에 대해 휴머니즘적으로 접근한 작품들이 나타난 것은 영화보다는 소설이나 연극에서 먼저 시작되었다. 그러나 분단소재가 보다 대중적이고 소비적인 양상과 맞물리기 시작한 것은 영화매체를 통해 코미디 장르와 결합되면서부터였다.

1990년대 이후 상영된 분단소재의 영화들 가운데 코미디 양식을 취한 작품-<간첩 리철진>, 2002년 <휘파람공주>(이정황), 2003년 <동해물과 백두산이>(안진우), <남남북녀>(정초신), 2004년 <그녀를 모르면 간첩>(박한준), 2005년 <간 큰 가족>(조명남), 2007년 <만남의 광장>(김종진), 2011년 <스파이파파>(한승룡), 2012년 <간첩>(우민호), 2013년 <은밀하게 위대하게>(장철수)-과 코미디 장르에 속하지는 않더라도 회화적 요소를 가미한 작품-2000년 <공동경비구역 JSA>, 2010년 <의형제>(장훈)[9] 등을 꼽을 수 있다. 이처럼 희극성과 결합하는 흐름은 영화의 장르가 반드시 코미디가 아니더라도 서사의 곳곳에서 희극적인 요소가 나타나는 식으로도 반영되었다. 1990년대 이후 제작된 분단영화들이 코미디라는 장르를 결합한 이유는 무엇일까? '분단'이라는 비극적인 소재를 다루면서 어떠한 방식으로 웃음을 유도하고 생성하고 있는지, 또한 분단소재의 코미디 영화가 일반 코미디 장르 영화와의 차이점은 없는지 살펴보고자 한다. 이러한 변형이 분단 상황을 일상으로 받아들이며 살고 있는 현대인의 의식을 반영한 것이라면 희극성과 결합한 분단영화가 휴전 60년이 지난 한국사회에서 의미하는 바가 무엇인지에 대해 생각해보는 것은 유의미한 일일 것이다.

2. 분단이 만든 웃음발생요인

희극(comedy)[10]은 웃음이라는 반응을 이끌어 내는데 목적을 두고 있기 때문에 먼저 웃음에 대한 이해가 필요하다. 웃음은 시간과 공간 그리고 집단성과 밀접한 관계를 갖고 있는데, 예를 들면 특정 시공간상에서 웃음을 발생시켰던 요인이 다른 대상과 장소에서는 무반응을 일으키는 경우를 종종 발견할 수 있다. 이는 생물학적인 웃음의 종류가 다양한 만큼 웃음의 생성요인도 개별 상황마다 모두 달라질 수 있으며, 웃음을 공유하기 위한 집단의식이 전제되어야 한다는 것을 말해준다. 따라서 웃음을 유발시키는 기제를 찾는 것이 상당히 중요한 테제라고 할 수 있는데, 우월론(superiority theory), 부조화론(incongruity theory), 해소론(relief theory)이 그에 대한 오래된 이론이다.[11] 특히 우월론은 아리스토텔레스가 『시학』에서 "희극은 실제 이하의 악인을 모방하려 하고, 비극은 실제 이상의 선인을 모방하려고 한다"[12]는 점을 차이로 두며 희극과 비극을 비교한 데서 비롯했다. 여기서 웃음은 보통 이하의 인간을 모방하면서 상대적으로 우월감을 느낄 때 나타나는 반응으로 이해하는데, 이는 슬랩스틱이나 광대, 풍자극 등 실제로 다양한 형식에서 웃음을 생성하는 요인을 설명하는 중요한 이론으로 꼽힌다. 그러나 한반도에서 일어났던 이념문제와 주변 국가들의 이권다툼으로 충분한 논의와 동의 없이 이루어진 전쟁과 분단을 그린 영화들이 만들어내는 웃음은 우월론의 관점으로 해석하기에 다소 무리가 있다. 분단소재의 코미디 영화는 웃음을 생성하기 위해 어떠한 기제를 사용하고 있는지 알아보도록 하자.

1) 경직에 대한 조롱

이전에는 분단을 소재로 하더라도 북에서 넘어온 인물들은 부수적인 인물에 그쳤는데 반해, 1990년대 이후에는 북에서 넘어온 인물을 주인공으로 진행되는 스토리가 많아졌다. 북에서 온 주인공으로 인해 웃음을 유발하는 사건과 상황이 진행되는데 그들은 주로 평범한 신분 이상으로 설정된다. 북한 지도자의 딸, 북조선 인민해군장교와 병사, 특수 훈련과 사상교육으로 무장된 남파간첩 등 캐릭터의 신분이나 교육수준은 우월론에 입각하지 않음을 알 수 있다.[13] 물론 실제로 남으로 넘어오는 사람들 중에는 유명 인사나 남파된 간첩만 있는 것은 아니다. 새터민 중에는 사회적 신분이나 경제소득, 교육수준이 낮은 사람들도 존재하지만 그들을 주인공으로 내세운 영화들은 다큐멘터리 장르에 치중되어 있지 코미디 장르의 소재로 삼고 있지는 않다. 생존을 위해 탈북한 인물을 우스갯거리의 소재로 사용할 수 없는 것은 아픈 현실 자체이기 때문에 웃음을 유발할 수 없으며, 그들의 평균 생활수준이 높지 않은 이유는 개인이 아닌 구조적인 문제와 맞물려있기 때문이다. 따라서 생존이 아닌 투철한 이념정신을 갖고 있거나 의도치 않게 남으로 넘어온 보통 이상의 인물들로 이야기가 진행된다. 그렇다면 우월론이 아닌 보통 이상의 인물들을 통해서 영화는 웃음을 어떻게 유발시키고 있는가?

영화 <간첩 리철진>에서 리철진은 사상교육이 철저하고 목적을 위해서라면 사람 목숨도 우습게 보는 간첩의 냉혈인 이미지와는 달리, 남한에 상륙하자마자 택시강도를 당함으로 간첩이미지에 균열을 가한다. 그러나 무장간첩이 강도를 당할 수 있었던 이유는 그가 모자란 인물이기 때문은 아니다. 남한의 실정을 잘 모른다는 생각 때문에 바짝 긴장한 그는 무엇인가 이상한 낌새를 채면서도 그저 택시 기사가 하자는 데로 순순히 응했고, 결국 4:1로 싸울 때조차 간첩인 것이 들키면 안 된다는 강박 때문에 가방 안에 든 권총 한 번 꺼내보지 못하고 그대로 가방을 털렸던 것이다. 영화 <그녀를 모르면 간첩>(2004)에서 미모의 여간첩, 림계순은 평범한 롯데리아의 아르바이트생으로 위장 취업을 했지만, 그녀의 뛰어난 외모에 반한 남학생들은 '그녀를 모르면 간첩'이라는 이름으로 인터넷 팬클럽을 결성한다. 남한에서 유명한 인물이나 사건 등을 모를 리 없다는 관용적 문구로 '~을 모르면 간첩'이라고 쓰는 일상적인 표현을 오해한 신생간첩은 자신의 정체가 탄로 났다며 고민한다. 신분이 노출될까봐 고립되고 단절된 삶을 살려고 노력하는 신생 남파공작원들은 자연스러움을 표방하지만 실제로는 매우 부자연스러운 태도로 상황에 임하기 때문에 작은 일에도 신경질적으로 반응하게 되는 것이다.

앙리 베르그송Henri Bergson은 『웃음: 희극성의 의미에 관한 시론』에서 희극성의 형태를 "추함이라기보다는 차라리 뻣뻣함"14)이라고 했다. 경직되고 뻣뻣한 태도는 시간과 공간의 흐름에 알맞게 변화해야 하는 순간에 유연성을 발휘하지 못하게 만들기 때문이다. 곧 부자연스러움은 웃음을 자아내는 요소가 된다. 북에서 넘어 온 인물들이 만들어내는 웃음은 그들이 다른 이들보다 어리석기 때문이 아니라 바로 경직의 과잉에 의한 우스꽝스러움으로 이해할 수 있다. 그러나 이러한 경직성에서 비롯된 웃음은 비단 북한 인물묘사에만 해당되는 것은 아니다.

<만남의 광장>에서 삼청교육대를 교사양성교육대학으로 착각하고 들어갔다가 길을 잃어 최전방 작은 마을 청솔리의 선생님이 된 공영탄은 반공교육을 철저하게 받은 인물이다. 그러나 그가 아이들을 가르치는 청솔리는 휴전선으로 나뉜 윗마을(북쪽) 사람들과 아랫마을(남쪽) 사람들이 양쪽 정부 몰래 땅굴을 파서 만나는, 남북의 민간교류가 행해지는 곳이었다. 영탄은 투철한 반공정신으로 어린 학생들에게 '이승복 어린이' 이야기를 해주며 북한 사람들은 무조건 나쁘고 무찔러야 할 대상이라고 가르치지만, 정작 그가 사랑에 빠진 선미가 이북 사람이라는 것은 전혀 눈치채지 못한다. 영탄의 이러한 모습은 베르그송이 말했던 방심한 인물

(un distrait)[15]과 흡사해 보인다. 여기서 방심한 인물이란 어떤 하나의 목적이나 이상에 심취해 현실에 걸려 넘어지거나 비틀거리는 것을 말하는데 영탄의 경우, '북한 사람은 우리의 적이며 죽어 마땅하다'라는 반공세계관에 철저하게 복종한 인물이었다. 그의 세계에 있어서 북한과의 교류는 상상도 할 수 없는 일이기 때문에 눈앞에서 땅굴을 통과하면서도 정부 몰래 금광을 캐고 있었냐고 물을 정도로 천진한 모습을 보여주는 것이다. 추호의 의심 없이 반공사상을 철저히 믿었던 영탄은 실제 북한 주민들을 마주하고 사랑에 빠지면서 극심한 혼란을 겪게 된다.

2010년에 제작된 <의형제>는 코미디 장르로 한정하기는 어렵지만 코믹적인 요소가 다분한 영화로 꼽을 수 있다. 웃음을 유발하는 인물은 남한의 국정원 출신 이한규로 남파 간첩이었던 송지원을 우연히 만나면서 이야기가 진행된다. 한규는 지원이 북으로부터 버려진 사실을 모른 채 그를 통해 남파공작원의 우두머리를 잡으려는 계획으로 그에게 일자리를 제안하고 동거도 시작한다. 그러나 간첩이었던 지원에 대해서 경계를 늦출 수 없는 한규는 자신의 집에서 함께 사는 지원을 의식하며 잠을 못자고, 수갑이 제대로 작동하는지 시범하다가 열쇠가 없어 지원이 돌아오기를 기다리고, 돈을 벌기 위해 도망간 이주민 여자들을 잡기보다는 지원을 감시하는 데 더 집중하는 등 온갖 실수를 연발하는 것이다. 이한규 역시 송지원이 간첩이라는데 너무 집중한 나머지 지원의 모든 행동을 무조건 북한과의 내통으로 연관시키면서 균형을 잃는 상황으로 웃음을 제공한다.

앞에서 살펴 본 인물들은 그들이 고수하는 신념 때문에 사소한 일에도 자연스럽게 반응하지 못하면서 웃음을 유발하고 있다. 그러나 우스꽝스러운 상황을 빚어내는 경직성은 그들 개인의 문제가 아닌 분단 상황 자체에서 근거한다. 다시 말해 정부가 주도한 훈련과 사상교육에 의해서 경직성이 만들어진 것이며, 그 과정을 잘 이수한 사람들 곧 경직된 사상을 가지고 있을수록 평균 이상의 대우를 받게 되는 것이다. 심지어 삼청교육대에서 훈련을 받은 영탄까지도 시골마을에서 학교 선생님 노릇을 하는 모순된 상황이 연출되고 있는 것이다. 그러나 이념을 철저하게 신뢰하며 실천에 옮길수록 그들에게 남은 것은 혼란과 단절뿐이다. 이처럼 분단영화들은 부자연스러운 공간과 단절된 관계 가운데 생성된 부동적인 사고와 경직성을 조롱하고 있다.

2) 의외성을 통한 웃음도출

분단을 다루는 코미디영화들은 웃음유발 요인을 분단현실에 근거하고 있다. 앞에서 살펴보았던 웃음요인이 경직된 편견에서 비롯된 것이라면, 이와 반대로 편견을 깨는 인물들을 만날 수 있다. 이념이 다른 장소에 와서 겪게 되는 사건이나, 남북한 사람에 대한 기존의 편견들을 깨뜨리면서 웃음을 도출하는 것이다. 우리는 일반적으로 간첩에 대해 그들이 남한에서 갖는 모든 관계와 행동은 전부 임무수행을 위한 수단일 뿐이라고 축소시키는 오류를 저지른다. 그러나 코미디 장르의 분단영화들은 북한에 대한, 혹은 남한에 대한 관객들의 예상을 뒤엎는 의외성을 보인다.

<간첩 리철진>에서 등장했던 오 선생은 남한에서 간첩생활을 오랫동안 하면서 남한사회에 매우 자연스럽게 적응해서 살고 있는 인물이다. 오 선생은 그의 부인과 간첩생활도 하지만, 생계를 위해서 빠듯한 생활을 하며 지낸다. 사실 오 선생은 철진이 가져올 공작금을 기다리고 있었지만 그것을 강도 맞았다는 이야기를 듣고 속이 상했다. 그런 오 선생의 태도는 철진과 관객을 당황시킨다. 선배 간첩이 이제 막 내려온 간첩에게 하는 말이 돈 없으면 할 수 있는 것이 아무것도 없으니 조용히 집에나

있으라니, 이 얼마나 자본주의적인 말인가. 이처럼 남한의 경제체제에 깊이 적응한 오 선생의 가족들 특히 딸과 아들의 태도에서도 의외의 태연함이 묻어나는데 두 자식들은 철진이 간첩인 것에 대한 어떤 의문이나 경계태도를 취하지 않는다. 딸 화이의 경우 철진을 데리고 자신의 미술 전시회에 데려가기도 하고, 간첩이 무섭지 않냐는 철진의 질문에 "간첩이 뭐 죽어서 지옥 가는 사람들도 아니고, 여기가 더 무서운 게 얼마나 많은데요"라고 답한다. 반공의 나라에서 간첩부모님을 두고 사는 화이는 예술을 통해 운명 지어진 경계인의 삶을 표현하고, 아들 우열은 그 괴리감을 싸움으로 표출하면서 살아간다. 오 선생 가족은 자신의 방법대로 그 고통을 마주 대하며 살아가고 있으며, 억지로 그 상황을 부정하기보다는 자연스럽게 받아들이고 있는 것이다. 여기서 당혹감을 감추지 못하는 인물은 오히려 간첩 리철진과 관객들이다. 간첩을 자연스럽게 받아들이는 2세대의 태도는 일반적인 편견을 깨는 반전의 요소로 부조화론에 입각한 웃음을 유발시킨다.

2012년도에 제작된 영화 <간첩>의 4명의 고정간첩들 역시 남한의 자본주의 사회에 잘 적응한 모습을 띄고 있다. 불법 비아그라를 판매하며 전세금 인상에 시달리는 간첩리더 김 과장, 육아와 가사활동뿐만 아니라 부동산에서 일하는 여간첩 강 대리, 공무원 퇴직 이후 탑골 공원에서 시간 때우는 독거노인 간첩 윤 고문, 시골에서 소 키우며 FTA를 반대하는 우 대리까지 그들은 남한사회에 적응해서 남한 사람으로서 살고 있다. 어느 날 '목련이 폈다'는 메시지를 받은 그들은 남한 사람으로의 생계유지와 북한 사람으로의 의무를 짊어지고 삶에 고군분투하는 모습을 보여준다. 북한에 있는 어머니와 동생에게 돈을 부치며 남한에 있는 아내와 아들을 위해 비아그라를 열심히 파는 중년의 가장에게서 우리가 봐야 할 것은 그의 정체성이 이념에 의해 구분할 수 있는 성질의 것이 아니라는 점이다. 김 과장은 어느 한쪽을 버릴 수 없어 남한 사람으로의 최선과 북한 사람으로의 최선을 다하는 박쥐같은 유연함을 가진 존재로 나타난다. 북에서 넘어온 사람들에 대한 이러한 사회적응력은 오히려 보는 관객들의 경직된 사고방식을 경고한다. 북한 사람은 어떨 것이라는 그동안 쌓여온 편견이 깨지고, 그들도 우리와 별 반 다를 것 없는 사람이라는 것. 아니 그 이상으로 삶에 대한 그리고 이념에 대한 고민을 누구보다 치열하게 하면서 살아가고 있다는 것, 그리고 남한사회에 악착같이 적응한 그들의 모습을 통해서 영화는 남한의 현실을 적나라하게 보여주고 있다.

3. 해피엔딩 없는 희비극

랜 쿠퍼Lane Cooper는 현실에서 나타나는 모순과 부조리로 인해 겪게 되는 좌절감이나 균형의 상실감을 폭로하고 이를 극복하는 데 희극의 목적이 있기 때문에 코미디라는 장르는 그러한 문제를 해결하고 승리하는 확신을 전제로 하고 있다고 주장했다.[16] 비극에서 빚어지는 갈등은 인간의 어떤 노력과 의지로는 피할 수 없는 운명적인 영역이기에 새드엔딩sad ending의 가능성이 높지만, 희극에서 다뤄지는 고통은 인간과 인간 사이의 갈등이기 때문에 "갈등의 대상을 이해하고 극복할 수 있다는 확신을 전제"[17]하고 있다는 차이가 있는 것이다. 이러한 의미에서 스티브 닐Steve Neale과 프랑크 크루트닉Frank Krutnik이 『세상의 모든 코미디(Popular Film and Television Comedy)』에서 제시한 희극의 두 가지 기준은 더욱 보편타당하게 들린다. 그들은 희극에 있어서 첫 번째 기준이 웃음의 유발이고, 서사적 양식이 있는 코미디의 경우에는 해피엔딩happy ending이 두 번째 기준이라고 설명했다.[18] 그러나 일반적인 코미디 영화와는 달리 분단소재의 코미디 장르영화들은 해피엔딩이라는 컨벤션을 따르고 있지 않는 특징을 보인다.

분단영화의 결말은 다음의 세 가지 유형—죽음, 제3의 공간, 분단조국의 대물림—으로 세분화할 수 있다. 1유형은 죽음이다. 인물은 상황적으로 내몰려지면서 반강제적으로 죽음을 선택하게 된다. <간첩 리철진>은 남한에서의 임무를 성공하고 고향으로 돌아가기 위해 약속장소에 도착했으나 남북한 정상회담을 통한 화해무드는 '간첩 리철진'의 미션성공이 방해가 되는 상황으로 전환된다. 정치흐름과 정책에 따라 간첩 개인에 대한 계획은 언제든지 바뀔 수 있다는 사실이 파악된 철진은 몇 일전 이유를 모른 채 죽여야 했던 동무의 사인을 그제야 깨닫는다. 철진은 자신이 목숨을 걸고 가져온 슈퍼돼지 유전자를 무참히 깨뜨리는 동지들의 모습을 보고 그는 자신의 존재의 목적을 상실한 채 스스로 목숨을 끊는다. 이 영화가 거듭 보여주는 손금 이미지[19]에서 직접적으로 암시하듯이 철진의 삶과 죽음은 개인의 의지 혹은 선택에 달려있다기보다 거스를 수 없는 운명적인 상황에 놓여 있다.

<은밀하게 위대하게>에서 세 명의 간첩들—원류환, 리해랑, 리해진—은 모두 고층아파트 공사장에서 추락한다. 리해랑은 원류한과 리해랑을 지키기 위해 폭탄을 든 대자동지를 껴안고 뛰어내렸고, 원류한은 조국을 배신했지만 남한의 개는 될 수 없다고 반항하다가 총알 세례를 받는 리해진을 껴안고 아파트에서 뛰어내린다.[20] 남북한의 정세에 따라 개인의 삶이 좌우되는 상황에서 간첩들은 그들의 임무수행의 성취와 관계없이 조국(북조선)으로부터 죽음을 강요받았다. 그들이 강요받은 죽음은 그들이 지금까지 믿어왔던 희망(어머니를 비롯한 인민의 더 나은 삶 혹은 조국통일)에 대한 배신이며 그것을 위해 노력했던 성실에 대한 허무함을 목격하는 순간이 된다.

2유형은 제3의 공간(세계)으로 이행하는 결말이다. 영화 <동해물과 백

두산>에서 북조선인민해군장교였던 최백두와 해군병사였던 림동해는 배가 난파하면서 우연찮게 남한의 해수욕장에 도착한다. 경찰서를 찾아가 위(북)에서 왔다고 말해도 믿어주지 않는 남한 사람들 때문에, 북으로 돌아갈 방법을 찾다가 우여곡절 끝에 돛단배로 탈출을 시도한다. 백두와 동해는 남한에서 탈출을 성공했다고 기뻐하지만 카메라가 보여주는 마지막 장면은 두 인물이 하와이로 추정되는 제3의 국가에 도착하는 것으로 끝난다. 이 장면은 고향으로 돌아갈 것이라고 기대했던 관객의 예상을 깨뜨리는 코믹한 결말이었지만, 결과적으로 극중 인물이 목적하는 바를 성취하지 못했으며, 어떤 문제가 해결되었기보다는 새로운 문제에 부딪히는 형태로 끝을 맺었다. 그들이 목적했던 고향이 아닌 또 다른 자본주의 국가에 난파된 그들의 모습은 망망대해를 떠돌아다니는 난민 탈북자를 연상시키기도 한다.

　<의형제>의 결말은 송지원이 이한규에게 영국에 있는 가족을 만나러 가라고 비행기 티켓을 보내고, 같은 비행기에 송지원과 탈북한 그의 아내와 딸이 함께 타고 있는 장면으로 끝을 맺는다. 사상에 투철했던 두 주인공은 국가를 위해 아내와 자식을 뒤로 하고 임무수행에 목숨을 걸었지만, 조국이 무엇인지, 국가가 무엇인지 의문을 제기할 수밖에 없었던 두 가장은 더 이상 남한 정부 혹은 북한 정부를 믿고 살 수 없다. 북한 사람 송지원과 남한 사람 이한규가 의형제가 되어 가족을 되찾는 것은 분명 행복한 결말이지만, 그것은 한반도에서는 불가능하다는 것을 내포하고 있는 것이다. 남한의 형과 북한의 아우가 (의)형제임을 떳떳하게 밝힐 수 있는 공간은 조국이 아닌 제3국에서야 가능한 것이었다.

　3유형은 분단된 조국현실의 대물림이다. <휘파람 공주>의 결말은 북한지도자의 딸 지은이 남한의 인디밴드 리더인 준호의 콘서트 장에서 무사히 구출되어 다시 북으로 돌아간다. 지은을 보내고 군 입대를 한 준호

는 휴전선 근처에서 보초를 서면서 그녀가 있을 북조선을 응시한다. 준호의 눈길에 응답이라도 하듯 지은과 함께 지낼 때 그녀를 위해 만들었던 준호의 노래가 북한방송에서 흘러나오면서 영화는 끝이 난다. <그녀를 모르면 간첩>의 결말도 이와 유사하다. 미모의 여간첩 림계순은 거액의 공작금을 빼돌린 간첩을 찾아 임무를 완성하고 북으로 돌아간다. 그녀를 사랑했던 삼수생 최고봉은 군에 입대하여 그녀를 그리워하며 나라를 지킨다. 야간보초를 서다가 잠깐 졸았던 최고봉은 자신이 잠 든 사이, 림계순의 흔적을 발견하고 영화는 끝이 난다. <휘파람 공주>나 <그녀를 모르면 간첩>은 모두 전쟁을 겪지 않은 세대가 특정 사건으로 북에서 온 사람을 만나 사랑에 빠진 청춘에 대한 이야기다. 두 영화의 남녀 주인공들은 분단의 아픔을 직접 겪은 세대의 손주들이다. 전쟁 비체험세대가 분단을 현실적으로 체감할 만한 경우는 거의 사라졌기 때문에 두 영화의 엔딩 시퀀스가 군대라는 공간은 매우 적절했다고 보인다. 전쟁 비체험세대에게 군복무를 하는 맥락을 피부에 와 닿게 인식할 수 있는 방법, 지금 우리가 살고 있는 현실은 분단된 조국임을 인식하게 하는 방법인 것이다. 국제화시대에 결코 갈 수 없는 공간이 존재하고, 인터넷을 통해 초고속으로 연락을 주고받는 시대에 편지 한 장 주고받을 수 없는 대상이 있다는 분단현실은 아이러니함을 느끼게 한다.

<만남의 광장>의 결말은 분단이 다음 세대로 계승되는 현실을 영화적인 상상력을 통해 잘 그려냈다. 반공교육을 철저하게 받았던 공영탄이지만 결국 북한 처녀 선미를 사랑하기 때문에 북한주민과의 민간교류에 동참하게 된다. 이후 마을의 가장 어른이신 할머니의 칠순잔치를 땅굴에서 치르다가 자신들의 민간교류가 북한정부에 발각된 것을 알게 된 마을 사람들은 다시는 떨어져 살지 말자고 결의하고, 공영탄과 선미가 아직 북쪽마을에서 땅굴로 들어오지 못한 상태에서 북한군에게 땅굴을 들킬

까봐 땅굴의 입구를 봉쇄시킨다. 결국 대다수의 어른들은 모두 남한 사회에 편입하게 되고 이제 막 사랑을 시작한 청춘남녀는 이전에는 경험하지 못했던 가족과의 이산(분리)을 경험하게 된다.

이처럼 대부분의 분단소재를 다루는 코미디 장르의 영화들은 일반적인 코미디영화에서 나타나는 봉합과 화합 차원의 해피엔딩 서사구조와 맞지 않는다. 이들 영화는 사회의 불균형의 틈새를 꼬집으며 웃음을 생성하는 희극적 속성을 지니고 있지만 영화 속 인물들이 맞닥뜨린 문제는 개인이 극복할 수 있는 수준이 아니기 때문에 쉽게 해피엔딩으로 봉합할 수 없는 것이다. 1유형과 2유형은 남한과 북한 어디로도 갈 수 없는 환경에서 스스로 자살을 결심하거나 혹은 흐름에 맡긴 채 목숨을 부지해가는 것이다. 3유형처럼 분단현실이 다음 세대로 계속 진행되는 결말 역시 해결하지 못한 문제가 다음 세대로 이행하는 것을 의미한다. 일반적으로 코미디 장르에서 나타나는 개인의 어리석음에 의한 불이익이나 부조리함은 코믹한 해프닝을 통해 수정가능하거나 극복할 수 있는 여지가 있지만, 사회·정치·경제·전 국가적 관계와 맞물려 있는 분단에 기초한 문제는 개인의 노력으로 탈피할 수 있는 영역이 아니기 때문에 관객은 분단현실에 있을 법한 이야기를 가볍게 웃으면서 보다가 결론에 이르러서는 불편함이나 안타까움을 느끼게 된다. 한민족의 아픈 기억에서 공유되는 민족의식은 분단을 소재화한 웃음코드를 끝까지 유지하기 어렵게 만든다. 결국 분단이라는 비극적인 소재는 아무리 코믹한 다양한 요소와 결합하더라도 그 웃음의 유발점이 분단현실에서 비롯되기 때문에 희비극적이며 아이러니한 요소를 유지할 수밖에 없는 것이다.

4. 코미디와 분단현실이 빚어내는 아이러니

코미디는 우리를 웃기기 위해서 반드시 놀라게 하는 것(the surprising), 부적절한 것(the improper), 그럴듯하지 않은 것(the unlikely), 그리고 초월적인 것들(the transgressive)을 사용한다. 그것들은 사회문화적 규범들과, 다른 장르나 미학적 체제를 지배하는 규범들로부터 일탈을 수행한다. 그러므로 코미디의 경우에 일반적인 관행들은 사회적으로나 미학적으로 무례함을 요구한다.[21]

닐과 크루트닉는 웃음을 생성하기 위해 코미디가 일정 규범이나 체제로부터의 일탈을 꾀하는 측면을 언급했다. 사회적으로 금기된 사항을 진지하게 행할 때는 범법행위가 되지만, 극(drama)상에서 웃음유발을 위해 일정한 규칙과 규범을 깨뜨리는 것은 사회적으로 용납가능하기 때문이다. 미학적 전복은 텍스트의 내적 표현과 맥락상에서 일어나며, 사회적 전복은 극(drama)상에서의 내용, 혹은 주제적인 측면과 연결 지을 수 있을 것이다. 일탈과 전복이 가능하기 위해서는 텍스트가 탄생한 사회 내에서 동의하고 있는 일정 규범이 필요하다. 이에 대중적 문화양식인 코미디는 사회문화적 배경을 공유하는 것이 매우 중요한데 그것은 앞에서 말했듯이 집단의식을 공유하는 데서 기초하기 때문이다. 희극은 웃음을 만들기 위해 텍스트 내적 맥락과 텍스트 외적 맥락의 교묘한 지점을 설정하고 있으며, 이것은 웃음을 유발하는 기점이 되기도 혹은 제약을 가져오는 분기점이 되기도 한다. 이 분기점에서 웃음이라는 반응을 유도하기 위해서는 웃음 생성자와 수용자 간에 자신들이 속한 사회의 가치와 규범을 인지한 상태가 전제가 되어야 하는데, 그래야 무엇을 어떻게 비틀어서 웃음을 유도하는지 알아채고 웃음이라는 반응이 일어날 수 있기 때문이다.

이러한 맥락 가운데 푸르디Purdie가 언급한 코미디 장르의 3자적 관계[22]는 코미디가 타 장르에 비해 텍스트를 이해하고 해석하는 데 있어서 수용자의 위치가 중요한 양식임을 더욱 공고히 했다. 푸르디에 따르면 코미디에서의 생산자가 희생자에 대한 일정의 행동을 취할 때 수용자로서의 관객은 영화가 던지는 발화를 방조하거나 동의하면서 웃음을 터뜨린다고 한다. 수용자의 이러한 태도는 관객이 극적 상황으로부터 멀리 떨어져 작품 전체를 조망할 수 있는 거리를 갖는 것과 연관 지을 수 있다. 관객이 희극 속 인물에게 동정이나 연민, 혹은 두려움을 느끼게 되면 웃음이 발생하기 어렵기 때문에 희극은 관객과의 심리적 거리감이 필연적인 것이다.

앞에서 언급했던 웃음을 둘러싼 여러 이론을 토대로 희극과 사회적, 미학적 관계를 비춰봤을 때 <간첩 리철진> 이후로 분단소재의 코미디 영화가 상당수 제작되었다는 사실은 한국사회가 분단을 바라보는 태도가 '이입하기'에서 '거리두기'로 이행했다고 볼 수 있을 것이다. 전쟁과 휴전, 분단을 체험한 세대는 물론이고 체험하지 않았더라도 그 영향을 직접적으로 받은 세대에게 휴전의 비극성은 절대적이었으며 이루 말 할 수 없는 아픔과 상처로 계승되어 왔다. 하지만 세계적 상황과 국내 정치적 흐름이 바뀌면서 북한과 북한 사람에 대한 태도는 휴머니즘적 접근을 시도하게 되었고 분단영화를 제작하고 소비하는 계층이 전쟁 비체험세대로 넘어가면서 분단소재의 영화들이 희극적 양식과 결합하는 형태까지 나아가는 변화가 나타난 것이다. 이러한 현상은 희곡분야에서도 동일하게 일어났는데 이에 대해 오영미는 "1990년대 우리 분단희곡에서 희극적 양식을 기반으로 한 작품이 양산되었다는 것은 그만큼 분단의 절대적 비극성에서 완전히 자유로울 수 있었음을 의미한다"[23]고 언급하고 있다. 그러나 코미디 장르의 분단영화에서도 과연 분단의 비극성을 완전히 극복했는가에 대해서는 재고해 볼 필요가 있다. 코미디 장르영화가 양산된다는 점에서 분단을 바라보는 태도가 이전 시대보다 확실히 거리감을 유지한다는 점은 동의하지만, 코미디 영화임에도 불구하고 대다수의 작품들은 해피엔딩의 결말을 보이지 않는다는 점은 한국의 분단상황에서 나타나는 코미디 영화의 특징으로 파악할 수 있을 만큼 특징적이다. 죽음으로 결말을 맺는 <간첩 리철진>이나 <은밀하게 위대하게>에서는 후반부로 갈수록 비극성이 짙어져 지금까지의 웃음이 무색할 정도로 비극성을 극대화 시키고 있다. 또한 분단 조국을 대물림하는 유형에서도 희극적 요소의 배경이 되었던 분단 상황이 사랑하는 청춘이 이별해야 하는 원인으로 작용하면서 희비극적 요소가 더욱 도드라진다. 앞에서 살펴보지 않았던 2005년에 제작된 <간 큰 가족>을 분석하면서 희비극적인 요소가 어떻게 드러나며 이러한 특징을 갖게 된 의도와 목적에 대해서 알아보도록 하겠다.

<간 큰 가족>은 한국이라는 유교적 사상토대에서의 효심과 자본주의 경제사회에서의 유산이 추동시킨 한 가족의 통일 사기극이다. 큰아들 명석은 간암 말기 판정을 받은 아버지 김 노인에게 시가 50억 상당의 땅이 있다는 사실을 알게 된다. 단 실향민이었던 아버지는 통일이 되었을 때 재산을 자식들에게 분배한다는 조건이 있었다. 명석은 유산을 상속받기 위해, 그리고 아버지를 위한 마지막 선물로 아버지의 소원 '통일'을 이루어드리기로 한다. 그들은 '남북 통일' 뉴스 속보를 제작해서 통일이 되었다고 김 노인을 속이는 데 성공한다. 이 영화에서 웃음을 생성해 가는 과정은 바로 여기서부터 시작된다. 통일이 되었다는 소식에 김 노인은 점점 건강이 호전되어 침상에서 일어나 아침식사를 달라고 하며, 치매기운도 사라져 아침마다 신문을 찾고, 평양으로 가는 버스를 예약하라고 하는 것이다. 임종 전, 그토록 원하시던 아버지의 소원을 들어드리기 위해 시작한 효심가득한 통일 사기극단은 이제 아버지가 언제 돌아가시느

냐를 세기 시작한다. 왜냐하면 아버지가 돌아가셔야지만 이 사기극을 중단할 수 있기 때문이다. 평양가기 위해 건강을 되찾는데 더욱 열심을 내는 김 노인을 위해 통일 사기극단은 마을 전체에 통일 시범지구를 요청하는 등 브레이크 고장 난 자전거처럼 사기극을 제어하지 못한다. 결국 평양 곡예단 연기에서 모든 것이 탄로 나버린 후, 통일 사기극이 과연 아버지를 위한 것이었는지, 유산 상속을 위한 자신들의 욕망에 의해서였는지 돌아보게 된다.

그러나 이 영화가 던지는 메시지는 이 사기극의 동기가 순수한가, 그렇지 않은가에 있지 않다. 큰아들 명석과 작은아들 명규는 우여곡절 끝에 정부에서 실행하는 북한주민접촉 프로그램을 통해 그들의 이복누나 김점순 씨의 고종사촌을 만나서 점순누나의 선물을 전해 받게 된다. 언젠가 남쪽에서 아버지가 새 가족을 차리면 동생들이 생길지도 모른다며 준비했던 그 선물은 수권의 공책과 연필이다. 한 가정의 가장인 명석과 명규에게 공책과 연필이 무슨 필요겠는가. 그러나 무용지물이 된 공책과 연필은 그만큼 분단의 세월이 오래 흘렀음을 여실히 보여주는 오브제로 작동한다. 그 뒤에 카메라가 보여준 흑백사진은 얼굴 한 번 본적 없어 막연했던 누나라는 대상을 구체화시킨다. 스무 살의 앳된 점순누나는 아버지가 두고 온 딸자식을 그토록 눈물 흘리며 그리워했던 이유를 납득할 만큼 충분히 어리고 어여쁜 모습이다.

사실 <간 큰 가족>이 웃음을 생성하는 가장 큰 기제였던 남북통일 사기극이 김 노인에게 탄로 나면서부터 이 영화는 관객들에게 반격을 가한다. 앞에서 언급했던 푸르디의 3자적 관계에 따르면 <간 큰 가족>을 보는 관객들은 명석과 그 일당들이 벌이는 통일사기극을 방조하거나 동의하는 태도로 웃음을 터뜨리게 된다. 그러나 사기극이 들통 나고 김 노인이 다시 쓰러지면서 관객은 이 비극적인 소재를 우스갯거리 삼은 것에 대한 죄책감과 김 노인에 대한 연민의 태도로 기울게 되는 것이다. 더 나아가 영화의 처음부터 김 노인이 불러댔던 북한 어딘가에 있다는 '김점순'이라는 소리가 고종사촌이 전해주는 구체적인 이야기와 선물, 사진을 통해 실존인물로 구체화되고 그녀의 따뜻한 마음까지도 전달되면서 관객은 김 노인의 마음을 이해하게 된다. 북녘에 두고 온 부인과 딸에 대해 평생 미안함과 그리움을 껴안고 살았던 김 노인을 위해 점순을 대신해서 고종사촌이 김점순인 채 하는 모습은 아이러니하게도 사기극(명석과 명규의)을 통해 웃다가 사기극(점순의 고종사촌의)을 통해 울면서 관객은 분단된 남한의 현실을 인식하는 기회를 얻게 된다.

희극적 양식을 차용하지만 분단이라는 설정자체가 비극성을 배제할 수 없는 분단 희극영화들은 이처럼 희비극적인 결과에 이르는 양상을 띤다. 이러한 특징을 봤을 때 분단 희극영화에서 희화화를 위한 관객의 기본조건으로의 '거리두기'는 비극을 극복한 결과가 아니라, 지난 세월동안 전쟁과 휴전의 비체험세대가 갖는 시간적, 공간적, 정신적, 심리적인 거리감이라고 보는 것이 타당하다고 여겨진다. 비체험세대에게 분단은 일상적인 것이다. 군대문제와 무장공비의 출현, 연평도 포격사건 같이 직접적 이슈가 없을 때는 분단된 조국에서 살고 있다는 인식이 부족한 것이 사실이기 때문이다. 통일에 관심 없는, 혹은 분단에 대한 인식이 부족한 세대에게 무겁고 진지하기보다는 가볍고 유쾌한 양식으로 접근하고, 희비극적인 요소를 통해 분단에 대해 다시 인식하는 기능을 하고 있다고 볼 수 있다.

◆ ◆ ◆

    정치적, 경제적, 사회적 상황이 변하면서 남한이 북한을 바라보는 태도와 방식이 변해가는 것은 당연하다. 무엇보다 사람이 바뀌었기 때문이다. 휴전 60년이 지나면서 분단 상황을 특수하게 인식하던 세대는 분단을 일상으로 받아들인 세대로 교체되었고, 그것은 분단현실에 대한 인식의 흐릿함으로 이야기할 수도 있겠다. 이러한 시간적 거리감은 영화라는 매체가 코미디 양식을 빌려 전쟁 비체험세대에게 분단현실의 조국에 대해 조금 더 친근하게 다가갈 수 있는 요인이 되었다. 이들 세대에게 민족의 단절은 이해할 수 없는 상황이며 오랜 시간 경직된 사회를 유지해 온 기성세대를 조소하는 것이다. 그러나 웃음이 일어나는 위치는 결국 재현된 우리 사회의 경직성과 관객이 지닌 편견을 깨는 데서 유발하기 때문에 분단이라는 비극적인 사실에 근거하고 있다. 영화를 보는 내내 관객은 이 웃음 생산자를 동조하며 자신도 모르는 사이 가해자가 되어 버리게 되는 것이다. 분단된 조국의 현실 때문에 어려움을 당한 인물이 그것을 극복하기 위해 노력하면 할수록 더 큰 어려움을 느끼는 것을 보면서 동조자 혹은 방관자였던 관객은 어느 순간, 자신이 영화 속 인물과 동일한 상황(분단현실에 살고 있는 상황)이라는 것을 깨닫게 된다. 분단영화 속 웃음거리의 희생자는 관객 자신을 포함한 한민족 모두라는 것이 인식되면서 분단영화의 희비극성은 씁쓸한 아이러니를 발생시킨다. 이러한 아이러니는 희극영화 속 내적 맥락과 관객이 처한 외적 맥락의 교차점을 인식하는 기회를 제공하는 요소로 작용한다. 따라서 분단된 남한에서 태어나고 자란 비체험세대가 '분단'을 접근하기 위해 보다 쉽고 가벼운 희극적인 양식을 통하고 있지만, 가치전복적인 코미디를 통해 그 본질과 마주했을 때 느끼는 비극성은 아이러니를 일으키며, 일상이 되어버린 분단 상황에 대한 재고를 추동하고 있다. 따라서 한국분단 코미디영화들이 가지고 있는 희비극성과 아이러니함은 시간적으로 거리감이 형성된 분단 상황을 심리적으로 가깝게 다가가기 위한 한국영화의 독특성으로 바라보고 이해할 필요가 있다.

주

1) 여기서 반공영화란 반공의식을 고취시키는 데 목적을 둔 영화로 특히 한국에서는 분단 상황이 오래 지속되면서 이념 지향적인 반공영화가 크게 발전했다. 최초의 반공영화에 대한 의견은 분분하나 이영일은 1948년에서 1949년 무렵 월남한 이들의 이야기를 토대로 반공영화가 등장했다고 언급하면서 <전우>(홍개명, 1949), <성벽을 뚫고>(한형모, 1949), <나라를 위하여>(서정규·안종화, 1949), <북한의 실정>(이창근, 1949), <무너진 삼팔선>(윤봉춘, 1949)을 예로 들고 있다. 이영일, 『한국영화전사』, 소도, 2004, 220쪽.

2) 「간첩영화가 뜨는 이유―냉전 햇볕 사이서 흥행포착」, ≪한겨레신문≫ 1999년 6월 9일.

3) 이상록, 「안정·발전·번영 이미지의 재구성: 1960~70년대에 재현된 개발주의와 반공주의」, 『역사와 문화』 15호, 2008, 85~87쪽.

4) 1955년 이강천 감독의 <피아골>에서도 북한군의 인간적인 면모가 드러나기는 하지만 이 영화의 경우 반공영화이면서 동시에 전쟁영화라는 이중적 특색을 지닌 작품으로, 북한 사람에 대한 휴머니즘적

접근의 작품들이 본격적으로 나타난 것은 1990년대로 보는 것이 타당하다고 여겨진다. 김권호는 「한국전쟁영화의 발전과 특징-한국전쟁에서 베트남전쟁까지」에서 전쟁영화를 세분화하고 있는데 1980년대 있었던 이산가족 찾기와 베트남전쟁으로 인해 한국전쟁영화의 경향이 오락지향적인 것과 분단영화적인 경향이 나타났다고 언급한다. 이에 대한 자세한 내용은 김권호의 「한국전쟁영화의 발전과 특징-한국전쟁에서 베트남전쟁까지」(『지방사와 지방문화』 제9권 2호, 2006, 96~99쪽)를 참고할 것.

5) 분단영화라는 용어는 1984년 이영일에 의해 처음 기술된 것으로 알려져 있다(이영일, 「분단비극 40년 영상증언한 한국영화」, 『북한』 150호). 김의수는 『한국 분단영화에 관한 연구』(서강대 대학원 신문방송학과 석사학위논문, 1999)에서 분단영화를 전쟁영화의 하위개념으로 위치시키고 전후의 맥락에서 발생한 인간 본질을 다룬 영화라는 다소 포괄적인 정의를 내렸는데 '분단'이 전쟁과 밀접한 연관이 있지만 한국의 경우, 휴전의 상태가 장기간 지속되면서 보편적으로 일컬어지는 전쟁영화(war film)와 사뭇 다른 갈래로 발전했음을 발견할 수 있다. 이 글에서는 전쟁영화와 분단영화를 조금 더 명확히 구분하여 전쟁영화는 전쟁과 밀접한 전후의 시기를 배경으로 하거나 그밖에 전시상황에서 일어날 수 있는 소재를 다룬 영화로 한정한다. 또한 김수현은 『한국분단영화의 이데올로기의 변천: 쉬리 이후 한국분단영화를 중심으로』(서강대 언론대학원 석사학위논문, 2005)에서 한국분단영화를 규정하는 공식(formular)을 '한반도 내의 냉전 이데올로기의 대립에서 비롯된 인물들 사이의 갈등을 직접적으로 다룬 비극'이라고 언급했다. 그는 여기서 비극이라는 단어가 지닌 서사적인 측면보다는 '분단자체가 민족 비극을 함축'하고 있다는 측면에서 사용한다고 말하고 있으나, 본 글에서 다룰 영화들의 중요한 특징 곧 웃음유발이라는 측면을 포괄하기에 이 정의가 미흡한 것이 사실이

다. 따라서 이 글에서 사용하는 분단영화라는 용어는 '이념대립 혹은 그 상황에 의해 빚어지는 사건과 인물 사이의 갈등이 주된 소재인 극영화'라는 개념으로 사용하도록 한다.

6) 「북한도 우리민족이 사는 것인데 TV-영화도 햇볕무드」, ≪동아일보≫ 1998년 9월 19일.

7) 변재란은 「남한영화에 나타난 북한에 대한 이해-<쉬리>·<간첩리 철진>·<공동경비구역 JSA>를 중심으로」(『영화연구』16호, 2001, 186~214쪽)에서 남한영화에서의 북한에 대한 인식의 변화를 자세히 고찰했다.

8) 이러한 변화, 곧 북에 대한 새로운 묘사가 영화에서만 시작된 것은 아니었다. 연극에서는 이미 1980년대부터 검열이 느슨해지고 표현의 자유가 주어지면서 다양화와 대중화 현상이 일어나고 있었으며(오세곤, 「숙제로 남은 자율과 개성의 시대-90년대의 대학로를 중심으로」, 『한국연극』8월호, 1998 참고) 특히 희곡분야는 1980년대에 "경직된 이데올로기 편향성에서 벗어나 휴머니즘적 이해의 차원으로 인식이 전환"(오영미, 「분단희곡 연구IV-1990년대를 중심으로」, 『한민족어문학』제47호, 한민족어문학회, 2005, 417쪽 재인용)되는 경향을 보이다가 1990년대가 되면서 희극적 양식을 도입하는 양식적 변화를 꼽을 수 있다. 해방과 38선, 한국전쟁과 휴전으로 이어진 수많은 죽음과 사연, 아픔이 해결되지 못한 '분단'이라는 소재가 이제는 휴머니즘적 접근을 넘어 희극적인 성격을 가미하는 특성을 띄는 것이 시대적 흐름의 하나라는 것은 부인할 수 없다.

9) 2005년 <웰컴 투 동막골>(박광현)이나 2007년 <적과의 동침>(박건용)과 같이 한국전쟁을 배경으로 하는 코미디 장르의 영화도 포함하면 편수가 더 늘어나겠지만, 이 글에서는 전쟁영화를 제외한 분단영화로 한정하도록 한다.

10) 희극과 코미디는 웃음을 목적으로 둔 양식이라는 측면에서 동일한

의미를 내포하고 있지만, 코미디의 경우 슬랩스틱, 촌극, 팬터마임, 농담, 익살, 풍자, 해학, 광대극 등 형식적 측면으로 범주화할 때 자주 사용되는 것을 고려하여 양식적이고 장르적인 의미에 비중을 두고, 그에 반해 희극은 웃음을 목적으로 둔 서사적 양식 곧, 극적인 요소에 비중을 두어 사용하도록 한다. 그러나 '희극성'이라는 단어는 '웃음을 유발하는 혹은 그러한 의도를 지닌 성질'이라는 의미에서 코믹(comic)의 명사형 단어 코미디(comedy)와 동일한 의미로 사용했음을 밝혀둔다.

11) 웃음에 관한 세 가지 이론은 다양한 학자들이 언급하고 있는데, 해소론은 웃음이 일어나는 신체적 변화를 두고 안도와 긴장완화를 위해 여력의 에너지를 해소시키려는 일련의 행동으로 이해하고, 부조화론은 웃음을 인지적 차원으로 연결하여 특정 담화나 행동이 본래 취지와 어긋나는 지점을 발견할 때 발생하는 것으로 이야기 한다. 여기서는 그에 대해서 정리해 놓은 박근서의 『코미디, 웃음과 행복의 텍스트』(커뮤니케이션북스, 2006, 66~69쪽)를 참고하였다.

12) '실제 이하'란 평범한 인물보다 열등하거나 약간 모자란 것을 뜻하며, '악'은 남에게 고통이나 해를 끼치지 않는 한에서 일어나는 기형적인 추(醜)함을 뜻한다. 아리스토텔레스, 천병희 역, 『시학』, 문예출판사, 1976, 31쪽.

13) 2002년 <휘파람 공주>의 여주인공은 북한 지도자의 딸이고, <동해물과 백두산이>(2003)에서 두 주인공은 고위신분인 북조선인민 해군장교와 병사다. <간첩 리철진>(1997), <그녀를 모르면 간첩>(2004), <의형제>(2010), <스파이 파파>(2011), <스파이>(2012), <은밀하게 위대하게>(2013)의 주인공은 모두 남파간첩으로 설정되어 있다.

14) 앙리 베르그송, 정연복 역, 『웃음─희극성의 의미에 관한 시론』, 세계사, 1992, 31쪽.

15) 베르그송은 희극적 인물은 흔히 방심한 인물인 경우가 많으며 이러

한 방심 상태에서 정신적 균형의 완전한 파탄으로의 이행은 서서히 이루어진다고 설명했다. 위의 책, 133쪽.

16) Lane Cooper, *An Aristotelian Theory of Comedy, with and Adaptation of the Poetics and a Translation of the 'Tractatus Coilinianus'*, New York: Harcourt, Brace and Co., 1992, p.64를 이덕수, 『희극적 갈등양식과 셰익스피어 희극』, 영남대학교출판부, 2002, 24~25쪽에서 재인용.

17) 위의 책, 27쪽.

18) 스티브 닐·프랑크 크루트니크, 강현두 역, 『세상의 모든 코미디』, 커뮤니케이션북스, 2002, 16쪽.

19) 오 선생의 딸 화이는 철진의 손금에 운명선이 짧다며 자신의 운명을 빌려주고, 화이의 설치작품(대형 손바닥)의 제목 또한 '운명'이다. 또한 철진이 유전자 샘플을 훔치는 도중 붙잡힐 것 같은 순간, 교차편집으로 보이는 장면은 화이가 자신의 설치작품(대형 손바닥)의 운명선을 연장시키며, 다시 보이는 장면은 철진이 수위에게 걸리지 않고 무사히 나오는 장면으로 이어진다.

20) 영화의 마지막 장면에서 바보동구이자 간첩 원류한을 둘째아들로 삼았던 엄마는 '엄마 아프지마요'라는 담벼락 낙서를 발견한다. 이 장면은 원류한이 살아 있을지도 모른다는 것을 암시하고 있지만, 원류한을 포함한 주요 인물들의 추락 이미지는 그들이 죽음을 결심한 것을 넘어 죽음 행위까지 나아간 것으로 보인다. 특히 다음에 태어나면 어떻게 태어나고 싶냐는 대화 장면은 죽음의 상태로 이행하는 과정으로 보이기 때문에 결말을 죽음으로 보는 것이 크게 무리 없어 보인다.

21) 스티브 닐·프랑크 크루트니크, 강현두 역, 앞의 책, 18쪽.

22) 푸르디는 저서 *Comedy: The Mastery of Discourse*에서 우스개를 생성하는 생산자(producer or teller), 그것을 듣는 수용자(receiver or listener), 그리고 농담 속에서 화제의 대상이 되는 희생자(butt)의 3자적 관계를 언급했다. 이에 대한 자세한 내용은 S. Purdie, *Comedy: The Mastery of*

Discourse. New York: Harvester Wheatsheaf, 1993, pp.58~60을 참고하도록 한다.

23) 여기서 오영미가 말하고 있는 분단의 절대적 비극성이란 김수현의 위의 논문에서 한국분단영화를 비극이라는 단어로 규정한 것과 동일한 맥락으로 보인다. 분단은 그 상황 자체가 민족의 비극성을 내포할 수밖에 없기 때문에 분단을 둘러싼 대부분의 서사들이 비극적인 성격을 띠고 있다는 의미에서 '분단의 절대적 비극성'이라는 단어를 사용한 것으로 이해된다. 그러나 희극성과 결합된 코미디 희곡이 나타난 것에 대해서 오영미는 위의 논문에서 분단자체가 지닌 비극성을 극복했다고 보았다. 오영미, 앞의 논문, 417쪽.

분단의 표상, 한국영화 속 간첩*

이 현 진

1. 분단의 잠재의식, 간첩영화

60여 년간 지속된 분단은 한국사회에 큰 영향력을 행사하는 동시에 일상화된 현실이기도 하다. 여전히 '종북 프레임'이 민감한 정치적 이슈를 양산하고 있으며 NLL 논란과 세 차례의 서해교전 그리고 연평도 폭격 등 남과 북의 대립 문제가 국가의 최우선 과제 중 하나라는 점에서 분단은 매우 실질적이고 중요하다. 그러나 국가적 차원 혹은 정치적 이슈와 달리 실생활에서 분단을 직접적으로 체감하는 정도는 또 다른 문제이다. 반복되는 북한의 무력도발과 핵위협은 분단의 현실을 일깨우기도 하지만 과거와 같은 사재기나 주가폭락 등의 현상은 나타나지 않으며 긴장과 동요 역시 미미하여 불안에서 일상으로의 회복은 빠르게 진행된다. 오히

* 이 글은 필자의 「분단의 표상, 간첩」(『씨네포럼』 17집, 동국대학교 영상미디어센터, 2013)을 수정, 보완한 내용이다.

려 반복되는 북한의 위협은 학습효과가 되어 군사적 긴장으로부터 무감각해진 것 역시 부인할 수 없다. 더욱이 반공방첩 문구와 구조물들이 점차 자취를 감추고 반공교육이 사실상 사라진 오늘날, 실질적으로 반공교육을 받지 않은 민주화 이후 세대에겐 지난 세기 세계를 지배하던 이념의 중요성이 약화되고 직·간접적으로 전쟁을 경험하지 못하였기 때문에 더더욱 분단을 실감하기란 어려운 일이 되었다.[1] 이처럼 종전終戰이 아닌 정전停戰 상황에서 분단은 현실적으로는 매우 위협적이지만 애써 의식하지 않는 이상 사실상 실생활에 심각할 정도의 불편이나 위협을 주는 것은 아니다. 어느덧 분단은 실체가 명확치 않는 막연한 불안 혹은 불편함의 대상처럼 일상의 일부가 되어버린 것이다. 그러나 분단은 현재진행형의 문제이며 한국사회의 의식 속에는 여전히 분단의 현실이 뿌리 깊게 자리 잡고 있는 것 역시 부인할 수 없는 사실이다. 분단은 의식하지 못하는 것이 아니라 이미 일상화되어 있는 잠재된 의식이기 때문이다.

실생활에서 잠재된 분단의식을 확인할 수 있는 것 중 하나가 끊임없이 등장하는 '분단영화'이다. 분단영화란 분단의 시대적 배경에서 파생된 모든 것들, 가령 한국전쟁뿐만 아니라 이산가족, 간첩, 대치 중인 남과 북의 상황, 전쟁미망인 등을 소재로 하는 일련의 영화를 가리킨다. 분단영화는 소재 외에도 분단 상황이라는 영화 외적인 긴장이 영화 텍스트의 긴장구조에 영향을 미치는 관습적 특징을 보인다. 분단영화는 감독과 관객 사이에 남과 북이 대치 중이라는 사실을 전제로 하기 때문에 도입부 상황설정에 큰 부분을 할애하지 않고도 곧바로 긴장이 조성된다. 이 긴장은 영화 내에서 발생하는 긴장이 아니라 분단이라는 체제에서 오는 외적 긴장이다.[2] 영화 외적인 부문이 서사에 영향을 미치는 이러한 서사구조가 특별한 것은 아니다. 장르는 각 나라의 고유한 사회적·문화적 여건과 환경에 따라 조금씩 구별점을 갖으며 분단이란 특수한 환경이 분단영화라는 한국적인 장르를 형성하는 데 영향을 미쳤을 뿐이다. 다만 분단영화가 갖는 구별점의 성격이 중요하다.

분단영화가 갖는 독특한 긴장구조는 남과 북의 적대적인 분단구조를 심화시키고 고착시킨 자기서사[3]로 오랜 기간 동안 정서적이고 이데올로기적 층위에 걸쳐 집단적으로 내면화된 분단서사[4]에 기인한다. 문제는 분단서사가 위로부터의 강제와 더불어 아래로부터의 자발적 호응과 적극적인 공조 없이는 불가능하다는 점이다. 한국영화는 정책적·상업적으로 분단서사를 활용하고 생산해왔으며 이렇게 축적되고 내면화된 분단서사는 대북인식과 관계가 변화한 오늘날에도 여전히 한국영화 곳곳에서 반복되고 있다. 또한 분단영화는 남과 북의 체제갈등과 대립이라는 표면적 서사 이면에 민족의 동질성 회복의 염원을 내포하지만 끝내 이루지 못하는 불완전한 마무리를 보이는 공통점을 갖는다. 분단영화는 온전한 해피엔딩으로 끝나는 경우가 없는데, 이는 파괴된 동질성을 확인하고 그것의 회복가능성에 대한 답을 유보하는 분단서사에 기인하기 때문이다.

간첩영화는 분단영화의 하위 장르로, 분단영화의 특징들을 공유하면서 간첩을 소재로 한 영화를 의미한다. 간첩은 한국영화의 주요 소재이며 다양한 방식으로 재현되어 왔다. 간첩을 다룬 영화는 대략적으로 2000년대 이전은 반공영화의 하위범주로, 이후로는 대북관계의 변화를 드러내는 현상의 일부로 연구되었다. 그럴 수밖에 없는 것이 한국사회에서 간첩이 갖는 의미는 영화 속 캐릭터에 머무는 것이 아니라 분단 상황과 결부되어 인식되었으므로 분단의 표상으로 작동하였기 때문이다. 관객은 간첩이란 캐릭터에서 분단의 현실과 위협의 대상으로서 북한을 읽어낸다. 즉, 간첩은 위협과 공포의 구체적인 표상이며 동시에 육화되어 나타나는 북한의 실체로 여겨지며 전쟁이 끝나지 않았음을 보여주는, 분단을 현재화시키는 존재인 것이다. 따라서 간첩영화는 분단영화 중 분단국가라는 특수성을 가장 잘 반영하는 영화이다. 한국전쟁을 다룬 영화들이 공통적으로 한국전쟁 당시의 참혹함, 특히 동족상잔의 비극성에 초점이 맞춰져 있다는 점에서 전쟁의 기억을 상기시키고 부각시키며 이산가족을 다룬 영화들이 분단으로 파괴된 동질성을 확인시킨다면, 실생활에서 분단의 실체를 명확하게 파악하기 어려운 현실 속에서 간첩이라는 존재 자체가 끝나지 않은 전쟁의 위협으로 남과 북이 대치 중이라는 현실을 드러내는 상징이기 때문이다.

2. 일상화된 분단의 표상, 생활형 간첩

2000년대 들어 간첩을 다룬 영화가 급증하기 시작했다. 정책적으로 반공영화가 양산되었던 1960~1970년대와 단순 비교할 수는 없으나 1980년대부터 점차 제작편수가 감소하던 추세를 돌이켜보면, 2000년대 간첩영화의 급격한 증가는 주목할 만한 현상이다. 또한 간첩을 다루는 양상이 과거의 그것과는 확연히 다르다는 점 역시 중요하다. 반공이 국시가 되었던 군사정권 때에도 간첩은 상업영화의 주요 소재로 다뤄지긴 했으나 이중검열과 서슬퍼런 반공 이데올로기 아래서 엄격한 제약을 받아야 했으므로 간첩의 묘사는 철저하게 반공의 이분법을 따를 수밖에 없었다. 단적으로 1965년 이만희 감독이 <7인의 여포로>에서 북한군을 인간적으로 묘사했다는 이유로 반공법 위반으로 구속기소된 필화사건은[5] 당시 반공 이데올로기의 경직성을 보여주는 대표적인 예라 할 수 있다.

그러나 1983년 제1차 이산가족상봉과 1991년 남북한 동시 UN가입, 1998년부터 시작된 금강산관광 그리고 2000년 남북정상회담 등 일련의 유화 과정을 거치면서 일방적인 반공 담론은 퇴색하기 시작했고 영화 속 간첩의 이미지 역시 과거의 그것과 사뭇 다른 양상을 보이기 시작했다.

<간첩 리철진>(장진, 1999)에서는 택시강도에게 공작금을 빼앗기고 사기를 당하는 어리숙한 모습을 보이더니, 북에서 내려온다고 믿었던 간첩이 <이중간첩>(김현정, 2002)과 <프락치>(황철민, 2005)에서는 조작될 수 있다는 것을, 급기야 <간첩>(우민호, 2012)의 고정간첩은 자식의 장래를 걱정하고 생활고에 시달리는 등 현실적인 문제로 고민하는 일상의 인물들로 그려진다. 또한 <은밀하게 위대하게>(장철수, 2013)에서의 간첩은 그 존재 자체가 부조화의 연속이지만 사람들 속에 섞여 친근한 이미지로 묘사된다. 이 외에도 2000년대의 영화 속 간첩은 대부분 위협적인 존재이기보다는 희화화되거나 현실의 삶을 고민해야 하는, 마치 분단이 일상화된 것처럼 일상적인 존재로 영화 속에 등장하고 있다.

대략 2000년을 전후로 제작된 간첩영화는 <쉬리>(강제규, 1999), <간첩 리철진>, <이중간첩>, <그녀를 모르면 간첩>(박한준, 2004), <프락치>, <의형제>(장훈, 2010), <스파이 파파>(한승룡, 2011), <간첩>, <베를린>(류승완, 2013), <은밀하게 위대하게>, <동창생>(박홍수, 2013), <붉은 가족>(이주형, 2013), <용의자>(원신연, 2013)를 포함해 다큐멘터리 <송환>(김동원, 2004), <무죄>(김희철, 2007) 등과 간첩이 중심 소재는 아니지만 내러티브에 중요한 역할을 담당하는 <효자동 이발사>(임찬상, 2004), 북파공작원을 그린 <실미도>(강우석, 2003) 등을 들 수 있다. 이들 2000년대 간첩영화는 기존의 간첩영화가 재현하는 천편일률적인 방식, 반공 이데올로기를 강화하는 양상에서 벗어나 과거 공안시절 조작간첩 사건의 진실을 다루거나 비전향 간첩 등 반공 이데올로기의 어두운 이면을 드러내는 한편 액션, 스릴러, 코미디 등 다양한 장르로 변용되었다. 또한 이들 간첩영화는 공통적으로 이념보다는 사랑, 복수, 가족 등 사적인 영역에서의 고민과 갈등이 주요 내러티브로 작용하는 한편, 체제의 차이에서 오는 충돌 혹은 이질감과 거기서

파생되는 웃음 그리고 인간적인 면과 더불어 공존할 수 없는 비극을 부각시키는 등 간첩의 재현방식 또한 다양화되고 있다.

이 중 1999년에 등장한 <쉬리>와 <간첩 리철진>은 기존의 간첩 이미지를 전복시키는 시발점이 되는 영화이다. <쉬리>의 여간첩 이방희는 남한의 위장 신분 이명현으로 분열되어 남과 북 사이에서 갈등하고 박무영은 이념이 아닌 북한의 열악한 현실문제로 남한이 아닌 남과 북의 정상에게 동시에 총부리를 겨눈다. <간첩 리철진>은 간첩을 주인공으로, 간첩에 대해 갖고 있는 고정관념을 전복시킴으로써 웃음을 만들어내는 한편, 간첩을 위협적인 인물이라기보다 우리와 별반 다르지 않은 일상의 인간으로 그린다. 리철진은 체제전복의 목적이 아닌 식량난을 해결할 '슈퍼돼지'를 목표로 침투했으나 특수훈련을 받은 간첩답지 않게 택시강도에게 공작금을 털리는 등 어리숙한 모습을 보여준다. 한술 더 떠 30년차 베테랑 고정간첩 오 선생은 자신이 간첩이라는 것을 눈치 챈 누군가에게 공작자금을 몽땅 사기 당했으며 빚을 갚기 위해 간첩활동은 뒷전이고 돈 벌 궁리만 하는 인물이다. <간첩 리철진>이 제시한 회화화되고 일상화된 간첩의 이미지는 이후 <스파이 파파>와 <간첩>의 생활형 간첩으로 이어져 재생산된다. <쉬리>와 <간첩 리철진>을 기점으로 영화 속 간첩은 다양한 얼굴, 인간적 면모를 드러내기 시작하였다. 두 영화 속 간첩의 공통점은 이념 대신 사랑이나 가족 등 사적인 영역에서 고뇌하는 간첩이라는 점이다. 이와 같은 간첩의 재현은 이후 등장한 간첩영화에서도 갈등의 주요 축으로 반복적으로 작동한다. 과거의 영화 속 간첩이 반공 이데올로기, 즉 이념과 냉전시대의 산물이었다면 2000년대 영화 속 간첩은 탈냉전, 탈이념 시대로 접어든 오늘날의 시대적 흐름의 반영인 것이다.

간첩이 우리 주변에 있는 인물들로 대체되기 시작한 것도 하나의 특징이다. 주로 정체를 감추고 암약하고 있는 고정형 간첩은 생활형 간첩으로 영화 속에 등장한다. 이들의 모습은 공포나 위협적이기보다는 그들 또한 우리와 다르지 않은 친근한 이미지를 띤다. 생활형 간첩의 등장은 일상화된 분단을 극명하게 보여주는 것이다. 분단의 표상인 간첩이 자연스럽게 현실사회의 일부가 되었듯이, 분단 역시 일상화된 영역으로 받아들이고 있음을 엿볼 수 있는 것이기 때문이다. <간첩 리철진>의 오 선생이 생활형 간첩의 전형을 제시했고 <스파이 파파>에 이어 <간첩>에 이르러서는 간첩행위보다는 현실을 더 고민하는 소시민에 가깝게 그려지고 <은밀하게 위대하게>의 간첩은 도대체 존재 자체가 부조리하지만 아무도 그 존재를 의심하지 않는다.

<스파이 파파>는 '문세광 대통령 암살사건'이 있었던 1974년을 배경으로 한다. 홀로 어린 딸을 키우며 세탁소를 운영하는 간첩 만호와 아버지의 정체를 알지 못하는, 철저한 반공주의 교육을 받으며 투철한 반공정신을 갖는 어린 딸 순복의 이야기가 중심이다. 간첩인 아빠는 공작금이 끊긴지 오래며 간첩활동보다 딸을 키우는 것이 더 중요하다. 또 다른 고정간첩인 접선책 임방원은 땅투기에 여념이 없다. <간첩>의 간첩들은 더욱 철저한 생계형 간첩이다. 이들은 모두 남한사회에 오래 살아 자본주의에 길들여져 있다. 김 과장은 가짜 비아그라를 밀수입하고 야구부인 초등학생 아들을 시합에 내보내기 위해 코치에게 뇌물을 건네기도 한다. 부동산중개업을 하는 강 대리와 한우를 키우는 우 대리 역시 간첩의 임무는 망각하고 생계를 위해 필사적이긴 마찬가지다. 이들에게 조국인 북한은 단지 형식적인 곳에 불과하다. <은밀하게 위대하게> 속 간첩 역시 다를 바 없다. 남한 사회에 정착하라는 지령을 받은 엘리트 간첩들인 원류한은 동네 바보로, 리해랑은 기타도 못 치는 락커로, 리해진는 연약한 고등학생으로 위장하여 한국사회에 숨어 있다. 그들에겐 한국사회의

소시민적 삶에 적응하는 것이야말로 난제다. 이들 생활형 간첩은 조국이나 통일이라는 거대담론보다는 개인적인 문제를 고민한다는 점에서 분단의 일상화와 변화된 가치관이 투영된 존재들이다.

반면 <이중간첩>의 림병호와 <베를린>의 표종성, <용의자>의 지동철은 탈이념 시대를 표류하는 간첩의 존재, 즉 탈냉전 시대 남과 북을 상징적으로 보여준다. 실제 이중간첩 이수근 사건을 모티브로 제작한 <이중간첩>은 두 개의 조국과 두 개의 신분을 가진 림병호를 주인공으로 이념과 사랑 사이에서 고뇌하는 간첩을 그린다. 1980년대를 배경으로 하고 있지만 <이중간첩>의 림병호에게는 투철한 이념을 찾아보기 어렵다. 그는 남과 북에서 모두 이용당하는 존재일 뿐이며 그 스스로도 그 사실을 알고 있다. 결국 남북을 떠나 제3국으로 도피하지만 암살당하는 림병호는 세계적 탈이념, 탈냉전 시대를 비켜간 남과 북의 비극적 현실을 상징한다. 또한 <베를린>의 표종성은 인민의 영웅에서 정략에 따라 제거되어야 할 대상으로 전락한다. 당은 자신을 버리지 않을 것이며 자신을 배신한 것은 공화국이 아니라 계략을 꾸민 동종호라는 확고한 믿음은 변하지 않지만, 뱃속의 아이와 아내를 잃고 돌아갈 곳마저 없는 그의 모습과 오버랩 되면서 그의 믿음이 공허하게만 여겨질 뿐이다. 북한의 최정예 요원인 <용의자>의 지동철 또한 북한의 정권 교체기에 숙청 대상으로 분류되어 자신이 적대시하던 한국사회에 정착하는 존재이다. 세 영화 모두 남한의 정부로 대변되는 국정원의 존재를 우호적으로 그리지 않는다는 공통점 역시 보여준다. 전향하겠다는 표종성을 북한으로 다시 보내려하는 <베를린>의 남한 정부의 결정과 간첩들의 자살을 방조하는 <은밀하게 위대하게>의 국정원 고위층의 태도는 이념의 대립이 사라진 오늘날 남과 북의 관계를 다시 생각하게 한다. <용의자>의 김석호 실장 역시 자신의 신분은 망각한 채 자신의 이익을 위해 국익과 안정은 뒷전인 인물로 그려진다. 이처럼 <이중간첩>, <베를린>, <은밀하게 위대하게>, <용의자> 속 간첩은 탈이념이라는 세계사적 흐름에서 벗어나 있는 분단 현실의 상징이며 동시에 남과 북의 '적대적 공생' 관계를 드러내며 탈이념 시대 표류하는 남북 관계를 보여준다.

3. 반공주의의 탈피, 희화화된 간첩과 착한 간첩

앞서 언급한 생활형 간첩을 다룬 영화들이 대부분 코믹한 간첩 캐릭터에 기반하고 있는 것에서 알 수 있듯이, 2000년대 간첩 소재 영화들 중 코미디의 외피를 두르고 있는 영화가 다수인 것 역시 매우 주목할 만한 현상이다. 공포와 위협의 대상이었던 간첩이 희화화되었으며 몇몇 영화는 여기서 더 나아간다.

이 중 <그녀를 모르면 간첩>은 제목부터 '뭘 모르는 존재'인 간첩에 대한 이야기다. 간첩이 실생활에서 언급되는 경우 중 하나가 바로 누구나 다 아는 것을 모를 때 간첩 아니냐는 우스갯소리다. <그녀를 모르면 간첩>은 '뭘 모르는 존재'인 간첩이라는 설정을 통해 한국사회의 간첩에 대한 잠재의식을 적극적으로 이용한다. 림계순은 공작금을 갖고 사라진 김영광을 잡기 위해 임진강을 헤엄쳐 건너와 패스트푸드점에 위장 취업한다. 그녀에게 반한 삼수생 최고봉이 그녀의 사진을 '그녀를 모르면 간첩'이란 얼짱사이트에 올리면서 상황을 오해한 림계순은 자신의 정체가 탄로날 것을 막기 위해 고군분투한다. <그녀를 모르면 간첩> 이전에 이미 한국사회에서 간첩은 무시무시한 존재이면서도 희화화된 캐릭터였다. 대중은 간첩의 무시무시함을 과장하며 우리를 공포의 도가니로 몰아넣는 공안 당국에 순응하는 한편, 누구나 다 아는 걸 모르는 사람이 간첩이라는 것을 일찍 깨우치고 있었던 것이다.[6] 위협의 대상이며 동시에 조롱의 대상이 될 수 있는 간첩에 대한 이러한 이중적 이미지는 이미 우리 사회의 잠재된 분단의식 안에 각인된 것이었고 2000년대 코믹한 간첩 캐릭터들은 그것을 이용한 것에 불과하다.

여기서 간과하지 말아야 할 것은 간첩을 다룬 코미디 장르가 1950년대 후반부터 1970년대 초까지 이미 존재했다는 점이다. <사람팔자 알 수 없다>(김화랑, 1958), <후라이보이 박사소동>(정창화, 1959), <팔푼며느리>(심우섭, 1968), <잡았네요>(장일호, 1969), <요절복통 일망타진>(심우섭, 1969), <소문난 구두쇠>(김영걸, 1970) 등은 구봉서, 서영춘, 양훈, 김희갑 등 당대 최고의 희극 배우들을 주인공으로 내세우며 인기를 끌었다. 주된 내용은 간첩을 잡아 팔자를 고치는 사람들의 이야기다. 간첩은 공포의 대상이기도 했지만 한편으로는 잡거나 실제 간첩을 신고하는 순간 거액의 상금을 획득하여 신분상승을 할 수 있는 존재이기도 했던 것이다. <스파이 파파> 속 어린 딸과 친구들이 야산의 수상한 사람들을 미행하고 신고하는 것도 같은 맥락이다. 이처럼 1950~1970년대 코미디 영화 속 간첩은 복합적인 대상이다. 위협의 대상이기도 했지만 로또와 같은 존재이며, 있어서는 안 되지만 꼭 잡고 싶은 대상이기도 했던 것이다. 간첩에 대한 정부와 언론의 보도는 넘쳐났지만 정작 실생활에서 간첩을 목격하기란 복권에 당첨되는 것과 비슷했기 때문일 것이다. 이러한 이유로 1950~1970년대 간첩영화들은 강압적인 반공이데올로기에 대한 세태풍자로도 읽을 수 있다. 코미디가 보수적 결말로 이르는 한계를 가지고 있음에도 "미학적이고 이데올로기적인 관행들의 파괴"[7]를 포함하고 있는 것 역시 부인할 수 없기 때문이다. 1950~1970년대 간첩영화가 주는 웃음은 바로 여기에 기인한다. 간첩을 잡아 일확천금을 얻겠다는 주인공들의 우스꽝스러운 행위를 통해 반공이데올로기의 억압적 행태를 비꼬고 있는 것이다. 그러나 이 시기 코미디 간첩영화가 지금의 영화와 다른 점은 간첩은 주인공이 아닌 잡아야 할 대상, 즉 적이라는 인식에는 변함이 없다는 사실이다. 간첩을 잡기 위한 과정에서 좌충우돌하는 것이지 간첩 자체가 희화화 된 것은 아니기 때문이다. 이러한 면에서 간첩 자체가 희화화된 2000년대 간첩영화는 과거와 분명한 차이를 보인다.

2000년대 들어 과거와 전혀 다르게 변화된 점이 바로 간첩을 동지애적 혹은 가족애의 관점으로 묘사한 영화들의 등장이다. <의형제>는 제목처럼 남한의 국정원 직원 이한규와 남파간첩 송지원을 의형제처럼 그린다. 서로의 신분을 숨긴 채 감시와 경계를 늦추지 않으면서도 어느새 신뢰를 바탕으로 긴장이 점차 사라진다. <베를린>의 독일 주재 국정원 요원 정진수와 북한 요원 표종성 역시 정보입수와 납치된 표종성 부인 련정희의 구출이라는 거래를 통해 손을 잡는다. 과거 서로의 목숨을 노리던 지동철과 문세훈 대령이 진실을 밝히기 위해 총을 건네주는 <용의자>의 관계는 더 극적이다. <은밀하게 위대하게>의 간첩인 원류환, 리해랑, 리해진이 산동네 주민 사이에 끼어 그들과 부대끼고 서로를 이해하고 돕는 모습은 마치 유사가족과 같다. 원류한이 자살지령을 거부하고 자신을 살인병기로 키운 김태원 대좌와의 대결에서 전순임이 준 통장 속엔 원류한을 가리켜 '우리 아들'이라는 문구가 클로즈업되는 장면은 이들의 관계를 함축적으로 보여준다.

또한 이들은 공통적으로 북에 가족을 두고 내려왔다는 설정을 통해 이념보다는 어쩔 수 없이 남파되었다는 동정적 정당성을 얻기도 한다. 북에 가족을 볼모로 잡힌 <이중간첩>의 림병호, <간첩>의 김 과장 역시 북에 있는 어머니를, <동창생>의 명훈은 하나 뿐인 여동생을 지키기 위해 남파되었으며 <은밀하게 위대하게>의 주인공 또한 마찬가지다. 남파간첩이 아닌 <이중간첩>의 윤수미는 남한에서 태어나 자랐지만 월북한 아버지를 둔 까닭에 자신의 의도와는 무관하게 고정간첩으로 활동하고 있으며 아버지의 숙청 사실을 알고 있음에도 북한의 보복이 두려워 벗어나지 못하고 있음을 고백한다. 이처럼 2000년대 영화 속 간첩들은 투철한 이념으로 무장한 과거 반공영화의 간첩과는 다른 배경을 갖는다.

비슷한 맥락으로 2000년대 간첩 소재 영화에는 같은 간첩이지만 성격이 다른 두 부류의 간첩이 등장한다. 주인공인 '착한 간첩'과 주인공을 위협하는 '나쁜 간첩'이 그것이다. <간첩>의 최부장과 <은밀하게 위대하게>의 김태원 대좌가 대표적인 '나쁜 간첩'이다. 주인공 간첩의 적을 또 다른 간첩으로 설정함으로써 관객은 상대적으로 '착한 간첩'에게 동일성의 기회를 부여하게 된다. 이러한 설정은 과거 북한정권과 북한의 주민을 동일시 한 것과 달리 이 둘을 분리시키는 대북 인식의 변화에 기인한다 할 수 있다.[8] 간첩이 친근하게 대중에게 다가설 수 있는 가장 큰 원인이 바로 이념이 분리된 보편적 가족애를 기반으로 한 동정적 정당성을 얻기 때문일 것이다. 나아가 이념을 넘은 민족의 개념으로 남과 북을 대하려는 대북인식의 변화를 영화 속에서 엿볼 수 있다.

4. 분단의 이면, 조작간첩

2000년대 한국영화가 위협과 공포의 대상이었던 간첩에게 인간적 고민과 동질성의 기회를 부여하는 한편 국민을 억압하던 대상이었던 간첩역시 그러한 시대 풍조를 풍자하는 대상으로 변모하기 시작했다. 간첩은한국사회에서 분단현실을 인식시켜주는 기재이기도 했지만 한편으로는정치적으로 악용되어 억압과 통제의 역할을 담당하기도 했기 때문이다.

적대적인 반공의 개념은 1997년 IMF사태와 국민의 정부의 등장으로일대 전환점을 마련하였다. 반공보다는 경제위기 타개와 민주화 등 다른중요 가치들에게 관심이 쏠리기 시작했으며, 민주화의 일환으로 시행된 과거사 재조명을 통해 반공이 한국사회를 감시하고 통제했던 실체가 수면 위로 드러나기 시작했다. 그 중 조작간첩 사건의 진실은, 물론 공공연한 비밀이었으나 공론화 되면서 전쟁과 분단이 한국사회를 지배하고 통제했던 사실이 공개적으로 밝혀졌다. 조작간첩은 국민통합과 사회통합의 정책을 통해 국가권력의 정당성을 확보하기보다는 '내부의 적'을 희생양으로 삼아 정치적 정당성을 창출하고자 한 '희생양 정치'의 일환이다.[9] 한국의 정체성을 형성하는 가장 강력한 테제가 바로 '반공'(이었)임을 상기할 때 조작간첩은 한국사회에 내면화된 분단의식의 이면을 들여다 볼 수 있는 또 다른 단면이다. 실제 간첩도 존재했지만 정권유지를 위한 조작간첩 역시 양산되었던 것 역시 부인할 수 없는 사실이다.

한홍구에 따르면 1968년 후방 농촌혁명의 근거지를 만들겠다며 120명의 대규모 무장 공작원을 침투시켜 참담한 실패를 겪은 북한은 1970년 11월에 열린 조선노동당 제5차 대회를 통해 대남사업에 커다란 변화를 주게 된다.[10] 더불어 점차 체계화되기 시작한 주체사상의 영향으로 1971년부터 남파 간첩의 수가 뚝 떨어지게 되는데, 이때부터 고전적인 의미의 간첩 대신 재일동포 간첩, 납북 어부, 유학생 간첩, 일본 관련 사건 등 전혀 새로운 유형의 간첩들이 출현하기 시작했다. 이들 간첩사건이 선거 등 특정 시국에 조작되었으며 1971년 이후 남파간첩보다 조작된 간첩이 한국사회를 옥죄었다. 영화 속에 남파간첩보다는 이들 새로운 유형의 간첩이 등장하기 시작했던 시기도 유신시대부터이다. 1968~1971년 사이에 32편의 반공영화가 제작되었는데 주로 일본 조총련계의 간첩잠입, 간첩단 토벌 등의 내용이었다.[11]

2000년대 조작간첩을 중심 소재로 한 영화는 <프락치>와 다큐멘터리 <무죄> 등이며 <효자동 이발사>와 <이중간첩>, <스파이 파파> 등에서도 우회적으로 다루고 있다. 이들 영화 중 <효자동 이발소>는

"과도하게 정치화된 전쟁 상황에서는 국가의 신격화, 곧 국가를 신앙의 대상으로 삼는 현상"[12]을 상징적으로 보여준다. 영화에는 성한모의 아들이 간첩과 같은 설사 증세를 보인다는 이유로 졸지에 간첩이 되는 에피소드가 등장하는데, 아들을 신고한 이는 다름 아닌 아버지인 성한모다. 이 장면은 분단, 즉 전쟁이 지속되는 상황에서 과도하게 정치화된 국가의 이데올로기인 반공이 맹목적이었음을 상징적으로 보여준다. <이중간첩>에서는 1980년대 구미 유학생 간첩사건이 등장한다. 동독에 잠시 놀러갔던 독일 유학생이 고문과 협박을 통해 어떻게 간첩으로 조작되고 정권의 위기를 타개하기 위해 이용되었는지를 보여준다. <프락치>는 1993년 김삼석 남매를 간첩혐의로 조작하고 독일로 망명한 후 양심선언을 한 백흥용 씨의 실제 사건을 모티브로 간첩이 어떻게 조작되는지를 보여준다. <프락치>에서는 감시하는 형사 권과 감시당하는 프락치 K의 여관방 동거를 통해 형사로 대변되는 국가의 추악한 얼굴을 드러내기도 한다. 자신을 형이라고 부르라던 형사는 여자아이를 성폭행하고 그러면서도 여자아이를 이용하려던 양아치를 폭력으로 응징하는데 이 장면은 국가가 국민에게 가하는 폭압과 공포 등 양면성을 상징적으로 보여준다. <스파이 파파> 역시 조작간첩에 대한 언급이 나온다. 영화는 반공이 모든 것을 억압하던 시절, 진짜 간첩보다는 사상범을 간첩으로 몰아잡는 데 혈안이 되어 있는 공안정국을 꼬집고 정작 간첩인 만호 대신 밀수꾼이 간첩으로 둔갑되어 잡혀가는 뉴스는 이러한 당대 사회상의 극치를 보여준다.

다큐멘터리 <무죄>는 1981년 진도조작간첩사건을 파헤친다. 일가 친척이 안기부 취조실에서 고문과 협박에 못 이겨 졸지에 고정간첩단으로 둔갑한 이 사건은, 그러나 여기서 끝난 것이 아니라고 말한다. 18년의 수형생활을 마친 후에도 간첩이라는 낙인 때문에 정상적인 삶을 영위할

수 없었으며 그들의 자식들에게도 고스란히 남겨져 고통받고 피폐한 삶
이 계속되었음을 보여준다. 분단체제는 외부의 공포를 근거로 국가폭력
에 정당성을 부여하고 내부의 위기와 균열을 봉합하는 기제로 작동하였
다. 공포를 불러일으키는 대상이 나의 밖에 있는 북한이지만 실질적으로
그 공포를 통해서 나를 억압하는 것은 나와 함께 있는 남한의 권력인 것
이다.[13] 조작간첩 사건은 이러한 국가의 폭력성과 공포의 정치를 보여주
는 대표적인 예인 것이다. 또 다른 다큐멘터리 <송환>은 비전향 장기수
들, 전향하지 않은 간첩을 다룬다. 이들에 대한 과거 공안의 폭력과 고문
그리고 전향 강요는 전쟁이 우리 사회에서 암암리에 지속되고 있다는 것
을 보여준다. 전쟁은 모든 사람에게 '적과 나'의 이분법을 강요한다. '중
간적 범주'를 용인하지 않는 이러한 이분법은 모든 사람들에게 특정 이
념을 견지하도록 강요하고 사람들을 그러한 이데올로기에 따라 구분한
다음 자신의 편에 선 사람은 용서하고 그렇지 않은 사람은 적으로 취급
하는 '과도정치화'의 일환이다.[14] 두 다큐멘터리는 종전이 아닌 정전체제
를 살고 있는 우리는 여전히 '과도정치화'된 사회에서 살고 있으며 암암
리에 전쟁이 지속되고 있음을 보여준다.

분단은 종전이 아니라 전쟁이 지속되고 있는 상황이다. 그것이 일상화
되었을지라도 이 사실에는 변함이 없다. 그럴 수밖에 없는 것이 한국전
쟁은 한국사회의 정체성을 형성하는 데 가장 큰 영향을 미친 요인 중 하
나이기 때문이다. 영향을 미쳤다는 표현보다는 아주 강력한 영향력을 행
사했다는 표현이 옳을 것이다. 끝나지 않은 전쟁의 후유증은 반공이란
미증유의 광기로 구체화되어 다른 어떤 가치보다도 우선하여 한국사회
를 규정하는 동시에 감시와 통제의 기재가 되었다. 조작간첩은 바로 이
러한 반공의 광기, 잔잔한 수면 아래 소용돌이치는 급류처럼 조용하게
지속되고 있는 전쟁 상황의 일면이다.

조작간첩을 다룬 영화는 2000년대 동시대의 간첩영화와의 관계망 속에서 일상화된 분단의식의 자리배치를 시도한다. 반공영화 속 간첩이 공포와 위협의 대상으로서 북한의 표상이었듯, 조작간첩은 과거 공안정국 역시 한국사회를 억압하는 기재였다는 것을 폭로하는 한편 더 나아가 그러한 사회를 조롱하고 더 이상 반공이 한국사회에서 자리 잡기 어렵다는 것을 넌지시 보여준다. 한편으로는 간첩 자체를 희화화하고 과거 공안정국을 배경으로 다룸으로써 간첩을 추억하는 것은 국민을 억압하던 조작된 간첩사건에 대한 풍자적 요소 역시 간과할 수 없다. 결국 간첩의 희화화와 더불어 조작간첩의 영화화는 바로 우리를 억압했던 반공주의 악령으로부터 벗어나려는 무언의 움직임이기도 한 것이다.

5. 공포와 위협의 표상, 간첩

"들개로 태어나 괴물로 길러져 바보로 스며들다"라는 <은밀하게 위대하게>의 광고 문구는 2000년대 영화 속 간첩의 성격을 잘 드러내고 있다. 영화 속 일상화되고 희화화된 간첩이 친근한 이미지로 등장한다는 것은 남과 북의 대립에 대한 경각심마저 희석시킨 것은 전혀 아니다. 우리가 간과하지 말아야 할 것은 2000년대 영화 속 간첩이 희화화되고 일상적인 인물로 그려지고는 있지만 여전히 강력한 신체능력과 언제든지 위협이 될 수 있는 요소들을 내포하고 있다는 점이다. <쉬리>의 첫 장면에 등장하는 남파간첩들의 강도 높은 훈련모습처럼 그간 한국영화에서 간첩은 지옥훈련을 받은 살인마의 이미지를 재생산하며 육체적으로 강인하게 묘사되어왔다. 대부분의 간첩영화는 일반적으로 각인된 간첩의 이러한 이미지를 보여주는 것으로 시작하며 그렇지 않은 영화들 역시 공포와 위협의 대상으로서 간첩의 이미지를 쉽게 찾을 수 있다. <스파이

파파>의 어리숙하고 사람 좋은 만호는 총기를 숨기고 있으며 아무리 자본주의 사회에 물들어 있어도 <간첩>의 김 과장은 위급할 경우 특공무술로 상대방을 제압한다. <은밀하게 위대하게> 속 간첩들이 보여주는 지붕을 넘나드는 강력한 신체능력 역시 이들 영화 속 간첩이 아무리 희화화되었을지라도 결정적인 순간 살인병기로 변모할 수 있음을 암시하며 여전히 위험과 공포의 대상임을 상기시킨다. 살상무기로서 그들의 모습, 육체의 한계를 뛰어넘거나 상식을 뛰어넘는 훈련은 결국 북한에 대한 의식의 변화 이면에는 분단에 대한 공포 역시 무의식적으로 도사리고 있음을 보여주는 것이다. 전쟁이 재개될 수 있다는 불안과 북한에 대한 경계심리가 영화 속에 깔려있는 것이다.

분단국가인 한국사회에서 간첩은 007 시리즈의 제임스 본드James Bond와 같은 스파이가 아니라 '이승복' 어린이를 찢어 죽인 악마적 이미지로 각인된 남파공작원을 지칭한다. 따라서 반공영화 속 간첩은 반드시 제거해야 할 적이었고 북한의 직접적인 공포와 위협의 표상으로 등장하였다. 이러한 간첩의 성격은 간첩영화의 등장과 함께 시작되었다. 한국영화에서 간첩의 등장은 그 역사가 매우 길다. 대한민국 정부 수립 이전인 1946년 어린이 연속극을 각색한 아동극인 이규환 감독의 <똘똘이의 모험>은 간첩을 일망타진하는 데 기여한 '똘똘이'와 친구 '복남이'의 활약상을 그리고 있다. 해방 직후 38선이 남과 북을 갈라놓고 이념대립이 본격적으로 시작되는 시점부터 간첩은 위협의 대상으로 영화 속에 등장했던 것이다. 한국전쟁을 거친 이후 간첩영화는 1954년 부부간첩을 잡는 데 공을 세우는 아이들의 활약을 담은 <창수만세>(어약선), 여성간첩과 남한 정보원의 비극적 사랑을 다룬 <운명의 손>(한형모, 1954), 민심교란을 목적으로 폭파공작을 획책하는 간첩을 한 청년의 기지로 막아내는 <죽엄의 상자>(김기영, 1955)로 이어진다.

이 영화들은 본격적으로 반공 이데올로기가 영화를 통제하기 이전에 제작되었다. <운명의 손>의 여간첩 마가렛은 몸매가 드러나는 양장을 입고 바를 운영하며 모던하고 여유로운 생활을 즐기는 매혹적인 인물로 그려진다. 동시에 위협적인 존재이기도 한 마가렛은 반세기가 지난 뒤에 제작된 <쉬리>의 이방희의 전신이면서도 수동적인 이방희와 비교해도 매우 앞선 인물이었다. 매혹과 위협의 이중적 존재로서의 간첩은 주로 여간첩에게 두드러진다. 여간첩의 계보는 <운명의 손>의 마가렛, <여간첩 에리샤>(최경옥, 1965)의 에리샤, <쉬리>의 이방희, <스파이 파파>의 붉은 뱀 등으로 이어진다. 이들은 모두 위협적인 존재이면서 동시에 매혹적인 여성미를 과시한다. 매혹과 위협의 이중적 대상으로서 간첩은 남한사회를 위협하는 북한을 상징한다. 특히 위에 언급한 영화 중 <쉬리>를 제외한 다른 영화 속 여간첩은 남성을 압도하는 팜므파탈의 모습을 보여준다. 한편으로는 조연으로 머무른 <스파이 파파>의 '붉은 뱀'을 제외한 여간첩 주인공들은 모두 남한의 요원과 사랑에 빠져 자신의 조국을 배신하거나 결국 비극적 최후를 맞는다. 여성으로서 북한 그리고 남성으로서 남한의 이분법적 구분에서 알 수 있듯이 결국 남성에 교화되는 약한 여성의 모습을 통해 매혹적이고 위협적이지만 남성으로 대변되는 남한의 우월함을 영화는 암시하고 있다.

한편 <죽엄의 상자>는 개봉당시 <피아골>(이강천, 1955)과 함께 상업주의에 영합하여 반공이념이 결여되어 있다는 논란을 불러일으킨 점에서 알 수 있듯이 1950년대 간첩영화는 계몽성보다는 상업적인 면이 더 부각되었다.[15] 1950년대가 비록 반공이념이 사회의 중요 체제로 자리 잡고는 있었지만 영화계 전반적인 여건은 그리 억압적이지 않았고 이념보다는 산업화 내지 기업화를 도모하는 쪽의 목소리가 훨씬 컸으며 국가도 여기에 대해 큰 이의를 달지 않았기 때문이다.[16] 간첩영화가 본격적으로 반공영화의 범주 안에서 다뤄지게 된 것은 1960년대 이후이다. 5·16쿠데타를 통해 집권한 박정희 정권이 반공을 국가 이데올로기로 삼게 되면서 반공영화라는 장르가 본격적으로 구축되고 모든 영화에 대한 정치적 검열이 강화되었다.[17] 박정희 정권은 국가 이데올로기 장치인 법을 통해 반공을 수립하고 우수영화 보상제도를 통해서 국가적으로 반공영화를 장려 육성하였으며 이중검열을 통해 영화를 사상적으로 통제하기 시작하였는데 이러한 기조는 1988년 대종상에서 반공영화상과 안보부분작품상이 없어질 때까지 유지되었다. 박정희 정권의 문화정책은 반공과 전통주의를 바탕으로 한 민족주의를 이데올로기적 기반으로 한 근대화정책에 따라 국가주의와 민족문화담론이 구체화되는 매개였고, 따라서 다른 부문과 마찬가지로 국가는 문화영역에도 적극적으로 개입하였다.[18] 1962년도 <육체는 슬프다>(이해랑), <여정만리>(양인은), <붉은 장미는 지다>(이원초) 등 간첩영화가 5편이 한꺼번에 등장하며 1960년대는 간첩영화의 전성기를 예고했다. 이전까지 간첩영화가 간헐적으로 제작되었던 것을 상기해 볼 때 1960년대 간첩영화의 활발한 제작은 반공을 국시로 하는 정부를 표방했던 박정희 정부의 등장이 직접적인 영향으로 작용했던 것으로 보인다.[19]

이 시기는 상업적으로도 반공이 활발하게 소구되기도 했다. 1960년대 스릴러 붐과 1965년 <007 시리즈>의 붐을 촉매로 한국전쟁의 경험이 변모하여 간첩을 소재로 한 액션스릴러와 첩보물이 큰 인기를 얻었다.[20] 또한 군사정권 시기 '반공영화'라는 딱지는 특혜를 얻는 방법 중 하나였다. 일본과 국교가 정상화되기 이전 일본 로케 제1호가 된 <검은 장갑>(김성민, 1963)은 '반공영화'라는 이유로 공보부의 허가를 받아 일본 로케가 가능하였다.[21] 이 외에도 반공영화라는 표지는 반공을 국시로 삼은 군사정부의 지원과 각종 허가 등 특혜의 대상이 되었으므로 상업적으로 자발적인 반공영화 역시 많이 제작되었다는 것은 충분히 짐작할 수 있다. 특히 간첩이란 소재는 분단현실을 활용할 수 있는 매혹적인 소재인 것은 확실하다. 따라서 이 시기 영화 속 간첩은 철저한 반공이데올로기를 구현하였으므로 위협적이고 공포의 표상으로 그 이미지가 강화된다. 대표적으로 '이승복 어린이 사건'을 영화화한 <천사의 분노>(노진섭, 1973)는 남파무장간첩의 무자비하고 악마적 행위를 통해 공포의 표상으로서 간첩의 이미지를 각인시켰다. 1960~1970년대를 거치면서 간첩은 한국사회의 정체성을 위협하는 존재로 확고하게 각인되었다. 간첩영화는 남파 무장간첩의 존재와 언론을 통해 보도된 그들의 만행들과 더불어 공포의 대상으로서 간첩이라는 인식을 공식화하고 강화하는 데 기여했다. 실제로 간첩을 대면한 사람은 극히 소수에 불과하기 때문에 학교와 언론을 통해 간첩의 존재를 접하는 경우가 대부분이었으므로 영화를 통한 접촉 혹은 인식은 공식적이고 집단적인 각인에 지대한 영향을 미쳤다고 할 수 있을 것이다.

군사정권이었던 3, 4, 5 공화국 당시의 간첩 영화는 당연히 간첩이 철저한 악이며 적이어야 했다. 예외는 존재할 수 없었다. <7인의 여포로>로 인해 반공법 위반 혐의로 입건된 이만희 감독의 사건을 통해 알 수 있듯이 검열은 이데올로기가 영화를 포함한 문화예술을 얼마나 경직시킬 수 있는지를 확인시켜 주는 것이었다. 결국 대한민국의 정체성을 형성하는 과정에서 근대국가 수립이라는 목표의식에 앞서 반공이 국시가 되어 버렸기 때문에, 대한민국은 북한이란 타자를 통해서 그 정체성을 형성해 왔다. 따라서 북한은 끊임없이 대한민국이란 자아를 위협하는 공포의 대상이었으며 반드시 제거해야 할 대상이었다. 또한 경쟁의 대상이 아닌 반드시 쓰러트려야 할 적이었으며 협력의 대상이 아닌 증오의 대상이었던 것이다. 결국 북한의 존재는 대한민국의 정체성을 형성하고 강화하는 기재였으며, 영화 속 간첩은 북한의 상징으로 공포와 위협의 대상으로 묘사되었던 것이다. 따라서 통일은 민족의 비극을 종결시키며 동질성 회복의 목표가 아닌 이념과 체제의 우월성을 증명하기 위한 목적과도 같았다. 당연히 간첩영화는 반공영화의 범주 내에서 이해되었다.

반면 영화 속에서 간첩과 직접적으로 대립하는 한국의 국정원이나 안기부 요원은 엘리트 이미지가 강하다. <운명의 손>과 <여간첩 에리샤> 속 남성 요원 주인공에서부터 <쉬리>의 유중원으로 대변되는 2000년대 영화 속 화이트컬러의 남한 요원은 첨단무기와 논리적으로 문제를 해결하려는 모습을 보인다. 이 같은 설정은 낙후되었으며 강인한 육체와 야수성으로 대변되는 물리적 공포라는 북한의 이미지를 각인시키는 한편 그와 비교하여 우월한 남한이란 인식을 심어준다. 2000년대 간첩영화에도 변함없는 이러한 인물 설정을 통해 대북인식이 아무리 변화했을지라도 내면화된 분단서사가 여전히 공고하게 작동하고 있음을 확인 할 수 있다. 결국 영화 속 간첩은 반공영화의 테두리 내에서 소구되었든 그렇지 않든 한국사회의 정체성을 현실적으로 위협할 수 있는 분단의 직접적인 표상으로 늘상 우리 주변에 출몰하였던 것이다.

◆ ◆ ◆

영화의 시작과 동시에 분단 상황이라는 외적 긴장이 영화의 내적 긴장을 견인하는 분단영화의 독특한 긴장구조는 장르적 컨벤션으로써 한국 간첩영화에서 일반적으로 사용되고 있다. 관객과 창작자의 교감 없이는 분단을 다룬 영화는 이해되기란 어려울 수밖에 없는 것이며, 이것을 가능하게 하는 내러티브의 구조는 잠재된 분단의식과 관련을 맺는다. 비록 간첩이 공포와 위협의 대상에서 사람을 웃기는 친근한 이미지로, 악마적 적대자에서 비극의 주인공으로, 그리고 이념의 화신에서 속물적인 욕망에 사로잡힌 모습까지 다양한 가면을 쓰고 있지만, 변하지 않는 것이 하나 있다면 그것은 영화 속 간첩이 분단을 상징하고 있다는 사실이다. 영화 속 간첩의 재현 양상이 달라졌을지라도 간첩영화의 서사는 완결되지 못하는 일정한 한계를 보인다. 간첩영화는 동질성을 회복하지 못하는 분단의 현실을 코미디의 외피를 쓰고 있더라도 온전한 해피엔딩으로 마무리 짓지 못하는 기이한 형식으로 남는다. 이러한 한계는 결국 동질성의 파괴를 경험한 한국전쟁과 그로인한 분단 고통의 분단서사가 60여 년이 흐른 현재까지 여전히 한국사회에 내재되어 있기 때문이다.

2000년대 간첩을 다룬 영화의 갈등은 이념과 체제의 외적갈등과 사랑과 우정 등 이념을 뛰어넘는 보편적인 인류애의 내적갈등 양축을 기반으로 한다. 이것은 바로 같은 민족이면서도 남과 북으로 분단되어 있다는 현실을 상징한다. 이러한 내러티브의 특징은 이념과 사랑(혹은 우정) 중에서 선택해야 하는 필연적 과정으로 이어져 결국 비극으로 마무리된다. 분단영화의 공통적인 특징으로, 간첩영화 역시 이미 비극적 결말을 내포하고 있는 것이다. <쉬리>의 이방희는 사랑과 조국 사이에서 갈등하고 유중원 역시 자신의 손으로 사랑하는 연인 이방희를 죽일 수밖에 없다. <간첩 리철진>은 자신의 존재이유가 사라지자 자살한다. <이중간첩>의 림병호와 윤수미는 제3국으로 도피하지만 결국 암살자의 총에 림병호는 사살됨으로써 분단의 현실에서 결코 도피할 수 없음을 영화는 말한다. <은밀하게 위대하게>의 세 주인공은 남과 북의 고위층에 의해 이용당하고 희생되는 비극적 주인공들이다. 암시적으로 원류한이 살아 있음을 보여주지만 살아 있다 해도 도망자일 뿐이다. 이들 영화가 종국에도 만족을 주는 완결된 서사가 되지 못하는 이유는 동족살인의 한국전쟁의 역사와 서로를 적대시하고 위협했던 이념대립의 문제가 해결되지 않는 이상 통일은 아직은 소원한 것이라는 의식을 반증하기 때문이다. 이 중 <그녀를 모르면 간첩>의 림계순은 북으로 돌아가고 최고봉은 군대에 입대하는데, 이러한 결말은 남과 북의 상황을 상징적으로 구현한다. 결국 함께 할 수 없는 애틋함을 넘어 동화될 수 없는 비극이라는 분단서사를 철책선을 사이에 둔 두 사람을 통해 보여주기 때문이다.

　표면적으로 해피엔딩으로 보이는 <스파이 파파> 역시 온전한 해피엔딩은 아니다. 이념에 앞서 부정을 선택한 아버지는 딸을 위해 자수하려 하지만 투철한 반공전사인 딸이 동네 사람들을 간첩으로 신고하고 다닌 전력이 있어 경찰은 믿지 않는다. 아버지가 간첩인 것을 알고 있는 딸 역시 아버지를 신고하지 못하기는 마찬가지다. 결국 아버지와 딸은 "가족은 믿는 거야"라는 대사를 통해 혈연으로 묶인다. <스파이 파파>는 남과 북의 이념대립과 가족애로 대변되는 동질성의 회복이 양립할 수 없으며 간첩인 아버지가 이념을 포기했을 때 비로소 화해가 가능하다는, '중간적 범주'를 용인하지 않는 '과도정치화'된 한국사회의 잠재된 분단 의식을 보여준다. 아버지와 딸이 함께하는 해피엔딩이지만 진짜 간첩은 잡히고 않고 간첩이 조작되어 누구나 간첩이 될 수 있다는 부조리한 사회의 모습으로 끝난다는 점에서 분단사회의 단면을 씁쓸하게 남겨둠으로써 온전한 해피엔딩으로 이어지지 못한다. 또한 <간첩>의 김 과장은 결국 남한을 선택하지만 국정원 요원의 정보원으로, 충성을 바쳐야 할 조국이 바뀌었을 뿐 그의 신분은 여전히 '간첩'이다. 이처럼 동질성의 회복을 염원하는 코미디조차 이러한 비극적 결말에서 벗어나지 못한다.

　이러한 결말은 또한 두 체제의 화해와 통합 가능성은 말하지 않는다. 결말에서조차 갈등이 완벽하게 해결되지 않는다는 점에서 영화 속에서 두 체제는 화합하지 못하며 분단체제는 유지된다. 영화 속 모든 사건과 갈등의 근원이 분단이라는 점을 염두했을 때 이러한 결말은 불완전하고 모호할 수밖에 없다. 즉, <스파이 파파>와 <간첩> 두 영화의 결말은 형식적으로 해피엔딩이지만 행복하지 않은, 또한 언제든지 불행할 수 있는 불완전한 행복일 수밖에 없다. 따라서 코미디일지라도 비극적인 결말로 치달아 온전한 코미디로의 귀결로 이어지지 않는 것은 분단의 현실을 의미한다. 1950~1960년대 코미디 간첩영화가 주인공들의 행복한 결말로 마무리되는 것과 비교하면 2000년대 간첩영화가 코미디의 표피를 두르고 있음에도 비극적 결말로 치닫는 것은 매우 큰 차이라 할 수 있다. 1950~1960년대 간첩 소재 영화들이 온전한 코미디가 될 수 있었던 이유는 영화의 주인공이 간첩이 아니기 때문이다. 간첩을 주인공으로 내세운 2000년대 영화 역시 대북관계와 인식이 변화했을지라도 내면화된 분단의식에서 결코 자유로울 수 없기 때문에 온전한 코미디가 될 수 없는 것이다.

정전은 전쟁의 지속 혹은 전쟁의 일상화를 의미한다. 제도적으로 반공영화의 제작을 강제하던 것이 종식된 이후 오늘날까지 여전히 간첩이 영화 속에 계속해서 등장하는 것은 역시 분단 현실의 잠재된 의식이 영화적으로 표출된 것이다. 비록 이분법적인 반공 내러티브는 희미해질지언정 희화화되고 일상적인 인물로 그려지는 간첩은 바로 분단의 일상화를 의미하는 것이기 때문이다. 2000년대 간첩을 다룬 영화들이 간첩을 희화화하는 것에 대해 우려 섞인 비판이 제기되기도 한다.[22] 그러나 지속적으로 제작되는 간첩영화에 대한 관객의 높은 호응이 단지 간첩을 희화화하거나 기존의 이미지를 전복시켰기 때문만은 분명 아니다. 전쟁의 위협이 상존하는 상황에서 영화 속 간첩의 변화를 단지 변화된 대북인식의 결과로 받아들여만 하는 것도 아니라는 점이다. 중요한 것은 간첩영화의 등장은 분단 상황을 전제로 하고 있다는 점이다. 간첩이 실체적인 위협의 대상에서 일상화된 존재로 자리를 바꾸었을지라도 이들이 여전히 간첩이라는 사실에는 변함이 없다. 아무리 친근한 얼굴을 하고 있을지라도 앞서 언급했듯이 영화 속 간첩은 언제든지 위협의 대상이 될 수 있음을 보여주기 때문이다. 결국 간첩영화는 분단현실을 대하는 한국사회의 잠재된 불안을 기반으로 분단서사의 재생산이며 분단을 끊임없이 상기시키는 역할을 담당하고 있는 셈이다. 따라서 2000년대 한국영화 속 간첩의 변화된 모습은 분단을 둘러싼 현실인식과 억압의 기재로써 반공을 되돌아보는 등 일상화된 분단을 투영하는 분단의 표상인 것이다.

주

1) 박상익, 「통일에 대한 인식전환과 통일교육 패러다임의 시프트」, 『한국동북아논총』 제59호, 2011, 123쪽.

2) 김의수, 『한국 분단영화에 관한 연구—분단영화의 장르적 진화과정을 중심으로』, 서강대학교 신문방송학 대학원 석사학위논문, 1999, 35쪽.

3) '자기서사'는 정서적이고 이념적인 성향과 믿음체계를 주로 가리키는 개념으로 사회현실을 능동적으로 해석하고 대처하는 주체의 자율적 삶의 방식을 중시하며 시간의 흐름 속에서 형성되는 동시에, 새로운 경험을 해석하는 틀로서 작용한다. 이병수, 「분단 트라우마의 성격과 윤리성 고찰」, 『시대와 철학』 제22권 1호, 2011, 167쪽.

4) '분단서사'는 '자기서사'의 개념을 바탕으로, 해방 후 민족국가를 향한 열망이 한국전쟁으로 민족정체성 분열의 경험과 이후 남과 북의 적대적 상황에서 분단국가의 상징폭력에 의해 신체에 각인된 정서적이고 이념적인 성향과 믿음체계들을 주로 가리키지만, 그 내부에 분단 극복의 서사, 즉 남북의 소통, 치유, 통합을 지향하는 통일서사의 계기 역시 내포하는 개념이다. 위의 논문, 167~168쪽.

5) 「영화 "7인의 여포로" 감독 이만희씨 구속기소」, ≪경향신문≫ 1965

년 2월 5일.

6) 한홍구, 『대한민국史 3 - 야스쿠니의 악몽에서 간첩의 추억까지』, 한
겨레출판, 2005, 198~199쪽.

7) 스티브 닐·프랑크 크루트니크, 강현두 역, 『세상의 모든 코미디』, 커
뮤니케이션북스, 2002, 125쪽.

8) 이주철, 「대북정책에 대한 여론 변화 추이 - 1995년 이후를 중심으로」,
『국제고려학회 서울지회 논문집』 제10호, 2007, 145쪽.

9) 김동춘, 『전쟁과 사회』, 돌베개, 2009, 394쪽.

10) 한홍구, 앞의 책, 207~208쪽.

11) 김차호, 『한국 반공영화 연구』, 동국대학교 문화예술대학원 석사학위
논문, 2001, 54쪽.

12) 김동춘, 앞의 책, 273쪽.

13) 김성민·박영균, 「분단의 트라우마에 관한 시론적 성찰」, 『시대와 철
학』 제21권 2호, 2010, 19쪽.

14) 김동춘, 앞의 책, 273쪽.

15) 오영숙, 『1950년대, 한국영화와 문화담론』, 소명출판, 2007, 46쪽.

16) 위의 책, 105쪽.

17) 영화진흥위원회, 『한국영화사: 개화기(開化期)에서 개화기(開花期)까
지』, 커뮤니케이션북스, 2006, 301쪽.

18) 박지연, 「영화법 제정에서 제4차 개정기까지의 영화정책」, 『한국영
화정책사』, 나남출판, 2005, 191쪽.

19) 정영권, 『한국 반공영화의 제도화 연구: 1949~1968 전쟁영화와의 접
합과정을 중심으로』, 동국대학교 대학원 박사학위논문, 2011, 101쪽.

20) 이영일, 『한국영화전사』, 도서출판소도, 2004, 374~375쪽.

21) 정영권, 앞의 논문, 105쪽.

22) 「역대정권 남북관계 따라 달라진 영화 속 간첩 이야기」, ≪동아닷컴≫
2013년 6월 11일.

참고문헌

❏ 단행본

강만길 외, 『한국사 20』, 한길사, 1994.

강준만, 『한국 현대사 산책: 1960년대편 2권』, 인물과사상사, 2004.

_____, 『한국 현대사 산책: 1960년대편 3권』, 인물과사상사, 2004.

권명아, 『가족이야기는 어떻게 만들어지는가』, 책세상, 2000.

권보드래 외, 『아프레걸 사상계를 읽다: 1950년대 문화의 자유와 통제』,
　　동국대학교출판부, 2009.

권영민 외 편, 『한국 대표 중단편 소설 50 제1권』, 중아일보사, 1995.

김경학 외, 『전쟁과 기억―마을 공동체의 생애사』, 한울 아카데미, 2009.

김귀옥, 『이산가족, '반공전사'도 '빨갱이'도 아닌……』, 역사비평사,
　　2004.

김도현, 「1950년대의 이승만론」, 『1950년대의 인식』, 한길사, 1981.

김동춘, 『전쟁과 사회』, 돌베개, 2009.

김동호 외, 『한국영화정책사』, 나남, 2005.

김미현 외, 『한국 영화사: 개화기에서 개화기까지』, 커뮤니케이션북스,
　　2006.

김서영, 『프로이트의 환자들』, 프로네시스, 2010.

김소연 외, 『매혹과 혼돈의 시대: 50년대의 한국영화』, 소도, 2003.

김연자, 『아메리카 타운 왕언니 죽기 오 분 전까지 악을 쓰다』, 삼인,
　　2005.

김웅교, 『그늘』, 새물결플러스, 2012.

김종원·정중헌, 『우리영화 100년』, 현암사, 2001.

김철범, 『한국전쟁과 미국』, 평민사, 1995.

김태형, 『트라우마 한국사회』, 서해문집, 2013.

김학준, 『한국전쟁과 원인, 과정, 휴전, 영향』, 박영사, 2010.

김현선, 『미국 위안부 기지촌의 숨겨진 진실』, 한울아카데미, 2013.

김현아, 『전쟁과 여성』, 여름언덕, 2004.

문 C., 이정주 역, 『동맹 속의 섹스』, 2002, 삼인, 1997.

문화방송 시사제작국, 『이제는 말할 수 있다: MBC 특별기획. 제61회, 섹스동맹 기지촌 정화운동』, 문화방송 시사제작국, 2003.

박근서, 『코미디, 웃음과 행복의 텍스트』, 커뮤니케이션북스, 2006.

발터 벤야민 저, 조형준 역, 『일방통행로』, 새물결, 2007.

벨라 발라즈 저, 이형식 역, 『영화의 이론』, 동문선, 2003.

서중석, 『사진과 그림으로 보는 한국 현대사』, 웅진씽크빅, 2006.

손승영, 『한국 가족과 젠더』, 집문당, 2011.

수전 헤이워드 저, 이영기 역, 『영화사전[이론과 비평]』, 한나래, 2007.

스티브 닐·프랑크 크루트니크닐, 강현두 옮김, 『세상의 모든 코미디』, 커뮤니케이션북스, 2002.

아리스토텔레스 저, 천병희 역, 『시학』, 문예출판사, 1976.

앙드레 바쟁 저, 박상규 역, 『영화란 무엇인가?』, 시각과 언어, 2001.

연세대 미디어아트연구소 편, 『공동경비구역─문재철의 글, 새로운 방식으로 분단을 상상하기』, 삼인, 2002.

연세대 미디어아트연구소 편, 『수취인불명』, 삼인, 2002.

영화진흥위원회, 『한국영화사: 개화기에서 개화기까지』, 커뮤니케이션북스, 2006.

오영숙, 『1950년대, 한국영화와 문화담론』, 소명출판, 2007.

월터스·수잔나 D., 김현미 외 역, 『이미지와 현실 사이의 여성들: 여성주의 문화 이론을 향해』, 또 하나의 문화, 1999.

윌리엄 스툭 저, 서은경 역, 『한국전쟁과 미국외교정책』, 나남출판사, 2005.

유영옥, 『한반도 통일 정책론』, 학문사, 1996.

윤해동 외, 『근대를 다시 읽는다 1』, 역사비평사, 2006.

이덕수, 『희극적 갈등양식과 셰익스피어 희극』, 영남대학교출판부, 2002.

이상섭, 『문학비평용어사전』, 민음사, 1991.

이승희, 『한국 사실주의 희곡 그 욕망의 식민성』, 소명출판, 2004.

이영일, 『한국영화전사』, 소도, 2004.

_____, 『한국영화주조사』, 영화진흥공사, 1988.

이임하, 『여성 전쟁을 넘어 일어서다』, 서해문집, 2004.

이정희, 『여성의 글쓰기, 그 차이의 서사』, 한국문학도서관, 2003.

이효인 외, 『한국영화사 공부 1960~1979』, 한국영상자료원, 2004.

자크 라캉 저, 맹정현·이수련 역, 『자크 라캉 세미나 11』, 새물결, 2008.

_____, 『욕망이론』, 문예출판사, 2012.

전진성, 『역사가 기억을 말하다』, 휴머니스트, 2005.

전진성 외, 『기억과 전쟁─미화와 추모 사이에서』, 휴머니스트, 2009.

정성호 외, 한국정신문화연구원 편, 『한국전쟁과 사회구조의 변화』, 백
    산서당, 1999.

제임스 조지 프레이저, 『황금가지』, 한겨레출판사, 2011.

정종화, 『한국영화사』, 한국영상자료원, 2007.

제임스 프록터 저, 손유경 역, 『지금 스튜어트 홀』, 앨피, 2010.

제프리 K. 올릭 편, 최호근·민유기·윤영휘 역, 『국가와 기억』, 민주화
    운동기념사업회, 2006.

제프리 K. 올릭 저, 강경이 역, 『기억의 지도』, 옥당, 2011.

주유신·강소원·오영숙, 『김기덕: 60년대 한국 대중·장르영화의 최전선』,

한국영상자료원, 2011.

지그문트 프로이트 저, 김재혁·권세훈 역, 『꼬마 한스와 도라』, 열린 책들, 2010.

_____, 강영계 역, 『문화에서의 불안』, 지식을 만드는 지식, 2012.

_____, 박찬부 역, 『쾌락원칙을 넘어서』, 열린 책들, 1997.

최예열, 『1950년대 전후소설의 응전의식』, 도서출판 역락, 2005.

최하원, 『2003 영화의 고향을 찾아서 인터뷰 자료집』, 한국영상자료원, 2003.

카를 만하임 저, 이남석 역, 『세대 문제』, 책세상, 2013.

파멜라 투르슈웰 저, 강희원 역, 『지그문트 프로이트 콤플렉스』, 앨피, 2010.

페르디낭 드 소쉬르 저, 최승언 역, 『일반 언어학 강의』, 민음사, 2007.

표인주 외, 『전쟁과 사람들―아래로부터의 한국전쟁연구』, 한울 아카데미, 2003.

크리스티앙 메츠 저, 이수진 역, 『상상적 기표』, 문학과 지성사, 2009.

한국여성문학학회 <여원> 연구모임, 『<여원>연구―여성, 교양, 매체―』, 국학자료원, 2008.

한국역사연구회 현대사연구반, 『한국현대사 3』, 풀빛, 1991.

한국영상자료원 편, 『영화와 여성: 영화로 보는 한국 사회와 여성』, 문화체육관광부·한국영상자료원, 2013.

한홍구, 『현대사 다시읽기』, 노마드북스, 2006.

_____, 『대한민국史 3』, 한겨례출판, 2011.

헨리 베르그손 저, 정역복 역, 『웃음―희극성의 의미에 관한 시론』, 세계사, 1992.

호현찬, 『한국영화 100년』, 문학사상사, 2000.

홍석률 외, 한국정신문화연구원 편, 『박정희시대 연구』, 백산서당, 2002.

홍성철, 『유곽의 역사』, 서울: 페이퍼로드, 2007.

후지와라 기이치 저, 이숙종 역, 『전쟁을 기억한다』, 일조각, 2003.

Benedict Anderson, *Immagined Communities: Reflections on the Origin and Spread of Nationalism*, London: Verso, 1983.

Doherty, *Thomas Patrick, Projections of War: Hollywood, American Cinema, and World War II,* New York: Columbia University Press, 1999.

Gilles Deleuze, *Cinema 2, L'image-temps.* éditions de Minuit, 1985.

James E. Young, *The Texture of Memory. Holocaust Memorials and Meaning*, New Haven, London, 1993.

John, Sbardellati, *J. Edgar Hoover Goes to the Movies: the FBI and the Origins of Hollywood's Cold War, Ithaca*, NY: Cornell University Press, 2012.

Koppes, *Clayton R. and Gregory D. Black, Hollywood Goes to War: How Politics, Profits, and Propaganda Shaped WWII Movies,* Berkeley: University of California Press, 1987.

Lane Cooper, *An Aristotelian Theory of Comedy, with and Adaptation of the Poetics and a Translation of the 'Tractatus Coilinianus'*, New York: Harcourt, Brace and Co., 1992.

Myers, James M., *The Bureau of Motion Pictures and its Influence on Film Content during World War II: the Reasons for its Failure*, Lewiston, NY: Edwin Mellen Press, 1998.

Rollins, Peter C. and John E. O'Connor, *Why We Fought: American's*

Wars in Film and History, Lexington, KY: University Press of Kentucky, 2008.

Roger Caillois, *Au coeur du fantastique*, Gallimard, 1965.

S. Purdie, Comedy: *The Mastery of Discourse*, New York: Harvester Wheatsheaf, 1993.

Shindler, Colin, *Hollywood Goes to War: Films and American Society,* 1939~1952, London: Routledge, 1979.

Sigmund Freud, *L'avenir d'une illusion*, Presses Universitaires de France, 1927.

_____, *Totem and Taboo ; Resemblances Between the Psychic Lives of Savages and Neurotics*, Butler&Tanner, 2012.

Suid, Lawrence H. and Dolores A. Haverstick, *Stars and Stripes on Screen: A Comprehensive Guide to Portrayals of American Military on Film,* Lanham, MD: Scarebook Press, 2005.

____, *Guts and Glory: The Making of the American Military Image in Film, Lexington*, Kentucky: The University Press of Kentucky, 2002.

____, *Film and Propaganda in America: A Documentary History*, Vol.4 1945 and After, New York: Greenwood Press, 1990~1991.

____, *Sailing on the Silver Screen: Hollywood and the US Navy*, Annapolis, MD: US Naval Institute Press, 1996.

Vaughn, Stephen, *Ronald Reagan in Hollywood: Movies and Politics,* Cambridge: Cambridge University Press, 1994.

❏ 일반논문

강유정, 「전쟁이라는 소재와 낭만적 이상화」, 『동양정치사상사』 5권 2
    호, 한국동양정치사상사학회, 2006.

강진웅, 「남북한의 국가와 가족 : 체제 변화와 가족주의의 변형」, 『한
    국사회학』 44집 5호, 한국사회학회, 2010.

고부응, 「공동경비구역 JSA에서의 민족 공동체−문화연구로서의 비
    교문학을 위하여」, 『比較文學』 29호, 한국비교문학회, 2002.

김권호, 「한국전쟁영화의 발전과 특징−한국전쟁에서 베트남전쟁까지」,
    『지방사와 지방문화』 9권 2호, 학연문화사, 2006.

김보영, 「한국전쟁 휴전협정과 전쟁의 유산」, 『역사와 현실』 80호, 한
    국역사연구회, 2011.

김삼석, 「'공동경비구역 JSA'에는 한국군이 없다」, 『인물과 사상』 31
    호, 인물과 사상사, 2000.

김성민·박영균, 「분단의 트라우마에 관한 시론적 성찰」, 『시대와 철학』
    21권 2호, 한국철학사상연구회, 2010.

김영재, 「한국전쟁의 영향에 관한 연구」, 『사회과학논총』 14집, 청주
    대사회과학연구소, 1995.

김은주, 「사유의 역학−스피노자와 프로이트」, 『사회와 철학』 21호,
    사회와 철학연구회, 2011.

김종욱, 「한국전쟁과 여성의 존재 양상」, 『한국근대문학연구』, 한국
    근대문학회, 2004 .

김진웅, 「기억의 특성을 통해 살펴본 한국인들의 한국전쟁 인식」, 『역
    사교육논집』 48호, 2012.

김태진, 「전후의 풍속과 전쟁 미망인의 서사 재현 양상: 염상섭의 <미
    망인>·<화관> 연작을 중심으로」, 『현대소설연구』 27호, 한국현대

소설학회, 2005.

문소정, 「미국페미니즘 가족이론과 한국의 가족과 여성」, 『여성학연구』 6권 1호, 부산대학교 여성연구소, 1995.

박상익, 「통일에 대한 인식전환과 통일교육패러다임의 시프트」, 『한국동북아논총』 59호, 한국동북아학회, 2011.

박준성·유재의, 「한국인의 동맹인식 변화와 한국의 새로운 안보대안 가능성」, 『전략연구』 44호, 한국전략문제연구소, 2008.

변동현·박홍수·김영기, 「한국전쟁 말기 휴전협정에 대한 한·미 신문의 사설 비교연구」, 『한국언론정보학보』 14호, 한국언론정보학회, 2000.

변재란, 「남한영화에 나타난 북한에 대한 이해 <쉬리>, <간첩리철진>, <공동경비구역 JSA>를 중심으로」, 『영화연구』 16호, 한국영화학회, 2001.

서재원, 「박경리 초기소설의 여성가장 연구: 전쟁미망인 담론을 중심으로」, 『한국문학이론과 비평』 15권 1호, 한국문학이론과 비평학회, 2011.

심경석, 「잊혀질 수 없는 기억: 할리우드의 한국전쟁 재현」, 『안과 밖』 29호, 순천향대학교, 2010.

_____, 「할리우드 한국전쟁 영화와 한국인/아시아인의 재현」, 『문학과영상』 12권 4호, 문학과영상학회, 2011.

오세곤, 「숙제로 남은 자율과 개성의 시대―90년대의 대학로를 중심으로」, 『한국연극』 8월호, 한국연극협회, 1998.

오영미, 「분단희곡 연구IV―1990년대를 중심으로」, 『한민족어문학』 47호, 한민족어문학회, 2005.

이병수, 「분단 트라우마의 성격과 윤리성 고찰」, 『시대와 철학』 22권 1호, 한국철학사상연구회, 2011.

이봉지, 「루소의 반페미니즘과 <신엘로이즈>: 데피네 부인의 <몽브리양 부인 이야기>와의 비교 연구」, 『불어불문학연구』 8권 0호, 불어불문학연구회, 2004.

이상록, 「안정·발전·번영 이미지의 재구성: 1960~70년대에 재현된 개발주의와 반공주의」, 『역사와 문화』 15호, 문화사학회, 2008.

이선미, 「한국전쟁과 여성가장」, 『여성문학연구』 10호, 한국여성문학학회, 2003.

이승환, 「한국 '가족주의'의 의미와 기원, 그리고 변화가능성」, 『유교사상문화연구』 20권, 한국유교학회, 2004.

이영일, 「분단비극 40년 영상증언한 한국영화」, 『북한』 150호, 북한연구소, 1984.

이영자, 「한국 사회의 가족주의와 페미니즘」, 『현상과 인식』 가을호, 한국인문사회과학회, 1999.

이임하, 「한국전쟁과 여성노동의 확대」, 『한국사학보』 14호, 고려사학회, 2003.

이주철, 「대북정책에 대한 여론 변화 추이」, 『국제고려학회 논문집』 10호, 2007.

이효재, 「한국 가부장제와 여성」, 『여성과 사회』 7권 0호, 한국여성연구소, 1996.

장우진, 「<비무장지대>(1965)의 장르 전환과 정책: 1965~66년 신문기사를 중심으로」, 『영화연구』 40호, 한국영화학회, 2009.

정미숙, 「박완서의 『그해 겨울은 따뜻했네』의 가족과 젠더 연구」, 『현대문학이론연구』 29호, 현대문학이론학회, 2006.

정영권, 「한국 반공영화 담론의 형성과 전쟁영화 장르의 기원 1949~1956」, 『현대영화연구』 10호, 한양대학교 현대영화연구소, 2010.

한만길·태지호, 「영화의 한국전쟁에 대한 기억과 그 재현방식에 대하여 ─ <태극기 휘날리며>, <웰컴 투 동막골>, <포화속으로>, 그리고 <고지전> 사례 분석을 중심으로」, 『한국언론학회 학술대회 발표 논문집』, 한국언론학회, 2012.

허윤, 「한국전쟁과 히스테리의 전유 ─ 전쟁미망인의 섹슈얼리티와 전후 가족질서를 중심으로」, 『여성문학연구』 1호, 한국여성문학학회, 2009.

홍석률, 「위기 속의 정전협정 ─ 푸에블로 사건과 '판문점 도끼살해' 사건」, 『역사비평』 63호. 역사비평사, 2003.

황인성·남승석·조혜랑, 「영화 <공동경비구역>의 공간재현 방식과 그 상징적 의미에 대한 일고찰」, 『언론과 사회』 20호, 성곡언론문화재단, 2012.

□ 학위논문

김남석, 「1960~70년대 문예영화 시나리오의 영상 미학 연구」, 고려대 박사논문, 2003.

김수현, 『한국분단영화의 이데올로기의 변천: 쉬리 이후 한국분단영화를 중심으로』, 서강대 석사논문, 2005.

김의수, 「한국 분단영화에 관한 연구: 분단영화의 장르적 정의와 진화과정을 중심으로」, 서강대 석사논문, 1999.

김차호, 「한국 반공영화 연구: 반공이데올로기의 의미체계와 사회 문화적 기능을 중심으로」, 동국대 석사논문, 2002.

마이카 조셉 애들러, 『주한미군범죄에 대한 한국 비정부 조직의 활동에 관한 연구: 동두천과 의정부 기지촌을 중심으로』, 연세대 석사논문, 2000.

손은경, 『남북관계의 변화에 따른 분단영화의 지배적 재현 패러다임에 관한 연구』, 서울대 석사논문, 2006.

윤석진, 『1960년대 멜로드라마 연구─연극·방송극·영화를 중심으로』, 한양대 박사논문, 2000.

이임하, 『1950년대 여성의 삶과 사회적 담론』, 성균관대 박사논문, 2003.

정영권, 『한국 반공영화의 제도화 연구: 1949~1969 전쟁영화와의 접합과정을 중심으로』, 동국대 박사논문, 2010.

❑ 기사

≪경향신문≫ 1955년 3월 25일.

≪경향신문≫ 1955년 3월 29일.

≪경향신문≫ 1955년 8월 7일.

≪경향신문≫ 1965년 2월 5일, 「영화 "7인의 여포로" 감독 이만희 씨 구속기소」.

≪경향신문≫ 2009년 12월 23일, 「똑똑한 여자의 똑똑치 못한 소리」.

≪동아닷컴≫ 2013년 6월 11일, 「역대정권 남북관계 따라 달라진 영화 속 간첩 이야기」.

≪동아일보≫ 1955년 2월 27일, 「영화 <미망인> 소개」.

≪동아일보≫ 1959년 12월 23일.

≪동아일보≫ 1998년 9월 19일, 「북한도 우리민족이 사는 것인데 TV─영화도 햇볕무드」.

≪데일리안≫ 2012년 6월 26일, 「취업난의 불편한 진실, 일할 사람도 없다」.

≪매일경제≫ 1984년 11월 24일, 「한때 대종상 출품 제지당한 동시녹음 방화 조건부로 접수끝내」.

≪한겨레≫ 1999년 6월 9일, 「간첩영화가 뜨는 이유─냉전 햇볕 사이서 홍행포착」.

≪한겨레≫ 2012년 12월 28일, 한홍구, 「유신공주는 양공주 문제엔 관심이 없었다」.

≪한겨레≫ 2013년 5월 21일, 「5·18, '기억 차단'에서 '기억 조작'으로」.

□ 인터넷 사이트

한국 브리태니커 백과사전 온라인 "박남옥" 검색.

한국영상자료원 한국영화데이터 베이스 www.kmdb.or.kr

새움터, 2004년 12월 27일, "기지촌, 기지촌 여성, 혼혈아동 실태와 사례."

한국민족문화대백과사전, "기지촌" 용어 검색.

□ 잡지

백병부·이호규 대담, 「전후소설의 결과 무늬」, 최원식 외 편, 『20세기 한국소설 17, 전광용, 이범선, 이호철』, 창비, 2005.

아드리아 공보, 「유현목의 그 "가자"는 뭔가」, 『씨네 21』 714호(2009.7. 28~8.4).

□ 그 외

김현선, 2000년 7월 6일, "기지촌 여성과 평화", 여성평화아카데미 강좌.

이나영, 2009년 4월 29일, "전쟁과 군대, 그리고 기지촌" 세미나 기록.

약력

정태수
러시아 국립영화대학(VGIK) 예술학(영화학 전공) 박사
한양대 교수

현대영화연구소장
생명의 숲 국민운동본부 문화교육분과위원
한국영화학회 편집위원

저서
『세계영화예술의 역사』(2010) 등

함충범
한양대 영화학 박사
중앙대 POST-DOC(한국연구재단 지원)
한양대, 경기대, 서울여대 강사

한국영화학회 국내학술이사
한국영화교육학회 편집위원
현대영화연구소 편집위원

논문
「1940년대 초반 식민지 조선에서의 영화 정책의 특징적 양상(1940~1942)」(2012)
「방한준 감독의 영화 미학적 특징 연구: 1930년대 연출 작품에 대한 분석적 접근을
통해」(2013) 등

저서
『일제말기 한국영화사』(2008)
『한국영화와 4·19: 1960년대 초 한국영화의 풍경』(공저, 2009)

김윤지
한양대 영화학 박사 수료
한양대, 대진대 강사
한국영상자료원 객원연구원(2008~2009)

논문
「예수영화 THE JESUS FILM의 원형과 그 흐름」(2007) 등

저서
『한국 영화와 4·19: 1960년대 초 한국영화의 풍경』(공저, 2009)

김승경
한양대 영화학 박사 수료
한양대, 서일대, 대진대 강사
한국영상자료원 영화사연구소 객원연구원(2008~)

논문
「문화연구를 통해 본 90년대 한국영화의 이데올로기와 정체성」(2008)
「최근 한국 첩보영화에 대한 연구─다문화 시대의 간첩 인식 변화를 중심으로」
(공저, 2013) 등

저서
『한국영화와 4·19: 1960년대 초 한국영화의 풍경』(공저, 2009)

이현진
한양대 영화학 박사 수료
한양대, 서일대 강사

논문
「자급자족하는 자유주의 아이러니스트의 영화일기: 전통과 이단, 주류와 비주류
사이─난니 모레티」(2010)
「<팔도강산>의 유람(遊覽)과 <삼포 가는 길>의 유랑(流浪)─박정희 정권의
근대화를 바라보는 두 가지 시선」(2012) 등

이지현
Université de Caen 석사, 한양대 영화학 박사 수료
한양대, 경희대 강사

논문
「이리 멘젤 영화의 희극성 고찰」(2013)
「샹탈 애커만의 영화세계」(2013) 등

정찬철
University College London 석사, 한양대 영화학 박사과정
한양대, 세종대 강사

논문
「Early Cinema and Its Modernity: The Celluloid Reflection of Modernity」(2009)
「정적 리얼리즘: 림랜지의 영화」(2011) 등

박일아
한양대 영화학 석사, 박사과정
한국문화관광연구원, 보조연구원(2012)

논문
「내면화를 통해 장르개념을 탈피한 새로운 유형의 뱀파이어 영화들」(2013) 등

우현용
한양대 영화학 석사, 박사과정
인천 가톨릭대 강사

박병윤
한양대 영화학 석사, 박사과정

휴전 60년 기념집

휴전과 한국영화

－공간, 기억, 인식－

| 초판 1쇄 인쇄일 | | 2014년 5월 29일 |
| 초판 1쇄 발행일 | | 2014년 5월 30일 |

지은이		한양대 현대영화연구소
펴낸이		정구형
책임편집		신수빈
편집/디자인		심소영 윤지영 이가람
마케팅		정찬용 권준기
영업관리		김소연 차용원
컨텐츠 사업팀		진병도 박성훈
인쇄처		월드문화사
펴낸곳		국학자료원

등록일 2006 11 02 제2007-12호
서울시 강동구 성내동 447-11 현영빌딩 2층
Tel 442-4623 Fax 442-4625
www.kookhak.co.kr
kookhak2001@hanmail.net

| ISBN | | 978-89-279-0847-0 *93680 |
| 가격 | | 20,000원 |

* 저자와의 협의하에 인지는 생략합니다.
  잘못된 책은 구입하신 곳에서 교환하여 드립니다.